自主创新的社会基础条件研究

A study on the social fundamental conditions for independent innovation

李侠　刘兵　等　著

社会科学文献出版社
SOCIAL SCIENCES ACADEMIC PRESS (CHINA)

总 序

《清华野村文库》是“清华大学（社会科学学院）·野村综合研究所中国研究中心（TNC）”主持编辑的学术丛书。“中国研究中心”自2007年成立以来，在中日各界的大力支持下，致力于中国的社会、经济、产业、环境等领域的研究，同时我们也关注当今日本的发展以及日本在过去的经济高速发展时期的经验和教训，积极推动有深度的调查研究和科学分析。

改革开放以来，中国的发展令全世界瞩目，同时社会、经济发展中也面临着众多亟待解决的问题。第二次世界大战结束以后，日本也曾经历过经济高速发展的阶段，经历过经济泡沫、金融危机的打击，今天还面临着经济发展不振的难题，这些也都是中国经济社会发展可以借鉴参考的。所以，本中心在研究中国发展的同时，也关注中日发展的比较研究。

当今世界全球化日益推进，中国的发展离不开世界，同时环境、资源、生态、气候等问题的解决也非一国之力所能为。关于中国社会某一问题的解决方案，除了立足于本国国情，深度调研实际状况之外，也须汲取国外研究成果，超越单一国别研究的格局，努力在更广阔的区域内、在世界范围内的多元联系中考察研究对象，积极吸收对中国有参考、借鉴意义的经验和教训。

世界各国解决各种经济社会问题的经验是人类共同的财富。本中心在立足于中国研究的同时，也特别关注中日比较视角，以大中小讨论会、国际学术研讨会、内部座谈等多种形式向学术界、实业界介绍中日相关领域的案例、经验和机制，以期对中日的相关课题的研究及实际问题的解决有所参考。

《清华野村文库》将选择本中心的优秀研究成果，包括专著、专题报告、学术论文等陆续刊行，同时也将发掘、整理日本相关领域的研究成果汇集成书，并适时分析学术前沿的信息和动态，力求能推出一系列有扎实的基础研究且具有新的问题意识、新的分析方法的著作。

本丛书聘请专家团，遵循严格的审评制度遴选书稿。

李　强

2015 年 1 月

课题负责人： 刘　兵

课题组成员： 李　侠　宋　薇　宗　棕

王[illegible]超　周　正　范毅强

苏金英　孙　敏

目　录

第一章
创新内涵的演变：从创新到自主创新

自奥地利经济学家熊彼特于1912年在《经济发展理论》一书中首次提出"创新"概念以来，创新已经成为当今社会的一个热门词汇。在熊彼特那里，创新就是要建立一种新的生产函数，把一种从来没有的关于生产要素和生产条件的新组合引进生产体系中去，对生产要素或生产条件进行重新配置，实现一种创造性的变革，而实现这种变革的主体就是企业家。熊彼特开出的创新药方主要包括如下五方面：①采用一种新的产品；②采用一种新的生产方法；③开辟一个新的销售市场；④获得原材料或半制成品的一种新的供应来源；⑤实现一种新的组织。这五方面就是熊彼特认为的资本主义企业有效率的秘诀。坦率地说，这种模式仍然把创新局限在企业范围内，它只能通过无数个企业的创新来推测整个资本主义的发展的过程，而这是一种典型的机械论思维模式，换言之，个别企业的创新无法得出整个社会的创新，从这个意义上说，熊彼特的创新理论仅是一种局部理论，我们称其为第一代创新理论。20世纪50年代至七八十年代的创新理论，我们称作第二代创新理论，这个时期的创新理论在思想上主要基于美国科技政策专家万尼瓦尔·布什的线性模型，即基础研究带动应用研究，由此带动开发与生产经营的扩张，而最终的结果就是带来社会整体的创新。这个模型在技术领域的展现就是从发明到创新再到扩散的模式，它倡导的创新理念是"科学研究是技术创新的源泉"，没有强大的基础研究，就不可能带动广泛的应用研究。而在布什报告发表50年后，其理论遭到美国学者的质疑和批评。[①] 这主要是由于日本等新兴工业化国家并没有按照美国布什模式，而是采用了一条全新的创新路径，并取得了巨大的成功，从而导致人们开始质疑线性模型是否是创新的最佳选择。

线性模型是20世纪60年代关于创新的主流模式，其主要有两种类型：技术推动型（technology push）和市场拉动型（market pull）。[②] 技术推动型是典型的布什模型，主要兴盛于20世纪50年代到60年代中期，而市场拉动型则兴起于20世纪70年代，它的主要思路就是：市场需要—发展—生产—销售，从这些环节中可以看出，创新的源泉在于市场的需要。在两种典型的线性模型中，我们可以看到，这种理想化的创新模型在任何一个环节中都有可能出现问题，因此，当一个社会整体创新乏力时，是不容易找出一个真实原因的，这也是人们逐渐放弃线性模型的深层原因。

20世纪90年代末以来的创新理论可以被看作是第三代创新理论。这个时期理论创新比较多，但是具有统领性的创新理论并不多，其中美国加州大学伯克利分校的亨利·切斯伯勒（Henry Chesbrough）提出的"开放性创新"理论（2003）[③] 还有一些新意的。它是基于对当代社会知识的存在状态而提出的一种比较符合实际的创新模式，关涉如下一些概念：使用者创新、累积创新、技术贸易、大众创新与分布式创新等，然而这些提法并不新奇，只不过平时没有为人们所注意而已。从这里可以看出，创新活动是遍布于生活的每个角落的。开放性创新概念的提出，直接指出了传统的封闭性创新在全球化时代与知识传播方式迅速改变的今天已经无法准确反映所面临的现实问题。创新已经不仅仅局限在某一个企业内部，它是开放的、全方位的。

---

① Claud E. Barfield, *Science for the Twenty－first Century：The Bush Report Revisited.*，*1997*，Washington D. C. AEI Press.

② Linear model of innovation，http：//en. wikipedia. org/wiki/Linear_ model_ of_ innovation.

③ http：//www. openinnovationseminar. com. br/.

基于以上分析，我们可以看到传统的封闭式创新面临着如下几种挑战：[①]

（1）迅速增加的可获得性与熟练工人的流动性；

（2）风险资本市场的快速增加；

（3）来自于外部的观点被束之高阁；

（4）外部供给能力的增加。

正是上述四种挑战极大地削弱了传统的封闭性创新存在的基础，而这就要求我们重新思考全方位的创新。

20 世纪 80 年代以来，以弗里曼、纳尔逊、伦德瓦尔等人为代表的新熊彼特主义经济学家，从李斯特的“国家体系”入手，开始倡导国家创新体系，把创新行为从单纯的个体行为上升到国家层面，反映出创新理念的一种根本性变化。这种趋势暗示了一种主旨，强调各国都加强了制度对于创新的巨大影响，但是这种加强是有限度的，制度扶持不能代替市场对于创新的追求。在这方面有两个认知误区：其一，把创新完全等同于一种本能行为；其二，把创新完全等同于制度行为。通过观察我们可以发现，执行这两种极端做法的国家，创新能力都不强。目前，我们国家提出的自主创新理念，更多地透露出一种极端制度化的取向，这种倾向值得注意。由于创新的主体是市场中的企业和个人，国家不能代替企业和个人来完成创新，从这个意义上说，明确国家在创新中的作用是很有必要的，否则制度性的干预会成为创新的绊脚石。

第一节　创新：介于本能与制度之间的活动

无论按照什么标准来选择，当下中国最流行的词汇中一定有“创新”。自奥地利经济学家熊彼特第一次从经济学角度系统论述创新概念以来，世界各国都很重视创新活动。但是综观世界各国对创新的定位，还没有哪个国家像中国这样把创新活动上升到国家战略层面的。那么，

---

① 参见 http：//en. wikipedia. org/wiki/Open_ Innovation。

创新到底是谁的行为？换言之，谁才是真正的创新主体？它的动力来自哪里？

毫无疑问，在市场经济社会中，创新的主体应该是企业与个人。基于这种理解，我们的创新政策存在的主要问题就是政府的越俎代庖，充当了名义上的创新主体，导致政策受众与政策脱节，出现了“剃头挑子一头热”的局面。这也是我们国家在倡导创新多年后，仍然整体创新乏力的原因。如果把这个问题再向纵深延伸，就会引出另一个问题：创新，到底是一种本能行为，还是一种制度行为？通过考察，我们会发现，创新是人类最初的一种本能行为，人类通过创新去解决生活中所遭遇的诸多问题与满足种种好奇，这种状况在社会整体发展水平较低的时候普遍存在，这种源于本能的创新活动的最主要特点是自发、零碎与不可控制，缺点是规模较小，创新动力不足，难以持久。市场经济的黄金原则是“追求利益最大化”，当社会进入市场时期，源于本能的创新活动已经无法满足整个社会的需要，此时创新行为开始由本能层面向制度层面过渡。通过一种正式的制度安排，为创新的发展提供更为强有力的支持，使创新成为一种制度保障下的持续行为，如专利制度的出现等。当各类企业纷纷涌现的时候，遵照市场经济的原则，为了实现自身利益的最大化，有意使创新活动成为一个企业存活的生命线。此时，政府的作用是建立成熟的市场经济规则，为创新提供制度保证，而不是代替企业与个人从事创新，这一点至关重要。反观当下西方主要发达国家的做法，基本上都遵循了这个原则：完善创新活动得以生存的公平的市场经济规则，捍卫知识产权制度，保护竞争机制的有效运转。[①]

我们国家对于创新的重视有目共睹，但我国创新的现状却一边是国家大力倡导创新，另一边则是整个社会创新乏力。何以会出现这种荒诞的局面呢？难道中国人连本能都丧失了吗？显然不是，中国人作为个体的存在，从来不乏创新，只是这种创新已经无法满足整个社会的需求

① 李侠：《与其高呼创新，不如打破制度垄断》，《科技日报》2010年3月26日。

了。而作为创新主体的企业在中国的畸形市场经济条件下，创新的动机严重不足。当下的创新活动是一种投入与风险都比较大的行为，而不完善的市场经济无法为高投入的创新活动提供有效的保护，这就导致创新对于企业来说成了一件极不经济的行为。与其冒险创新，还不如寻租，在这种背景下，还有哪个企业愿意创新呢？国内市场不正常的高度垄断的盛行，导致这些垄断企业凭借自身的特殊地位，就可以过得很好，哪里还有创新的动力？

创新是一种介于本能与制度间的行为，任何极端的选择都无助于社会整体创新能力的提高。基于这种理解，国家在创新中的作用则不应是代替企业执行创新，而是要为企业的创新提供制度性保护，打破严重阻碍创新的垄断行为，建立完善的市场经济规则。一边保护着垄断，另一边又高叫着创新的举动是荒谬的。正确的做法是：让上帝的归上帝，凯撒的归凯撒。

如果说，制度的主要职责是为创新提供一种支持性环境的话，它的另一项作用就是主动减少对于创新活动的“帮倒忙”现象。为了从整体上测评中国的创新能力，我们不妨看看在其他国家的创新研究中对于中国创新能力的评价，由此总结出我们的措施与对策。

第二节 从《欧盟创新得分板》诊断中国自主创新的基础条件

2009年《欧盟创新得分板》（EIS）比较详细地列出了三个国际性的对比材料：欧盟与美国、欧盟与日本、欧盟与金砖四国（BRIC，即巴西、俄罗斯、印度与中国）。在这个基础上，该报告把各个国家的创新能力根据七项指标的加权得分划为四种类型：创新领导国家、创新跟随国家、中度创新国家与追赶型创新国家。抛开美、日不谈，该报告根据各种指标加权得到的创新指数把中国划分在追赶型创新国家之列。仅就欧盟与金砖四国的对比而言，该报告认为：中国是金砖四国中进步

（追赶速度）最快的国家，甚至推测在不久的将来中国与欧盟的创新表现差距将消失。短暂喜悦之后，我们有必要反思一下，中国自主创新的基础条件的状况到底如何？它能否支持我们在未来的追赶计划？①

美国全国制造业协会（NAM，National Association of Manufacturers）2009 年对全球最大的 20 个国家（根据 GDP 数据）的创新指数进行了测算。表 1 清晰显示了中国与主要发达国家在创新上的差距。

表 1

国　别	综合指数（排名）	创新投入（排名）	创新表现（排名）
美　国	1.8（2）	1.28（5）	2.16（3）
日　本	1.79（3）	1.16（8）	2.25（2）
韩　国	2.26（1）	1.75（1）	2.55（1）
中　国	0.73（13）	0.07（17）	1.32（7）

说明：本表格根据 NMA 的数据整理②。

根据这个简化表格可以清晰地看出，在世界 20 个大经济体中，尽管中国的表现不尽如人意，综合指数排名仅位列第 13，但该数据比较客观地反映了中国总体的创新水平，而在分指标数据中可以部分揭示出我们创新乏力的一些深层原因，其中中国的创新投入指标严重落后，仅位列第 17，与国内总产值严重不成比例。近年来有一种观点认为，中国不差钱，其实这是被严重误读的问题，目前中国科技发展最缺的依然是钱。唯一值得称道的指标是创新表现，中国位列第 7，这个指标是令人振奋的，至少说明当下中国人的创新潜能与表现还是相对不错的，如果有好的环境条件支撑，中国创新综合指数排名的上升应该不是问题。抛开美、日不谈，作为追赶型创新国家，我们可与韩国相比较。韩国在此次的各项指数中均排名第一，中国与韩国的差距到底在哪里？中国自

① 李侠：《中国自主创新基础条件诊断》，《科学时报》2010 年 4 月 30 日。

② 参见 http：//en. wikipedia. org/wiki/Innovation。

主创新的基础条件到底处于何种状态？如果这个问题能够得到合理廓清，那么提出相应的解决办法也就是顺理成章的事情了。

结合对各种评价体系的分析我们可以发现，如果体系过于细化，优点是能够发现细节问题，缺点是容易把认识局限在某一区域，导致只见树木不见森林。指标体系简化，虽然显得粗糙，但能够把握住整体现象。在寻找问题阶段，这种方法的排查效率较高。基于这种考虑，笔者认为只要从如下五个环节考察，就可以粗略发现一个国家的基础创新条件：制度支撑条件、经济支撑条件、人力资源支撑条件、文化支撑条件、舆论支撑条件。前三项是硬支撑条件，后两项是软支撑条件。从制度支撑条件来说，我们还没有确立一种高效的市场经济体制，市场的开放度较低，影响市场运行的外在因素还很多，知识产权保护也不到位，还没有形成有效地鼓励竞争的机制，从而使当下的创新战略处于一种被架空的状态：一方面国家大力倡导，另一方面企业与个人反应迟缓。总体而言，这项支撑条件得分不高，远远落后于韩国，需要改进的地方尚多。经济支撑条件，照理说，随着我国总体经济规模的扩大，这一条件应该是我们的强项，而从表 1 反映的数据来看，排名又是非常靠后的，原因何在？在笔者看来，造成这种情况的原因主要有三个：其一，国家的总体科技投入（R&D）一直偏低，即便是投入最高的 2012 年，R&D 也刚刚达到 GDP 的 1.97%，而同期主要发达国家这个数值都在 2.5% ~3%，差距明显。经济支撑条件对于自主创新来说短期拉动效果最明显，基本上可以作为短期创新活力的晴雨表。其二，在如此少的投入中，R&D 经费的绝大部分来自企业，由于众多国企目前的经营状况不佳，盈利很少，对于企业来讲，多报 R&D 经费数额，利用政策倾斜的机会，可以达到避税的效果，因而 R&D 投入数据存在很大水分，这就决定了我国实际的 R&D 投入比公布的数据还要少很多。这个经费缩水的数据很难测评，只要考察一下科研项目中企业配套部分的执行情况，这点就不难理解，相信很多科研人员会有切身体会。其三，由于评价机制的扭曲，导致这些少量的资源配置的效率也严重偏低。这三种原因造成了中国实际用于创新的经费很少，这种推测，在表1中已经有直接的呈现。据资料显示，仅就我国石油与化工产业来说，投入不足已经成为制约产业自主创新的主要瓶颈：我国石化产业科技开发投入的绝对数量是逐年增加的，但是科技开发投入占GDP的比例却在不断下降："六五"期间比例为0.8%，"七五"期间为0.7%，"八五"期间为0.5%，"九五"和"十五"期间均为0.4%左右。造成这种局面的原因主要是在计划经济体制向市场经济体制的转型过程中，科技投入仍以政府为主，而由政府、企业、社会共同投资并以企业为主的合理格局却尚未形成。[①] 国际规律表明，发达国家在工业化初期和中期，政府的投入在研发结构比例中均超过企业的投入。在20世纪70年代美国的研发投入结构中，政府与企业之比大体保持在55%和43%的水平上，而后随着企业实力的提高而逐渐降低。从一般规律来看，多数国家政府投入比例低于50%的拐点都出现在工业化后期，企业投入力度大幅度提高，研发经费占到GDP的2%是更晚后才出现的。[②] 这种情况的出现，是对中国整体发展趋势的误判，就目前而言，中国整体水平仍处于工业化的中期阶段，有实力的企业还比较少（以世界500强为一个判据），加大政府投入仍是现阶段企业自主创新能力提升的关键助推器。据笔者查阅科技部最新科技统计资料显示，2007年，中国政府在企业R&D投入中的比例仅为24.6%，这是相当不正常的。[③]

在三项硬支撑条件中，唯有人力资源支撑条件表现尚可，从中国人才的分布来看，目前中低层人力资源储备已经很丰富，但缺乏高端人才。相信通过引进与培养，这项指标可以得到明显改观。然而对于文化支撑条件，境况却不容乐观。目前流行的国学热，无助于创新文化的推动。众所周知，中国传统儒家文化是一种重视教化抑制商业的文化，而

① 科学技术部专题研究组：《我国产业自主创新能力调研报告》，科学出版社，2006，第36页。

② 科学技术部专题研究组：《我国产业自主创新能力调研报告》，科学出版社，2006，第16页。

③ 参见http：//www.sts.org.cn/sjkl/kjtjdt/data2008/2008-1.htm。

创新活动是一种要求打破各种束缚，直接被利益驱动的人类活动，客观地说，这两种文化在核心处是矛盾的，因此构建适合于创新的新文化将是未来很长时期内的一项艰巨任务。至于舆论支撑条件，政府时刻加强对于信息流动的控制，目前的状况更是不容乐观。

综合上述五个支撑条件的情况可以看出：中国支持自主创新的基础条件尚不完备，有些支撑条件是短期内就可以改变的，如经济支撑条件与人力资源支撑条件，而制度支撑条件、文化支撑条件与舆论支撑条件的改进则是长期的任务。这种状况也反映了我国创新乏力的深层原因。

法国启蒙思想家孔多塞曾说：大自然从未对我们梦想的实现设限。[①] 同样，为了使自主创新成为一种国家的常态存在方式与整个社会的良性循环机制，我们今后的改革指向就是要打破各种有形与无形的限制，基于此，我国自主创新的未来才是值得期待的。

第三节　中国整体创新不足的要素分析

改革开放30余年来，中国社会的进步是有目共睹的。中国人从来不缺少能力，而且我们所取得的诸多进步也都与各个方面的创新有关。然而，日本、韩国等创新能力强劲的国家，在过去30余年的创新活动里所取得的进步要比我们大得多，从这个意义上说，我们的创新是带着镣铐在跳舞，这种来自深层的负荷，已经严重影响了中国整体创新能力的释放，这也是我们最应关心的问题。如果不能把这些影响中国创新的深层因素梳理清楚，创新仍然会停留在一种本能阶段，缓慢的进步就意味着退步。表2清晰地展示了中国创新活动情况。

① 马克·史库森：《当生活遇见经济学》，王跃红译，中信出版社，2010，第281页。

表2 1998年、2003年各类技术产业在制造业中的比重变化

单位：%

年 份	低技术产业	中低技术产业	中高技术产业	高技术产业
1998	33.59	26.65	28.29	11.48
2003	29.31	26.88	29.29	14.53

资料来源：中国社会科学院工业经济研究所，《中国工业发展报告2005》，经济管理出版社，2005。

从表2中可以发现一些有趣的现象，即低技术产业下降了约4个百分点，中低技术产业变化不大，中高技术产业和高技术产业合计上升了约4个百分点。这说明，5年来，我们在制造业的技术创新中的确有所进步，这是不容否定的事实，但是，我国低技术产业和中低技术产业在制造业中的比重仍然占有接近57%的比例，这说明我国的整体技术水平仍然不高，通过创新得以提升的空间还很大。问题是为何5年内仅有约4%的变化？这种进步能算真正的进步吗？这与中国当下的经济环境和社会要求相去甚远，而这也正是本报告力求梳理与分析的主要问题。

根据近来国外学者的一些研究可以看出，创新失败的原因很多，一种是来自组织外部并且是不可控的，另一种则是来自组织内部，最终是可控的。来自组织内部的原因可以分成两类：其一，与文化基础设施有关；其二，与创新过程有关。据苏利文（O. Sullivan，2002）的研究，尽管各种组织的文化基础设施各异，但是所有组织在其生命周期的某个阶段都会出现如下五种导致创新失败的原因[①]：

（1）糟糕的领导（poor leadership）；

（2）糟糕的组织（poor organization）；

（3）糟糕的交流（poor communication）；

（4）糟糕的授权（poor empowerment）；

（5）糟糕的知识管理（poor knowledge management）。

① 参见 http：//en. wikipedia. org/wiki/Innovation。

在创新过程中导致创新失败的组织，其原因可以分成以下五种类型：①

（1）缺乏明确的目标（poor goal definition）；

（2）缺乏达成目标的行动联盟（poor alignment of actions to goals）；

（3）缺乏团队合作（poor participation in teams）；

（4）缺乏结果的监测（poor monitoring of results）；

（5）缺乏交流与信息的获得（poor communication and access to information）。

结合苏利文关于创新在文化基础设施与过程中存在诸多失败原因的分析不难看出，在我国很多企业的创新过程中，这些因素是普遍存在的，进而也不难推测中国企业创新能力不高的原因。关于技术创新绩效的分析也是目前很多国家和国际组织关注的焦点，比较著名的有2000年在葡萄牙举行的欧洲议会推出的《里斯本计划》（Lisbon Strategy），它的主要目标就是使欧盟在基于知识经济背景下的世界里，在维持经济可持续增长的过程中，保持最强的竞争力和活力，并且提供更多更好的工作岗位，以及保持社会的最大团结。② 它的计划期为2000～2010年，今天看来这个10年计划的许多目标并没有实现。稍早一点的比较有名的测评指标还有OECD国家于1995年制定的《奥斯陆手册》（Oslo Manual），目前最新的是2005年出版的第三版，《奥斯陆手册》出台的最初目的是：科学与技术活动的测量，用于为收集和执行技术创新活动提供指导原则。这里比较有新意的提法是探讨了非技术性创新活动（non-technology innovation）的定义与测量问题，其中非技术性创新主要是指组织创新与市场创新。

改革开放30多年来，对于创新，我们在理论与实践上都有了深刻的体认和教训。至少从过往的教训来看，我们走过的弯路主要有以下两种：其一，认为通过单纯的引进就可以达到消化与创新。而实际上，从

① 参见 http：//en. wikipedia. org/wiki/Innovation。

② 参见 http：//en. wikipedia. org/wiki/Lisbon_ Strategy。

引进到消化吸收有漫长的基础工作需要做，单纯的引进并不能主动带来消化吸收与创新，反而会产生“引进依赖症”，而现今这种“引进依赖症”依然很严重。其二，认为市场可以换来技术。近来发达国家对于中国崛起的担忧使之加紧了对自有核心技术的控制，我们的唯一出路就是走自主创新的道路。

结合上面的分析，我们认为，中国的自主创新应遵循如下原则：其一，开放性原则。正如有学者指出，自主创新不是指关起门来一切都靠自己的创新，而是一种以自我为主导，充分利用全球资源的开放式创新。中国地广人多，学习吸收能力强，文化开放包容，对于外来知识与产品的接纳度高，因此，十分适合采取开放式的自主创新战略。[①] 其二，简单化原则。由于我国改革开放30余年的实践，阻碍创新的因素千头万绪，如果不能跳出这种认识怪圈，自主创新的步伐将迷失于杂乱的现象丛林中，简化评价指标体系，恰恰是简单性原则的最好体现。其三，中国自主创新处于追赶型发展阶段。这种认识有助于我们克服急躁冒进而引发错误判断。

一个国家要真正实现自主创新，是有严格的约束条件以及发展轨迹的。所谓约束条件就是指实现自主创新所需要的必要社会基础条件，如果缺少这些基础条件，自主创新是无法真正运行的。同时由于各国制度的差异，自主创新的发展轨迹是有区别的，只有把影响自主创新的社会基础条件搞清楚，自主创新才是可能的。根据多年的观察与研究可以初步诊断：我国的创新事业主要采取一种自上而下的被动型创新策略，客观上它与真实的社会需要脱节，与社会具备的基础条件不匹配，这种状况直接影响了公众对创新的认同与支持。而完全的自下而上的主动型创新虽然能够真实反映社会的需求以及社会基础条件存在的问题，但由于缺少有力的制度性支持以及创新事业本身的复杂性，导致这种来自基层的创新推进速度缓慢，应对环境变化的能力有限，很容易夭折；而且这

---

① 刘常勇：《科技创新与竞争力——建构自主创新能力》，科学出版社，2006。

种类型的自主创新发展进程不可控，这是一种自然状态的创新，它无法加速创新事业的发展。因此，只有采取介于两者之间的一种综合创新模式才是可行的，它既不是政府完全主导的，也不是由企业完全自发引起的创新，而是介于两者之间并被市场需求牵引决定的，这也就是我们目前提出的兼容性自主创新的深意所在。因此，为了实现有效的自主创新，需要厘清创新与社会基础条件之间存在的复杂关系，这也是造成前期创新工作低效的主要原因。

根据研究，我们认为影响自主创新的社会基础支撑条件主要有如下五个方面的因素：经济支撑条件、制度支撑条件、人力资源支撑条件、文化支撑条件、舆论支撑条件。从目前掌握的资料来看，我们实行自主创新有两个有利的社会基础条件，分别是经济支撑条件与人力资源支撑条件，这也是我国改革开放 30 多年积攒下的成果。不利的社会基础条件有三个，其一是制度支撑条件，其二是文化支撑条件，其三是舆论支撑条件。在经济全球化时代，制度支撑条件对于创新的发展具有决定性的作用，而由于我国的一些体制机制问题，在很多情况下直接影响了创新的命运与动力，比如，在创新链条上，将科学知识运用在技术创新与产品开发，进而创造经济效益，需要依赖三种人：科学家、工程师以及企业家。① 而我国最具有创新潜力的国有大企业，其领导人恰恰不是由市场选拔出来的企业家，而是上级主管部门任命的政治家，他如何有能力与意愿进行创新呢？这个简单事实就直接证明了制度因素在自主创新过程中的决定性影响。至于文化因素，中国传统文化是一种封闭的等级制文化，而且由精英主导的创新远离公众与社会的真实需求，从而导致创新目标陷入认同危机。此外，处于半失灵状态的舆论支撑条件，主要是由于长期的制度约束与精英垄断的供给模式造成的恶果。这些因素直接扭曲了自主创新的激励机制，也不能对市场变化做出快速反应，从而扼杀了公众自主创新的热情。

① 刘常勇：《科技创新与竞争力——建构自主创新能力》，科学出版社，2006，第 9 页。

通过对上述五个影响自主创新的社会基础条件的分析，本书力图解决如下四个问题：一是厘清社会基础条件与自主创新之间的结构性关系，换言之，如果缺乏这些社会基础条件自主创新是否可能？二是力图揭示我国有利于自主创新的社会基础条件如何推进自主创新的实现程度，它的作用机制与途径是什么？三是不利的社会基础条件如何阻碍自主创新目标的实现？它的作用机制与途径又是什么？四是五个社会基础条件在自主创新过程中的权重是怎样的？实现自主创新至少需要满足几个社会基础条件？通过这种分析，我们可以初步制定出推进自主创新计划的路线图以及应对策略。为了检验社会基础条件对于自主创新的影响程度，我们需要将主要基础条件对自主创新的效率与质量的影响进行初步说明，从而制定出符合自主创新要求的有针对性的社会基础条件的动态标准。

第四节　创新研究的三种指标体系的深度剖析

目前国际上关于创新研究的指标体系比较多，由于各种指标体系对于创新关注的侧重点不同，导致具体指标的选择存在很大差异。本书主要是针对自主创新社会基础条件研究，因此指标体系的选择就偏向于社会基础方面。为了更清晰地比较这些差异，本书就欧洲的两种创新指标体系作一对比说明，一个是2005年出版的（第三版）关于OECD国家创新情况的《奥斯陆手册》，另一个是2009年出版的《欧洲创新得分板》。这两份报告的体系是完全不同的，下面把两份报告的指标体系结构简要介绍一下。

《奥斯陆手册》的指标体系结构是这样的：首先对影响创新活动的因素进行分类，然后再把大类细分，同时这些因素都融入四个过程中，即产品创新、过程创新、组织创新与市场创新。总体来讲，它把影响创新的因素分为五类，分别是：

（1）成本因素。包括：察觉到的过渡风险、成本太高、企业内部缺少基金。

（2）知识因素。包括：创新潜能不足（R&D、设计等）；缺少有资格的劳动力：企业内部与劳动力市场；缺少关于市场的信息；可获得的外部服务不足；在生产或过程发展中以及市场中很难发现合作者；企业内部呈现出组织刚性，这里包括三种情况，分别是个人对转变的态度、管理对转变的态度与企业的管理结构；生产需求没有能力让员工投身于创新活动。

（3）市场因素。包括对于创新产品和服务的不确定性需求与被一些企业潜在控制的市场。

（4）制度因素。包括基础设施的缺乏，财产权的薄弱等。

（5）其他造成不创新的原因。包括由于早期的创新不再需要创新与缺少创新的需求所以不需要创新。

上述指标体系就是《奥斯陆手册》中提出的关于影响创新因素的分析。它的主要关注点集中在企业与市场之间的关系。但是对于创新的社会基础条件来说，这个指标体系存在严重的缺陷，即它没有关注到文化与舆论等因素在创新中的作用。

下面再来看看欧洲企业与工业委员会推出的《欧洲创新得分板》的指标体系结构。

《欧洲创新得分板》是从2001年开始每年定期出版的一种创新测评指标体系，它主要考察欧盟27个国家的创新表现，自2008年，指标体系逐渐得到修正，目前主要包括三大板块与七个具体指标：

第一部分为能力部分（Enablers）。包括两个指标，其一为人力资源，其二为财政与支持。

第二部分为公司活力部分（Firm Activities）。包括三个大的指标，即公司的投资、联系、生产能力。

第三部分为产出部分（Outputs）。包括两种影响，即创新者的影响（如降低成本、能耗、劳动力等）与经济影响（包括就业、知识密集型劳动力占总人数的比例、新的市场、新的公司销售额等指标）。

这个指标体系通过一些静态的数据，力图刻画出欧盟国家在一个确定时期的创新能力得分排序。在这个基础上，《欧洲创新得分板》把国家的创新水平分为四类，即创新领导国家、创新追随国家、中等创新国家、追赶型创新国家（Catching-up countries），同时通过欧盟 27 个国家的数据对金砖四国（巴西、俄罗斯、印度与中国）进行比较，对各个主要国家的创新得分情况进行分类，这些都是有新意的做法。但是这个指标体系仍然是在狭义的范围内突出强调企业与创新得分的情况，而对造成得分差异的情况则缺少必要的分析。

为了从整体上考察一个国家进行自主创新的能力与潜力，必须深入挖掘影响创新的社会基础条件，基于这种理解，本书拟提出一个创新的社会基础条件研究指标体系。这个指标体系包括五项社会基础条件，所谓基础条件是指任何创新活动都无法缺少的条件。影响创新的条件有很多，但不是所有条件都有资格被称作基础条件，从这个意义上说，我们归纳出五项基础条件，这些条件对于创新活动的影响方式以及作用机制是很不相同的，但是这些条件的满足程度直接决定了一个国家或地区在一定时期内的创新活力与水平。基于这种理解，根据各项条件对于创新敏感性的不同，本书的五项基础条件分别是：经济支撑条件、制度支撑条件、人力资源支撑条件、文化支撑条件与舆论支撑条件。其中经济支撑条件与人力资本支撑条件是有形的社会基础条件，是可以看得见的基础条件，而制度支撑条件、文化支撑条件以及舆论支撑条件则是无形的社会基础条件。有形的社会基础条件的绩效比较好评估，而无形的社会基础条件的绩效则很难评估，换言之，量化处理比较困难。但是目前的研究证明，作为无形的社会基础条件在创新中的作用是非常巨大的，以前这方面被忽视了。经验证明，一个具有创新活力的国家或地区，其支撑创新的无形社会基础条件是相当完善的。因此，本书也倾向于加强这方面的研究。

第二章
影响创新的社会基础条件的内涵与外延

自主创新的社会基础条件是指相对于创新主体而言的客观外部条件，这些外部条件直接或间接地影响着自主创新的整个活动过程，它们相对独立又相互联系，对自主创新具有促进或阻碍两种作用结果。

1. 构成影响自主创新的社会基础条件的标准与判据

现实的自主创新是一项复杂的系统工程，是一个由技术推动和需求拉动交互作用的过程，具有多行为主体、多层次、多环节的多维度的交互特征，受众多因素的影响。有学者从微观方面对影响自主创新的内在因素进行研究，将激励制约机制、技术人才缺乏、创新意识、创新动力等作为社会基础条件；也有学者从宏观方面对影响自主创新的外在因素进行研究，将政策环境、法律制度、技术市场、产学研联结、自主创新服务体系及服务能力等作为社会基础条件。

一般而言，自主创新的社会基础条件可按以下两种方法分类。

（1）按物质属性将社会基础条件分为硬件和软件。硬件主要指为自主创新活动所提供的公共设施，软件主要指社会文化氛围、激励创新的制度等。

（2）根据社会基础条件的系统属性划分。将影响自主创新的社会基础条件视为由众多因素构成的一个复杂系统，根据系统特性，自主创新受这些众多的社会基础条件的共同作用。

第二种分类方法建立在系统思维的基础上，较清晰地描述了创新主体、客体和作用关系。系统科学自20世纪40年代诞生以来，其理论已广泛应用到多个领域。按照组成系统的子系统以及子系统种类多少和它们之间关系的复杂程度，我们可以将系统分为简单系统和复杂系统。相对简单系统，组成复杂系统的子系统数量较多、子系统之间的相互关系比较复杂。复杂系统具有状态变量众多、反馈结构复杂、输入与输出呈现非线性等特征。

2. 社会基础条件的类别与特点

根据上述第二种分类方法，我们将影响自主创新的社会基础支撑条件视为一个复杂系统，此系统包含经济支撑条件、制度支撑条件、人力资源支撑条件、文化支撑条件及舆论支撑条件共五个子系统。

第一节 系统的整体特征

社会基础条件作为一个复杂系统，具有以下特征。

协同性。经济、制度、人力资源、文化及舆论各要素并不是杂乱无序的偶然堆积，它们相互联系、相互制约形成一个有机的系统。系统功能的发挥不仅依赖于各要素与系统间的协同发展、各要素间的协同发展，而且还依赖于各要素内部的协调发展。系统作用于自主创新的最终结果是各要素协同作用的结果。

非线性。系统内各要素相对独立，又相互联系，最终通过合力共同作用于自主创新并表现为三种作用结果。第一种是合力为正，有效促进自主创新；第二种是合力为零，指各种要素对自主创新的促进及制约作用正好相互抵消，既没有促进自主创新也没有阻碍自主创新；第三种作用结果即合力为负，指各种要素共同作用于自主创新的最终结果是制约阻碍自主创新。由此看出，系统作用于自主创新的结果是具有非线性特征的，此结果依赖于各要素之间的协同程度，并不总表现为“整体大于部分之和”。

动态性。系统内各要素随着经济、社会的不断发展而发展，制度的不断变迁、文化的相互融合、生产力水平的日渐提高，这些个体要素的发展会促进整个系统的发展。反过来整个系统的发展又会反作用于各要素，促进各要素的个体发展。总之，社会基础条件作为一个系统，是与一定的历史阶段相联系的，是在动态演化中不断形成耗散结构，不断高级化的过程，是一个量变积累到质变进而发生飞跃的过程。系统在达到某种协调状态后，会随着某些条件限制的突破产生跃进过程，从而打破平衡，随后在系统的协同作用下，又逐渐达到新的协调状态，这样循环往复，在动态演化中不断推动系统向高层次、高水平的阶段发展。

可调控性。人们可以通过决策对经济、制度、人力资源、文化及舆论各要素进行人为干预，以降低系统的混乱程度，促进系统的协调发展，使其更好地为自主创新服务。

第二节　各要素的独立特征

系统内的各要素相对独立，具有各自的内涵与特征。

一　经济的内涵与特征

经济在宏观领域中追求社会的平衡和可持续发展、国民经济的最大化及物质财富最大程度的丰富，在微观领域中追求企业利润的最大化及经济行为的规范和文明。经济的功能非常明确，即为社会创造尽可能多的物质财富，以尽量公平的方式分配这些财富。社会的经济发展程度代表了其生产力水平及物质丰富程度。

二　制度的内涵及特征

制度作为一系列规则告诉人们何者可为、何者不可为，促使人们的行为和心理朝着期望的方向发展。一方面，制度通过告诉人们“何者可为”来发挥它的导向激励功能；另一方面，制度通过告诉人们“何者不可为”来发挥它的控制约束功能。在新制度经济学中，制度是在资源禀赋与技术之外来解释经济发展的一个重要因素。其中新制度学派经济学家道格拉斯·诺斯认为经济学意义上的制度“是一系列被制定出来的规则、守法程序和行为的道德伦理规范，旨在约束追求主体福利或效用最大化利益的个体行为”。而制度安排则是“支配经济单位之间的合作或竞争方式的一种安排”。诺斯认为，一个效率较高的制度即使没有先进的设备或技术，也可以刺激劳动者创造出更多的财富；但是再先进的设备和技术，如果存在于低效率的制度环境中，也同样无法高效率地贡献于经济增长。在很多情况下，一种可以有效促进创新的制度安排，比在研究开发中投入更多资本产生的系统效率更高，对经济增长的推动更有力。简而言之，制度就是一系列正式和非正式的规则，对应着正式制度和非正式制度。本文所讨论的是正式制度。作为正式制度，主要有以下特征。

第一，具有公共物品的属性。公共物品是相对私人物品而言的，即具有“非竞争性”和“非排他性”。制度，作为国家提供的一种公共物品，对社会总资源进行重新分配，是整个社会经济最基础性的结构。自主创新作为一项复杂的社会经济活动，存在并发展于复杂的社会环境当中，由于各类社会关系客观上的复杂性和多样性，已不是仅靠行政手段就能解决的，需要建立系统的、专门的制度对之予以调整。所有创新主体都能享有“制度”这种公共物品，且必须别无选择地接受它，让自主创新整个活动在给定的制度框架内运行。

第二，具有强制性的约束功能。正式制度的建立是一个公共选择的过程，它提供了一个系统内所有人必须遵循的规则。诺斯认为，制度是通过内部和外部两种强制力来约束人的行为，建立一个人们相互作用的稳定的结构，防止交易中的机会主义行为，以减少交易后果的不确定性，帮助交易主体形成稳定的预期，从而减少交易费用。从制度的形成来看，其建立时间相对较短，有时甚至可以是一个决定或一个命令，所谓“上令下行”。这种自上而下的执行路径本身就具有一种强制性的约束功能。

三　人力资源的内涵与特征

从经济学的角度来看，为了创造物质财富而投入生产活动中的一切要素统称为资源，其中包含物质资源和人力资源。人力资源指的是在生产过程中作为生产要素而投入的劳动人口。人力资源不是指人的本身，人本身是人力资源的载体，人力资源的核心是劳动力，即人具有的能力。自主创新人才的集合构成了自主创新的人力资源，所谓自主创新人才主要是指在构建创新型国家背景下，接受新思想、新思维，能够有效整合信息资源，在充分发挥主观能动性的基础上创造性地变革生产力的标志——生产工具，推动社会进步并对人类文明做出重要贡献的人。

自主创新的人力资源主要有以下特征。第一，具有高增值性。人力资源同物质资源一样，在投入生产进行劳动的过程中，也会发生有形磨损和无形磨损。劳动者自身年龄的老化、体力的衰退即是一种有形磨损；而劳动者知识技能的老化则是一种无形磨损，这种磨损不同于物质资源，它有助于推动劳动者实现知识更新、自我完善和自我发展，以弥补各种损耗，实现新一轮的价值增值。正如马克思所说："劳动力这个商品具有一种独特的特性：它是一种创造价值的力量，是一种生产价值的源泉，并且在适当使用的时候是一种能产生比自己具有的价值更多的价值源泉。"① 第二，具有再生性。人力资源的再生性包括人口的再生产和劳动能力的再生产。人口的再生产反映了人力资源时序上的再生性，与耕地、矿藏等自然资源的不可再生性形成明显反差。随着科学技术的不断进步，劳动者的知识、技术、技能等会不断得到弥补和更新，以适应新产品的需要，从而实现劳动能力的再生产。第三，具有主观能动性。人力资源与其他被动性生产要素相比较，是最积极、最活跃的生产要素，是经济活动中唯一有创造作用的生产要素，居各种生产要素的主导地位，可组织、协调或控制其他生产要素。第四，具有流动性。当

① 《资本论》第1卷，人民出版社，1975，第193页。

今，人力资源的流动愈来愈频繁。其中包括人才本身的流动，如从这个地区到那个地区的岗位转换，同时也包括附加在创新成果上的知识和技术等隐性资源的流动。在当今这个信息交流日渐便捷快速的社会，后者表现得更为明显。

四 文化的内涵及特征

“文化”一词在英文中译 culture，在德文中译 Kultur，均来源于拉丁文。其含义随着人类社会历史的发展而发展，最早指培养、种植、栽培或耕种，以后引申出文雅、修养、高尚等含义，进而广泛地指称人们的生活方式、思维方式及人们在征服自然和自我发展的过程中创造的物质财富和精神财富。

“文化”是个复杂、多元的定义。学者们本着不同的研究目的从不同的角度和层面并结合自己的理解给出了相应的定义。康德认为：人是自然的最终目的，文化则是这一最终目的存在于人身上的一种形式的、主观的条件。1871 年，“人类学之父”的英国人类学家泰勒在《原始文化》一书中给文化下了一个经典的定义：“文化，或文明，就其广泛的民族学意义来说，是包括全部的知识、信仰、艺术、道德、法律、风格以及作为社会成员的人所掌握和接受的任何其他才能和习惯的复合体。”1952 年，美国文化人类学家A. L.克罗伯和K.克鲁克洪在《文化，关于概念和定义的检讨》中提到，从 1871 年到 1951 年的 80 年间，出现了 164 种关于文化的定义。A. L.克罗伯本人对文化的定义为：“文化由外显的和内隐的行为模式构成；这种行为模式通过象征符号而获知和传递；文化代表了人类群体的显著成就，包括它们在人造器物中的体现；文化的核心部分是传统的（即历史地获得和选择的）观念，尤其是它们所带的价值；文化体系一方面可以看作是活动的产物，另一方面则是继续活动的决定因素。”①

① 吴克礼：《文化学教程》，上海外语教育出版社，2002，第 50 页。

文化通常用来指一个社会的全部生活方式，包括它的价值观、习俗、体制和人际关系等。目前关于文化的定义有两百多种，基本上可分为广义的文化和狭义的文化。广义的文化指的是人类社会历史实践过程中所创造的物质财富和精神财富的总和，涵盖物质文化和非物质文化。狭义的文化指的是人类创造的精神文明成果，包括知识信仰、艺术、道德、法律、习惯等。李惠国将文化归为四个模式："文化主要指社会所特有和嗣承的观念模式、价值模式、行为模式和制度模式，既包括价值观、态度、信念、行为规范和人们普遍持有的见解等，也包括与之相适应的社会体制和制度。文化规定并潜移默化地影响着人的基本素质和心理性格的形成，对人类的社会性活动有着深刻和内在的影响。"① 本文主要讨论的是非物质文化意义上的文化形态，也就是文化的人文内涵。

文化作为一种复杂的现象，具有丰富多重的特征，具体表现如下。

第一，文化具有历史性和稳定性。胡锦涛同志在耶鲁大学的讲话中曾指出，"一个民族的文化，往往凝聚着这个民族对世界和生命的历史认知和现实感受，也往往积淀着这个民族最深层的精神追求和行为准则"。文化并非一朝一夕形成的，它是人类实践活动在漫长的历史中长期积淀的结果，是一个民族的思维习惯、价值观念、人格追求、伦理情趣等经过生活的提炼和岁月的考验积淀而成的独特的符号。正如巴格比所说："文化是众人行事的方法。因为历史本身就是众人所作所为的结果。所以我们就能够知道，文化就是模式化的和反复地出现在历史中的因素……是历史的可理解的方面。"② 一个国家或民族的历史越悠久，其文化所表现的历史性和稳定性特征越明显，其中某些隐性的或显性的文化特征也越加牢固，难以更改。这种稳定性及历史性又会表现出某种惰性及惯性，根植于文化尤其是传统文化中。

---

① 李惠国：《关于增强自主创新能力建设创新型国家的几点思考》，《学术探讨》2006 年第 2 期。

② 巴格比（P. Bagby）：《文化：历史的投影》，夏克等译，上海人民出版社，1987，第 143 页。

我们国家是一个有着五千年文明史的国度，文化形成年代久远。其中不乏许多优秀的传统文化特征，如“自强不息”、“厚德载物”的自强精神，“艰苦奋斗”、“百折不屈”的坚强意志及“勤劳勇敢”、“艰苦朴素”的高尚美德，这些优良的传统美德像鲜活的血液一样，在世世代代中国人的身体里生生不息地流淌着。同时，由于受小农思想和儒家文化的长期浸润，所表现出来的保守及中庸价值取向也根深蒂固于我国的传统文化中，难以彻底消除。

第二，文化具有空间地域性。文化成长于一定的地理环境及一定的群体之中，不同的地域、不同的共同体及不同的群落拥有不同的文化模式，表现出不同的文化内容和文化形态。文化模式既构造了行为和仪式，也构造了感知和思想，乃至塑造了个人的心理和群体的“地方性”、“民族性”、“国民性”——这往往以“集体无意识的形式”显示出来。①

文化的空间地域性决定了文化的多样性。从全球看，有东方文化和西方文化；从国家和地区来分，有阿拉伯文化、中国文化及中原文化、岭南文化等；根据不同的群体共性，还可分为精英文化和大众文化。这些百花齐放的文化形态共同并存，共同发展，相互交融，不仅有利于文化自身的创造与昌盛，同时也有利于异样文化之间的交流，丰富人们的视野，拓展人们的思维。正如拉兹洛所说：“只有在文化上是多样的，才可能是可行的：一致性在人类领域里可能像在自然领域里一样是极其有害的。”②

第三，文化具有很强的渗透性。文化对于一个国家、一个民族或社会成员个体犹如氧气对生命般重要。无论是有形的文化还是无形的文化，它们无孔不入地渗透到人类的生产及生活领域中，对人们的思维方式、行为方式、人生态度、心理习惯及价值观念产生深刻影响。

---

① 李醒民：《论文化的固有特征和研究进路》，《社会科学论坛》2005 年第 7 期。

② 拉兹洛：《决定命运的选择》，李吟波等译，三联书店，1997，第 21 页。

五　舆论的内涵及特征

综观我国国内近年来舆论学著作，主要有以下四种。

第一种，舆论是显示社会整体知觉和集合意识、具有权威性的多数人的共同意志（刘建明，1988）。

第二种，舆论是社会或社会群体中对近期发生的、为人们普遍关心的某一争议的社会问题的共同意见（喻国明，1993）。

第三种，舆论是公众对其关心的人物、事件、现象、问题和观念的信念、态度和意见的总和，具有一定的一致性、强烈程度和持续性，并对有关事态的发展产生影响（孟小平，1989）。

第四种，即陈力丹在以上基础上对舆论所下的定义：舆论是公众关于现实社会以及社会中的各种现象、问题所表达的信念、态度、意见和情绪表现的总和，具有相对的一致性、强烈程度和持续性，对社会发展及有关事态的进程产生影响。其中混杂着理智和非理智的成分。①

西方的公众舆论，英文是"public opinion"，直译为公共的、公众的、民众的、人民的、大众的、公开的、公有的意见、观点和态度。当代著名学者丹·利谋（Dan Nimmo）认为决定个人行动的意识可以分为三类：信仰、价值和期待。公共舆论就是一个人就某个问题表达他的"信仰"、"价值"和"期待"的行动。②

从以上定义我们可总结出舆论至少由以下几个要素构成。（1）舆论主体，即舆论的制造者和承担者，相当于人们通常说的舆论群体或公众，他们对某一特定的舆论对象有着一致或相似的看法，这是舆论主体的共质性。鉴于这种考虑，我们把舆论的结构分为精英层次（elite）、科学共同体层次（scientific community）与公众层次（public）。③（2）舆论客

① 陈力丹：《舆论学——舆论导向研究》，中国广播电视出版社，1999，第10页。

② Dan Nimmo, *Political Communication and Public Opinion in America*, Goodyear Publishing Company, Inc., 1978, p. 9.

③ 李侠等：《论舆论在科技政策制定过程中的作用》，《科学学研究》2002年第1期。

体，即舆论对象。一般来说，只有那些能够引发全社会共同关注的社会问题或事件，才能激发公众强烈的情感，从而不由自主地产生评说、议论的愿望或冲动。（3）舆论本体。舆论首先应该是公开表达的有关信念、态度和意见的总称。（4）舆论规模，即舆论数量的多少、舆论持续时间的长短、舆论的强烈程度、舆论功能的大小等。刘建明认为，按照感知事物比例的思维习惯，四分之一的比数通常被认为是“较多”的底数，这也是舆论形成的标志。陈力丹根据黄金分割原理，在一定范围内有38.2%（约三分之一多）的人持某种态度，这种意见便有了相当的影响力，而有61.8%的人持某种意见，则这种意见将成为主导舆论。舆论有其固有特征，具体如下。

第一，舆论具有公开性。舆论本身是“信念、态度、意见和情绪表现的总和”，① 必须以公开的方式来表达，如果有意见憋在心里不表达，那只是一种心理活动，或者说表达了，仅写在日记里，未让别人知晓，这都构不成舆论。舆论的公开性是衡量人的个性发展和社会进步的尺度。同时，舆论的公开性又是衡量舆论自身公正性的尺度。一般来说，舆论的公开性愈大，舆论的公正性相对也愈大。

第二，舆论具有公众性。舆论必须是“众人之论”，是公众性的精神意识活动。一两人的私自评议并不能构成舆论，它须进入“舆论场”，同其他人的评议或意见发生公开的联系、碰撞。舆论的公众性主要包含两层意思：从舆论的客体来看，舆论的对象是公众所关心的事件、人物、现象等带有公共性质的事务；从舆论的主体来看，须有一定数量的人来参与舆论的表达和传播。两者是辩证统一、相辅相成的。只有舆论客体事关公众的利益，才能引起众人的兴趣，成为公众注意的中心，才能吸引众人的广泛参与、普遍议论，从而构成舆论。

第三，舆论具有评价性。舆论的评价性也可以说是舆论的方向性或

① 陈力丹：《舆论学——舆论导向研究》，中国广播电视出版社，1999，第14页。

倾向性。舆论总是对于有争论性的问题而发的，无争论、无倾向性，就不可能成为舆论。舆论主体对舆论客体的评价表现为赞扬或批评、肯定或否定、支持或反对、拥护或抗议等，其态度具有某种鲜明的倾向，中性的舆论是不存在的。与一般的评价相比较，舆论评价缺乏逻辑性、系统性，具有更大的主观性、随意性、可变性、相对性、模糊性和不确定性。

第四，舆论具有表层性。舆论是一种群体社会心理，更准确地说是一种大众心理，属于表层意识，处于社会意识活动的表层，人们随时能感受到它的存在和影响。舆论主体一般都是普通群众，很难完整、深刻及系统地表达某种舆论意见，只具有一些简略、零碎的观点。舆论的客体是占据社会生活各个领域表层空间发生的最新利害问题和重要事件。

第三节　各类社会基础条件在自主创新中的权重

一　经济是自主创新的物质基础

在社会基础条件这个复杂系统中，经济是整个系统的基石。自主创新作为一种先进的生产力参与生产实践，其创新成果的质量、创新绩效及物化率的高低与社会在人力、物力和财力等方面的投入规模有直接关系。对自主创新的这种投入毫无疑问是一种经济上的支持，投入规模是受整个社会的经济实力制约的。自主创新本身是一种需要消耗巨大资源、投入规模相对较大的高智力活动，尤其需要强大的经济作为后盾。社会经济需求及社会经济的激烈竞争均推动了自主创新的活动的开展。

社会经济需求推动了自主创新。社会经济需求集中反映在社会生产上，“科学的产生和发展一开始是由生产决定的。如果说在中世纪的黑夜之后，科学以意想不到的力量一下子重新兴起，那么我们要再次把这个奇迹归功于生产”[①]。生产的发展推动经济的发展，经济对自主创新的需求主要体现在生产对自主创新的需求，这种生产需求构成了自主创新强大的推动力。具体表现在以下几个方面：首先，社会生产实践向自主创新不断提出新的课题；其次，社会生产实践为自主创新储备了丰富的经验知识；最后，社会生产实践检验自主创新成果的先进性和可靠性。

社会经济的激烈竞争推动了自主创新。自主创新是一项面向未来的系统工程，无论哪个国家，要想实现可持续发展必须自主创新。自主创新已成为各国经济竞争制胜的法宝，经济竞争成为推动自主创新的一个最基本的、最持久的刺激因素。

总之，较好的经济基础可给自主创新投入强大的人力、物力及财力，给自主创新最直接的资助，让创新主体在良好的物质生活条件下进行创新思考，在完备的研究设施中开展自主创新实践活动，在充足的研究经费支持下进行自主创新尝试。此外，经济的发展在促使社会经济自身结构优化的同时，也会影响人们的思想意识、价值观念，从而间接推动自主创新的进展。

二 制度是自主创新的保障

自主创新有赖于动力机制与制度安排，良好的制度对创新活动具有很强的正导向性和激励性。2006 年 2 月，国务院颁布了《实施〈国家中长期科学和技术发展规划纲要（2006—2020 年）〉的若干配套政策》。配套政策从科技投入、税收激励、金融支持、政府采购、引进消化吸收再创新、创造与保护知识产权、人才队伍、教育与科普、科技创新基地与平台和加强统筹协调十个方面，对相关的 57 个问题进行了明确而具有很强可操作性的规定，其中包括对自主创新的各项制度安排。由于自

① 马克思、恩格斯：《马克思恩格斯选集》第 3 卷，人民出版社，1972，第 523 页。

主创新自身的风险性、长远性和持续性等特征，其系统天然地存在失效的特性。由此可见，自主创新战略不仅是历史主题和理论主题，更是现实主题和政策主题。[①] 制度作为一整套稳定的系统化的社会规则体系，对自主创新活动具有有效的激励和约束作用，使自主创新获得强有力的体制与机制保障，从而促进创新活动的顺利开展。与自主创新相适应的激励机制和体制保障的全方位的制度建设，可为自主创新活动提供持续、稳定、有效的激励、支持和约束环境。

制度规定了创新主体的行为空间。创新行为空间是指一个社会中的行动主体创新可能建构的范围。“仅仅培养一种公正待人和关心他人的精神态度，其本身并不足以使公正处于统治地位。公平对待的善意，必须通过被设计来实现正义社会的目标的实际措施和制度上的手段来加以实施。”[②] 罗尔斯在《正义论》中曾提到：“某些法律和制度，不管它们如何有效率和条理，只要它们不正义就必须加以改造和废除。”公平、正义的制度表达了各方的利益诉求，打破了精英集团对创新资源的垄断地位，让那些有意创新却默默无闻的科研工作者也可平等获取科研经费，尤其促进了那些有创造力的青年学者的自主创新行为。

从某种意义上说，“制度”是一种“游戏规则”，这种游戏规则界定了人们的选择空间，规范和约束了人们之间的相互关系。制度在给定知识状况的条件下，外部产权规则界定了可供契约选择使用的内部游戏规则集，对于一个开放社会而言，这个规则集往往是无穷集，给创新主体提供了相当大的活动空间。

制度为自主创新提供了激励与保护。自主创新这一行为不仅有益于创新者个人，也有益于整个社会，具有明显的“外部性”。创新行为的“外部性”通常表现为创新行为的“溢出效应”，这种“溢出效应”从积极的社会效应看，“私有技术最终走向公有的事实，使这些技术在用

① 路风：《走向自主创新：寻求中国力量的源泉》，广西师范大学出版社，2006，第28页。
② E. 博登海默：《法理学——法哲学及其方法》，邓正来译，华夏出版社，1987，第254页。

户生产以及为进一步研究和开发的基础方面，都强化了经济中运行新技术的能力”①，即创新“溢出”增进了整个社会的利益。如果这种创新“溢出”得不到适当的保护，个人收益将远远低于社会收益，那么将催生广泛的“搭便车”行为，没人愿意付费于具有公共性的创新知识，人们总企图无偿利用他人的创新成果或免费享用公共性的创新知识来为自己服务。保护制度的出台可有效改善创新的这种外溢状况，通过制度安排使创新者个人收益率尽可能接近社会收益率，从而约束他人的“搭便车”行为，进而对创新主体行为起到一定的激励作用。

按照激励理论的观点，激励是组织管理者促成成员的行为目标与组织目标相容的主要手段。为了保证激励的稳定性和规范性，达到持续激励的效果，往往需要将激励措施及其标准形成正式的规章制度且公之于众。有效率的经济组织是经济增长的关键，有效率的组织需要在制度上做出安排和确立所有权以形成一种激励，将个人的经济努力变成私人收益率接近社会收益率的活动。诺斯将西方兴起的根本原因归功于制度的激励，并通过对经济发展史中制度变迁过程的考察，进一步指出：“技术进步率的提高既缘于市场规模的扩大，又出自发明者有能获取他的发明收益的较大份额的可能性。”②

某些有利于自主创新制度的法律化卓有成效地约束甚至抑制了创新过程中的“搭便车”行为，同时更有效地促进了自主创新活动的开展。例如，知识产权制度通过法定的程序和条件授予智力劳动成果完成者在一定时期所拥有的独占权，并以法律手段保障这一权利不受侵犯。这种刚性的制度安排，保证了创新者收益尽可能地被创新者独占，即“个人的经济努力变成私人收益率接近社会收益率的活动”。同时对其进行发明创造的积极性也是一种长期性的激励。另外，通过对创新者行为的社会肯定和回报来展示社会公平，其辐射功能在人际交往与社会互动中

---

① 纳尔逊：《美国支持技术进步的制度》，载多西编《技术进步与经济理论》，钟学义等译，经济科学出版社，1992，第387页。

② 道格拉斯·C.诺斯：《经济史中的结构与变迁》，陈郁、罗华平译，上海人民出版社，1994，第186页。

递进展开，给其他社会成员产生示范效应，为他人进一步创新提供基础并激励他人去创造更多新知识，以形成自主创新的扩散效应。美国较早地把“专利制度是给天才之火浇上利益之油”的理念用法律形式固定下来，建立了较为完善的知识产权法制，极大地推动了自主创新。心理学的研究证明，当行为主体因其高尚的人格或品质而受到社会肯定时，就意味着他获得了一定的物质和精神的满足，这一满足又会转而成为巨大的行为动因，激励和推动其以良好的精神状态挖掘潜力、发挥能力，向更高的追求层次攀登。

新制度经济学家通过重新解读历史，充分论证了制度对技术创新的重要作用。新制度经济学认为，制度胜于技术。好的制度安排会促进技术创新，不好的制度安排会将技术创新引离经济发展的轨道，或遏制技术创新。在技术创新活动中，倘若产权未能得到界定和保护，则创新者的积极性只能依赖于一点零星的自发性，这会大大降低个人的创新积极性。因此，诺斯认为社会的技术和知识存量决定了产量的上限，而实际产量还要受制度的约束。为什么现代意义上的经济增长首先发生在荷兰和英国？诺斯认为这两个国家持久的经济增长都源于一种适宜所有权演进的环境，这种环境促进了从继承权完全无限制的土地所有制、自由劳动力、保护私有财产、专利法和其他对知识财产所有制的激励措施直到一套旨在减少产品和资本市场缺陷的制度安排。

三　人力资源是自主创新的关键

随着知识经济的到来，人才日渐成为衡量竞争实力的关键要素。事实证明，当今综合国力的较量，实质上是人才的较量，当今国际的竞争，实际上是具有创新精神和创新能力的人才之间的竞争。在“十三五”期间，经济全球化进程仍将加快，世界各国的竞争态势将会更加激烈，谁拥有一流的创新人才，谁就拥有一流的发展优势，就可取得经济的长足进步。发达国家的成功经验都表明，人的智力开发对自主创新的影响是深远的，对经济发展具有极其重要的战略意义，人力资源的规模和质量在很大程度上决定了自主创新的深度和广度。如果自主创新系统不能同其人力资源发生通畅的社会交换和互动，则势必导致创新所需的企业家和各类专门技术人才的匮乏和枯竭，从而必将导致自主创新系统的瓦解。一般而言，创新成果与创新效率随人力资源的丰富程度呈正比例增长趋势。能否有源源不断适应不同层次需要的创新人才，是能否实现自主创新的关键。

人力资源为自主创新提供知识基础。在当今以知识及其产品的生产、流通和消费为主导的知识经济占主导地位的时代，生产资料不再以资金、设备和原材料为主，而更多的是以人的知识为基础。自主创新本身也是一个对知识的集合、运用和再加工过程，创新主体的创新能力首先依赖于其雄厚的专业知识。正如舒尔茨所言：人类的未来不是预先由空间、能源和耕地所决定的，而是要由人类的知识发展来决定的。对自主创新来说，知识是比原料、资本、劳动力更为重要的资源。人作为知识的传承者、创造者、发展者，最终作为知识的载体和自主创新的主体，成为自主创新的关键因素。自主创新说到底是人的创新，尤其是那些掌握了新知识和新技术的具有创新能力的高素质的人，依赖他们的知识、智力和能力等资源去创新。

人力资源为自主创新提供持续动力。人的主观能动性使其能够通过不断学习来提高自身的素质和能力，积极主动、有目的、有意识地认识世界、改造世界。人所具备的这种学习能力使人力资源具有可持续发展的无限性，取之不尽，用之不竭。一方面，一定时期人的认识能力是有限的，但在不断延伸着的改造自然的长河中，人的认识能力是不断前进的，认识水平是不断提高的，知识也是不断积累创新的。一种旧的资源枯竭了、消失了，只要人的认识水平不断提高，人们就可通过自主创新开发出新的可替代的资源。另一方面，在自主创新的过程中，人本身也经历着一种自我更新、自我发展、自我完善和能力的提升。人力资源的这种可再生性和无限扩展性使自主创新的持续性和延续性成为可能。

四 文化是自主创新的生长土壤

自主创新首先是一项在一定的社会文化氛围之中进行的创造性活动，最终要落实到处在一定社会文化背景之中的具体的人。而具体的人总是处在一定的社会文化背景之中，文化对人的影响是全方位的，它通过作用于人的思想而影响人的行为方式，进而影响整个自主创新活动。不同的文化背景和文化氛围会带来人的不同的创新价值取向和精神风貌，进而得到不同的创新效果，当然也有文化会泯灭人的自主创新激情与理念。正如日本学者在《技术思想的变迁》中所说："创造技术时，必须从该技术以前的文化出发，从新技术改变生活方式的技术创新中产生理念，同时，从新的生活方式改变技术的文化创新中追求理念。"

文化在观念模式上作用于自主创新。文化在观念模式上主要影响着自主创新主体的思维方式、工作态度、创新激情及创新精神。创新是一种"创造性的破坏"（熊彼特语），创新也是一种"离经叛道"（爱因斯坦语），创新还是一种"思想的历险"（怀特海语）。创新最初来源于一种思想，一种有创意的新的思想，然后要有一种敢为的精神才能为之。也就是说，思想是自主创新的导火线，需要勇敢者将其点燃。从这个意义上说，文化是自主创新的原始驱动力，因为它决定着人们的思维方式，而思维方式又决定了人们的行为方式。适宜的观念文化容易使人具有广博的思维视角和海纳百川的恢宏气度，通过理想、精神、境界、信念、意志、兴趣和激情等形式，作用于人们的思维方式，给自主创新以巨大的推动力，而且还常常转变成人们的灵感、直觉和想象，直接参与各种创新活动。

创新主体使用多种思维类型，如求异思维、发散思维及逆向思维等，才能打破常规、超越自我，标新立异，产生新的有创意的所谓思想的火花，进而突破类同性及单一性，达到独特性及多样性，以求最终实现创新的目的。杨叔子曾说过，"文化要有思维，思维是文化的关键"。[①] 同

① 杨叔子：《民族文化与自主创新》，《学习与研究》2008 年第 2 期。

时，自主创新是一项高度复杂的智力探险活动，需要大无畏的勇气、敢试敢闯的魄力与坚定执着的信念，这是一种不畏艰险、勇于探索、大胆怀疑、质疑批判、敢为人先的创新精神。

自主创新作为一种创造性劳动，首先是一种观念创新的构建行动，其次是一种心理、信心的行动。在这样的行动中，自主创新具备一种其他活动不曾有的潜质，这种潜质表现为一种精神状态，即创新精神。所谓精神是指人的思维活动、意识和一般心理状态。

宽松、自由、平等、开放的观念性文化有助于创新思维的形成、创造性思想的产生、创新精神的培育、创新激情的迸发。英国思想家密尔曾说过如下的话：首创性乃是人类事务中一个有价值的因素。永远需要有些人不但发现新的真理，不但指出过去的真理在什么时候不再是真理，而且还在人类生活中开创一些新的做法，并做出更开明的行为和更有趣味与感触的例子。密尔坚持让每个人自由地舒展，按照自己的意愿去表达思想、创新、择业、创业。英国几百年来在科学上取得了辉煌的科学成就，仅诺贝尔科学奖获得者就有60多人，按人口平均居世界第一，这与其自由宽松的观念性文化是分不开的。英国是近代西方自由主义思想的发源地，从霍布斯、洛克、亚当·斯密到约翰·密尔，自由思想大师一脉相承，竭力鼓吹人才创新和思想自由的重要性，大大地推动了科学技术的发展，促进了工业革命的实现。近代欧洲取得的一系列科学发现、发明成果，无不源自于文艺复兴运动导致的思想及观念大解放。中国先秦诸子百家争鸣导致的思想解放引发了后来的两汉农业文明的进步及其科技发明。

封闭、保守、明哲保身、信奉中庸思想或是处处设限的观念性文化则更容易使人们的思维模式拘泥于某种条条框框，从而墨守成规，难以突破，这恰恰是自主创新的大忌。“枪打出头鸟”的保守性观念造就了大量缺乏个性、不敢越“雷池”半步的人群，儒家“以和为贵”的中庸思想不利于批判、怀疑精神的培养。杨振宁曾指出，儒家文化的保守性是中国三个世纪来抗拒西方科学发明的最大原因，缺乏创新文化底蕴是我们中华民族在科学技术发展上很难有大作为的缘由。困扰已久的“李约瑟难题”曾追问：为什么近代科学没有发生在中国？元明以前，中国在算学、天文学、农学、水利工程、造纸、印刷、纺织等轻工业方面有很多令人骄傲的成就，但后来却落伍了。原因众多，其中不乏信奉“中庸思想”的观念文化对创新思维及创造性思想的摧残，使很多创新的萌芽要么被扼杀，要么被扭曲，最终难成正果。

文化在价值模式上作用于自主创新。人类社会并不是一个在文化上价值无涉的人造物的外壳，而是会给其中的所有人造物打上社会文化的烙印。“人造物设计、消费和维持技术的人的文化与价值观念、聪明与愚蠢、倾向与既得利益必将体现在技术上”。[①] “价值是人的需要与其相关客体之间的肯定与否定关系。”[②] 自主创新作为技术与市场的中介和纽带，源自作为文化的技术，又在另一端连接市场，因此，它既要符合经济的需求和社会的需求，又要符合市场的文化需求，换言之，自主创新必然体现市场的文化偏好（culture preference）与价值偏好（value preference）。自主创新绝不仅仅是一个技术问题，还是内含着影响社会发展方向的价值观问题，也是深层的文化问题。[③] 价值观是文化的核心，对自主创新发挥着导向、约束、凝聚及辐射作用，为自主创新提供精神动力、行为规范及评价标准。

现实的自主创新过程除了需要创造者个体自身特有的素质和必备的知识，同时也需要社会机制的激励、社会氛围的熏陶和必要的社会承认。如果一个人有了新的思想或理论，而没有人认识到它的创新价值，那么这种创新思维不会对社会产生影响。其次，当人们审视一个自主创新成果时，是带着自己内心的价值模式去判断的。对自主创新

① Staudenmaier, J. M., *Technology's Storyteller's*: *Reweaving the Human Fabric*, The MIT Press, 1979, p. 165.

② 李连科：《价值哲学引论》，商务印书馆，1999，第 70 页。

③ 路风：《走向自主创新》，新华出版社，2007，第 26 页。

成果的肯定不仅有益于创新成果顺利转化及应用，同时也会极大地促进创新积极性，给创新主体以强大的精神动力，这种精神动力有益于激发创新主体的激情，挖掘创新主体的创新潜能，使其饱含创新的热情投入下一次的再创新，形成良性循环。心理学研究表明，人在无激励状态下仅可发挥自身能力的10%～30%，在物质激励的状态下可能发挥自身能力的50%～80%，而在得到适当精神激励的状态下，可将自己的能力发挥至80%～100%，甚至超过100%。物质激励到一定程度时就会出现边际递减效应，而精神激励的效果则表现得更持久、更强大。同时，这种社会肯定与精神激励起到了示范作用，无形之中会辐射到其他创新个人或组织，以便更多的人积极参与到自主创新的活动中来。

基于自主创新的不确定性、复杂性和高风险性，自主创新本身是一种冒险行为。正如马克思所说："在科学的入口处，正像在地狱的入口处一样，必须提出这样的要求：'这里必须根除一切犹豫；这里任何怯懦都无济于事。'"[①] 所以自主创新常常会遭遇失败。从通常意义来说，失败会给人带来一定的心理压力，如果没有合适的渠道来减缓或释放这些压力，则会造成严重后果。据研究发现，持续过高的心理压力可以使人出现认知偏差、焦虑、情绪激动、易激怒、行动刻板等问题，甚至影响人个性的深层部分，如自信心等。这就要求我们树立"不应以成败论英雄"的价值观，营造一种宽容失败的文化氛围，给失败者以尊重、理解和支持。翻开人类创新的历史，我们不难发现，成功远不敌失败。失败是成功之母，每一次的失败都拉近了与成功的距离，无数次的失败是成功的奠基石。伟大的发明家爱迪生在发明电灯时曾失败了1200次之多，但他却说："我的成功就是发现了1200种材料不适合做灯丝。"大科学家法拉第也曾指出，即使是最成功的科学家在每十个希望和初步结论中，能实现的也不到一个。用一种宽容的气度去接纳失败者，不仅

① 《政治经济学批判序言导言》，人民出版社，1971，第4～5页。

给其带去了一股无形的巨大的精神力量，为最终的成功赢得了一次机会，同时营造了一种"人人敢创新"的文化氛围。

在自主创新诸支撑条件中，资金是可以流动的，人才是可以流动的，技术也是可以流动的，唯有文化是不可以流动和替代的，这是由文化的固有特征决定的。

鉴于美国硅谷在高技术产业发展方面的卓越成绩，许多国家纷纷效仿建立"硅谷城"或"硅谷村"等。在这股"硅谷热"的浪潮中，科技界和教育界将"硅谷"仅仅视为"高科技"发展和"科教兴国"问题，误认为科学园区+风险投资+几所大学=硅谷。结果呢，除了我国台湾的新竹、印度的班加罗尔和以色列的特拉维夫等少数取得成功外，其他众多对"硅谷"的模仿与复制并未取得明显成功。那么，美国硅谷成功的奥秘是什么？萨克森宁说，上述基本因素犹如一块块积木，但无法把这些积木组合成完整的图案，积木是搭不出硅谷来的。硅谷成功的真正奥秘，是因为硅谷有了一个良好的有利于创新、有利于人才成长的文化生态环境。[①]

五　舆论是自主创新的调速器

舆论主要是通过大众传媒、报纸、书刊等形式以发挥其评价、沟通、调节、激励、监督及蛊惑等功能。从舆论所引起的社会效应来看，我们可将舆论分为正向舆论及负向舆论。正如黑格尔所言，"公共舆论中真理和无穷错误直接混杂在一起"。正是因为舆论中混杂着这种或那种理性或非理性的成分，才有了正向舆论和负向舆论之分。舆论对自主创新同样也有正向和负向的两种社会效应。

正向舆论是自主创新的加速器。正向舆论是指那些全面反映了客观事物的真实情况和客观规律及社会大多数人的共同需要、利益、意志和愿望的舆论。这些舆论作用于社会后，产生一种积极的正效应。正向舆

① 参见安纳利·萨克森宁《地区优势——硅谷和128公路地区的文化与竞争》，曹蓬等译，上海远东出版社，1999。

论也称积极型舆论，比如正确的舆论、进步的舆论等。随着现代科学的不断发展，自主创新不再是像过去那样仅行走于少数精英们之间，它已入侵到人类的生产、生活等各个领域。同时，公众的科学素质也空前提高，人们越来越关心这些关乎自己未来甚至可能改变自己生活方式的科技发展态势。当今，舆论传播的主要形式是大众传媒。大众传媒对自主创新政策的宣传报道，信息知识的迅速传递，自主创新成果的成功展现等让科技主动走向大众，起到了积极的引导作用，一方面为大众释疑解惑，提高了公众的科学素质，另一方面赢得了公众的信任，增强了公众对自主创新的认同感，从而促进了自主创新。

负向舆论是自主创新的减速器。负向舆论是指那些没有反映客观事物的真实情况和客观规律及社会大多数人的共同需要、利益、意志和愿望的舆论，也称消极舆论。这些舆论作用于社会后，就会产生不利于社会发展的负效应。例如，伪科学的宣传扰乱了公众的正常思维，这种负向舆论的入侵使得他们反而抵制真正的科学。

舆论是一种自下而上的上行传达方式，有异于制度“上传下达”的下行路径。从某种程度来说，其发自民间的来源形式更贴近公众心理，更能反映民意，因此相对而言更容易赢得公众的认同与信任。随着公众科学素质的日益提高，舆论的正向效应日渐增长。科技迅猛发展所带来的臭氧层受损、全球变暖、荒漠化加剧、物种灭绝等累积后果已不仅仅是科学家们所讨论的专题，这些与未来环境紧密相连的事件已广泛进入公众的舆论范畴。公众通过舆论这种便捷自由的民间方式，参与并影响着自主创新的整个活动。

六 小结

自主创新的五大基础条件相对独立，对自主创新均发挥着各自的独特作用。除此，它们又相互联系相互制约，构成一个复杂系统，对自主创新发挥着整体作用。在这个系统中，各个基础条件均为一个自变量，自身随着经济社会的发展而发展；同时，各个基础条件又是一个因变量，因系统内其他基础条件和整个系统的发展而发展。对于各个基础条件对自主创新的权重，我们很难定量，事实上，它们之间存在千丝万缕的联系，缺一不可。总之，经济是自主创新的物质基础，制度是自主创新的保障，人力资源是自主创新的关键，文化是自主创新的生长土壤，舆论是自主创新的调速器。

第三章
自主创新与社会基础条件的关系

第一节　有利的社会基础支撑条件影响自主创新的作用机制

一　经济支撑条件

我国的财政收入自2008年突破6万亿元（61330.35亿元）大关以来，每年以20%以上的比例高速增长。据报道，2012年的财政收入已达到11.72万亿元，成为仅次于美国的世界第二富的政府。但由于中国政府不是实行公共财政，连呼吁多年的教育经费占GDP的4%的要求都无法按时达到（2012年终于达标），很难指望与创新有关的预算支持会以同样的比例增长，创新基金短缺问题也无法指望单纯依靠财政支持来解决。在这种背景下，借鉴国际经验，一个成熟的市场经济社会，企业创新基金除了自身的预留外，尚可以从资本市场融资以及通过风险投资基金来解决创新基金不足的问题，这应该是当前世界上主流的融资模式，相信不久的将来，中国也将走上这条道路。借此探讨一下目前国内企业创新基金的来源以及运行情况，对于未来解决自主创新的经济支撑条件来说是有意义的。

二　资本市场通过以下作用机制推进自主创新

1. 多层次的资本市场

多层次资本市场体系是指针对质量、规模、风险程度不同的企业，为满足多样化市场主体的资本要求而建立起来的分层次的市场体系，具体包括以下几个方面。①主板市场，也称为一板市场，指传统意义上的证券市场（通常指股票市场），是一个国家或地区证券发行、上市及交易的主要场所。主板市场是资本市场中最重要的组成部分，很大程度上能够反映经济发展状况，有“国民经济晴雨表”之称。主板市场对发行人的营业期限、股本大小、盈利水平、最低市值等方面的要求标准较高，上市企业多为大型成熟企业，具有较大的资本规模以及稳定的盈利能力。②二板市场，又称为创业板市场，指与主板市场相对应，在主板之外专为处于幼稚阶段中后期和产业化阶段初期的中小企业及高科技企业提供资金融通的股票市场，此市场还可解决这些企业的资产价值（包括知识产权）评价，风险分散和创业投资的股权交易问题。③三板市场（场外市场），包括柜台市场和场外交易市场，主要解决企业发展过程中处于初创阶段中后期和幼稚阶段初期的中小企业在筹集资本性资金方面的问题，以及这些企业的资产价值（包括知识产权）评价、风险分散和风险投资的股权交易问题。

与自主创新最贴近的属创业板市场。早在 1999 年 8 月，我国明确提出适当时候设立高新技术企业板块，创业板市场建设的帷幕就已正式拉开。但是就当时国际形势而言，正值美国纳斯达克科技股泡沫破灭，全球金融市场动荡不安，很多国家的创业板举步维艰，就国内形势而言，国内资本市场尚不规范，A 股市场投机盛行，泡沫严重，监管不力，面对如此不利的国内外形势，创业板的启动被推迟。2004 年 5 月，中小企业板块成立，虽然中小企业板块从属于深市主板市场，但中小企业板块的设立为创业板提供了可靠的前提。近两年，创业板筹备工作加快了步伐，在金融危机冲击下，中国经济率先企稳回升，资本市场走出低谷健康发展，决策层审时度势，抓住机遇，于2009年10月23日正式启动了创业板，是体制机制创新的重大举措。

创业板开板，有助于支持企业自主创新，巩固放大经济复苏成果，是推动经济发展方式转变的难得之举。创业板市场重点协助高成长性的新兴创新公司，特别是高科技公司筹资并进行资本运作的市场，是多层次资本市场的重要组成部分，它与大型成熟上市公司的主板市场不同，是一个前瞻性市场，注重于公司的发展前景与增长潜力。中国政法大学教授刘纪鹏认为，创业板市场培育和推动成长型中小企业成长，是支持国家自主创新核心战略的重要平台，具体表现在以下几个方面。

“第一，创业板市场满足了自主创新的融资需要。通过多层次资本市场的建设，建立起风险共担、收益共享的直接融资机制，可以缓解高科技企业的融资瓶颈，可以引导风险投资的投向，可以调动银行、担保等金融机构对企业的贷款和担保，从而形成适应高新技术企业发展的投融资体系。

第二，创业板市场为自主创新提供了激励机制。资本市场通过提供股权和期权计划，可以激发科技人员更加努力地将自主创新收益变成实际收益，解决创新型企业有效激励缺位的问题。

第三，创业板市场为自主创新建立了优胜劣汰机制，提高社会整体的创新效率，具体体现在以下两个方面。一是事前甄别。就是通过风险投资的甄别与资本市场的门槛，建立预先选择机制，将真正具有市场前景的创业企业推向市场。二是事后甄别。就是通过证券交易所的持续上市标准，建立制度化的退出机制，将问题企业淘汰出市场。”①

2. 债券市场

2007年底，“深圳市中小企业集合债券”、“中关村高新技术中小企业集合债券”的成功发行开辟了中小企业融资的新途径。中小企业集

① 陶俊洁：《解读创业板：前景广阔》，新华网，2009年3月31日，http：//tech. qq. com/a/20090331/000383. htm。

合债券与集合票据解决了中小企业多年来“短贷长用”的问题，对支持中小企业筹建新项目，扩大业务规模，推动中小企业跨越式发展，促进产业结构调整，发展多层次资本市场均具有积极意义。

集合债券，是运用信用增级的原理，通过政府组织的协调，将企业进行捆绑，集合发行的企业债券。该债券利用规模优势，合理分摊资信评级、发债担保、承销等费用，有效地规避了单个企业发债规模偏小、发行成本过高的弱点，使企业发行企业债券成为可能，为解决企业融资难的问题提供了新的途径。

表 1　中小企业集合债券与一般企业债券比较

比较项目	中小企业集合债券	一般企业债券
发行主体	多家企业集合发行	一家企业
担保机构	担保机构（银行或担保公司）	银行
融资规模	单个企业发行额度不超过其净资产的 40%；总体额度还要有国家发改委根据项目情况来审批。分到每个企业的额度将根据企业情况有所区别，但通常较小	不超过净资产的 40%，并由国家发改委批准发行额度
对单个企业的信用要求	较高	高
发行主体	多个中小企业构成的集合体	单个企业
发行难度	对单个企业的要求相对低于一般企业债券要求	对单个企业的规模、盈利能力、偿债能力要求较高，因而存在较大难度
发行费用	分摊到每个企业后相对较低	相对较高
发行期限	3～5 年	一般较长，5 年以上
资金用途	有限制，投资项目需国家发改委审批	有限制，投资项目需国家发改委审批
融资成本	市场利率，但信用增级降低融资成本	市场利率决定
融资速度	一般	一般

表 2 中小企业集合债券与银行贷款比较

比较项目	中小企业集合债券	中小企业间接融资
投资者深度	较广泛：银行、基金等机构投资者和非机构投资者	较单一：银行
利　率	市场化，受企业信用等级影响，但低于银行贷款	刚性，受央行基准利率限定
融资成本	市场利率，但信用增级作用将吸引更多投资者，降低债券融资成本	银行利率；取决于企业整体风险，银行贷款利率较高
融资难度	相对较低	较难
融资期限	3～5 年	对中小企业多为 1 年以内的短期借款
还本付息方式	到期还本付息	遵照相关规定
融资规模	审批决定	受银行限制，通常规模较小
流通性	银行间债券市场流动性很高	低

通过表 1 和表 2 所示的中小企业集合债券与一般企业债券和银行贷款融资方式的特征比较可以看出，它打破了只有大企业才能发债的惯例，对降低中小企业的融资成本，支持中小企业的科技创新，促进中小企业的产业结构调整和升级，提高中小企业的自主创新能力，推动中小企业的可持续与跨越式发展，发挥了极其重要的作用，其推动力主要表现在以下方面。

（1）拓宽中小企业直接融资渠道。集合债券的发行可以为一批有发展潜力的中小民营企业提供融资机会，拓展新的融资渠道。

（2）改善企业的财务结构，利用财务杠杆的原理进行债务融资可以提高净资产收益率，使股东利益最大化；债务融资债权人不具备管理权和投票选举权，发行债券不会影响公司的所有权结构和日常经营管理。

（3）融资成本低，企业债券发行利率低于同期限商业银行贷款利率，节约了企业财务成本，债券利息可在税前支付计入成本。以 2007 年企业债券利率与银行贷款利率相比较，5 年期企业债券的发行利率为 5.3%～5.7%，10 年期企业债券的发行利率为 4.05%～6.48%。从银行贷款利息来看，2007 年 12 月 21 日，央行上调存贷款基准利率，5 年期长期贷款基准利率为 7.74%，10 年期长期贷款基准利率为 7.83%。如考虑企业债券的发行手续费及审计、评级、律师等费用，企业债券的融资成本要低于同期贷款利率。

（4）企业债券发行上市后，企业需要按规定定期披露信息，被广大机构投资者关注，这有利于企业规范运作，提高自身管理水平，并可在资本市场上树立良好的信用形象，为企业持续融资打下信用基础。

（5）为健全国家和地方融资体系提供新思路。逐步改变以大企业为发债主体的状况，在过渡阶段，中小企业打包发债是一个比较理想的解决方案。

3. 风险投资

国家创新体系是以政府为主导、充分发挥市场资源配置的基础性作用、各类自主创新主体紧密联系和有效互动的社会系统。现阶段中国特色国家创新体系建设重点包括：建设以企业为主体、产学研结合的技术创新体系；建设科学研究与高等教育有机结合的知识创新体系；建设军民结合、寓军于民的国防自主创新体系；建设各具特色和优势的区域创新体系；建设社会化、网络化的科技中介服务体系。其中，企业是技术创新体系的主体，高等院校和科研院所是知识创新体系的主体。科技风险投资正是通过直接支持企业进行技术创新和间接促进高校、科研院所等基础研究机构进行知识创新来完成其对科技发展的促进作用的。

“科技风险投资通过不断激励企业进行技术创新和基础研究机构进行知识创新而在国家创新体系内部形成了良性循环，并以促进企业竞争与技术进步相结合、资本市场与创新资源相结合，实现了资本对创新的推动能力，有效地促进了科学技术的发展。”① 在国家创新体系中，科技风险投资首先筹集大量的社会资本，并将这些资本投入处于初创期和成长期的高科技企业中；在企业的科技成果转化成生产力并产生收益后，科技风险投资将获得的一部分利润回报给社会资本，吸引社会资本

① 崔毫：《建设有利于自主创新的科技风险投资组织》，《自然辩证法研究》2006 年第 7 期。

对科技风险投资的再次注入，进而实现对社会资金的导向作用和资金的优化配置；而另一部分利润和新筹集的资本则将被继续投入新的科技产品和项目中，支持更多的创新活动。与此同时，高科技企业在科技成果转化为生产力后也获得一部分收益，这时，企业往往出于对开发自主知识产权的创新技术和提高自身市场竞争力的考虑，而将收益中的一部分投入新的产品或项目的研发中，以此来获得持续创新能力，尤其是自主创新能力。同时，由于自主知识产权必须是以一定的知识积淀为基础的，企业在进行自主创新时往往需要高等院校和科研院所的知识创新成果来帮助其解决技术创新难题，因此企业会主动向高等院校和科研院所等基础研究机构进行投入，或者提出其所需要的带有产业化的科研方向，以获取原创性成果，实现自主创新。这样，科技风险投资就通过促进知识创新成果在企业中的转化实现了其对知识创新的间接促进作用。而技术创新活动和知识创新活动的活跃又产生了更多的科技成果，吸引大量科技风险投资的继续投入。

4. 政策性银行

所谓政策性银行（non-commercial bank）指那些多由政府创立、参股或保证的，不以营利为目的，专门为贯彻、配合政府社会经济政策或意图，在特定的业务领域内，直接或间接地从事政策性融资活动，充当政府发展经济、促进社会进步、进行宏观经济管理工具的金融机构。

国家开发银行具有支持高新产业发展和企业自主创新的业务职能。根据1994年《国务院关于组建国家开发银行的通知》及其附件《国家开发银行章程》的规定，国家开发银行的主要任务是“按照国家的法律、法规和方针、政策，筹集和引导社会资金，支持国家基础设施、基础产业和支柱产业大中型基本建设和技术改造等政策性项目及其配套工程的建设”。可以看出，对高新技术产业发展和企业自主创新进行融资支持包括在该行职能范围中。

更重要的是，经过多年的改革与发展，国家开发银行逐步形成了适于推进高新技术产业发展和企业自主创新的业务优势。

（1）以服务国家经济社会发展战略为业务宗旨，注重项目社会效益和经济效益的有机结合，可以有效弥补商业性金融不愿涉足的产业领域的融资需求，比如风险较高的高科技产业领域。

（2）资金来源主要是通过在国内外市场发行政策性金融债券获得，贷款额度大、期限长，可以满足高新技术产业和企业自主创新的长期性融资需要。

（3）拥有一批特色金融产品，如可根据国务院有关文件规定，发放软贷款用于项目的参股投资。此外，低利率、长期限的支援贷款产品，为借款者制定发展规划、提供资金支持。

（4）长期以来以“基础设施、基础产业、支柱产业”和高新技术产业为主要业务领域，逐步形成了一整套适应这一领域特点的项目开发、评审、贷款风险管理机制，并培养了一批拥有行业、产业专业知识背景的金融专家人才队伍。

（5）立足中国国情，在业务发展中注重加强与行业部门、地方政府、大型企业的合作，并通过将政府、行业部门的组织、协调优势与自身的融资优势相结合，从经济整体健康发展的全局出发提供融资支持，有利于从源头上促进经济结构优化调整。①

5. 区域中小金融机构

中小金融机构是指股份制商业银行和地方性金融机构。其经营机制较为灵活，服务对象最初是两小经济，即集体经济、个体私营经济，对支持非国有经济发展起到一定的扶持作用。中小金融机构能为高新技术企业的融资提供不可替代的作用。主要原因如下。①信息方面的优势。通过长期的合作和操作技术上的专业化，中小金融机构对中小型高新技术企业的经营状况与大金融机构相比，掌握着更为充分的信息。②资本成本方面的优势。由于中小型高新技术企业信息透明度不高，资金的提供者在让渡资金时所承担的风险就较高，即使愿意付出更高的成本，融

① 参见徐明《发挥开发银行作用　服务自主创新战略》，《学习时报》2007 年第 7 期，第 11 页。

资要求也很难得到满足。同时，发展初期的高新技术企业规模较小，所需的单笔业务金额小，存在规模不经济问题，这也是大型金融机构不愿为其提供贷款的主要原因。中小金融机构由于信息和交易成本方面的优势，可以为中小型高新技术企业提供低成本、小规模的资金。

三　税收

目前国家鼓励企业创新的税收政策主要有：符合国家产业政策，需要重点扶持的高新技术企业，减按 15% 的税率征收企业所得税；创业投资企业从事国家需要重点扶持和鼓励的创业投资，可以按投资额的一定比例抵扣应纳税所得额；企业为开发新技术、新产品、新工艺发生的研究开发费用，未形成无形资产计入当期损益的，在按照规定据实扣除的基础上，按照研究开发费用的 50% 加计扣除；形成无形资产的，按照无形资产成本的 150% 摊销；企业的固定资产由于技术进步等原因，确需加速折旧的，可以缩短折旧年限或者采取加速折旧的方法等。

《国家税务总局关于印发〈企业研究开发费用税前扣除管理办法〉（试行）的通知》（国税发［2008］116 号）规定，能够享受加计扣除优惠的研发费用，必须是属于从事“国家重点支持的高新技术领域”和国家发展改革委员会等部门公布的《当前优先发展的高技术产业化重点领域指南（2007 年度）》规定的项目研发活动而实际发生的费用，具体包括八个类别。

（1）新产品设计费、新工艺规程制定费以及与研发活动直接相关的技术图书资料费、资料翻译费。

（2）从事研发活动直接消耗的材料、燃料和动力费用。

（3）在职直接从事研发活动人员的工资、薪金、奖金、津贴、补贴。

（4）专门用于研发活动的仪器、设备的折旧费或租赁费。

（5）专门用于研发活动的软件、专利权、非专利技术等无形资产的摊销费用。

（6）专门用于中间试验和产品试制的模具、工艺装备开发及制造费。

（7）勘探开发技术的现场试验费。

（8）研发成果的论证、评审、验收费用。

四　人力资源支撑条件

进入 21 世纪以来，世界新科技革命发展的势头更加迅猛，科技已成为带动经济增长的重要引擎，成为提高人类生活质量的重要手段。因此，科技竞争成为国际综合实力竞争的焦点，特别是一些战略性高新技术已成为一个国家提升综合实力的重要基础和关键。然而，这些核心技术、关键技术是买不来的，必须依靠自主创新。面对世界科技发展的大趋势，面对日趋激烈的国际竞争，我们只有把自主创新置于优先发展的战略地位，才能把握先机，赢得主动。

2004 年，我国科技创新能力在 49 个主要国家（占世界 GDP 的 92%）中位居第 24 位，处于中等水平。2007 年我国技术对外依存度约 60%，对比美国技术对外依存度的 25% 和创新型国家的 30% 标准，还有很大差距。如果中国在 2020 年要进入创新型国家行列，意味着要从当前的水平再前进 10 位，进入世界前 20 位。2009 年，我国出口总额达到 12016 亿美元，首次赶超德国，跃居全球首位，但是据“2009 年中国外贸 200 强”报告显示，2009 年中国出口 200 强企业中，外商投资企业有 153 家，比 2008 年增加 12 家，出口总额 2507.4 亿美元，占 77.8%，比上年提高了 3.7 个百分点。也就是说，虽然中国已成为最大的产品出口国，但是出口大潮的真正主导者（也是最大的受益者）却是那些正在利用中国廉价的土地和劳动力的外国企业和公司，这也更加凸显了加快自主创新的重要性。

改革开放以来，我国科技发展水平和产业结构的技术构成发生了重大变化，劳动力素质也有了很大提高，但总的来看，我国自主创新能力薄弱的问题已经日益成为社会经济发展的瓶颈。目前，我国科技人力资源总量、研发人员总数分别为5160万人、305万人，居世界第一位，我国已经具备了一定的自主创新能力，特别是在生物、纳米、航天等重要领域的开发能力已跻身世界先进行列。科技人力资源的优势如何推进自主创新，其作用机制和特点如何运演，是我们下面要思考的问题。

创新能力的形成和积累是一个不断学习和发展的过程，如果从创新活动的过程中不同自主创新活动环节的角度来划分，构成企业自主创新能力的人力资本（侧重于知识和能力）至少应具备以下几种能力：市场机会的辨别与把握能力；研究开发能力和对外部科技资源、科技成果的选择、消化和吸收能力；试验及制造能力、市场管理能力或营销能力、贯穿于创新过程始终的创新管理能力，这几种能力贯穿于原始创新、集成创新和消化吸收再创新三种创新模式中。

（1）原始创新是指前所未有的重大科学发现、技术发明、原理性主导技术等创新成果，特别是在基础研究和高技术研究领域取得独有的发现或发明。它需要具有超前科学思维的创新型人才来从事基础科学研究和科学技术发明创造，挑战现有科技理论，追求具有战略性的突破。

原始性创新始于问题，孕于积累。在创新研究的过程中，要充分考虑原始性创新研究的特点，如长期性、高度不确定性和成果的时间滞后性等，为创新研究注入强动力；从物质、精神方面为创新者消除后顾之忧，为创新研究营造宽松自由的文化氛围；采取扶持政策和相应制度，克服学术研究中的急躁风气，使创新者静心于钻研之中。在创新研究过程中，应用基础研究项目要尽可能缩短与生产实践的距离，以利于成果转化。原创项目在原始积累、核心人物的战略选择和创新团队等激发因子的作用下产生，在符合原创特点的强动力（如核心人物、创新文化、激励机制、原创技巧、科研兴趣、团队协作等）的支撑下运作。通过国家科学基础、学术传统、个体经验、知识基因的遗传以及家庭教育等方面的科学积累，核心人物凭借自己的学术造诣，正确把握学科发展方向，为创新群体做出适合时宜的战略选择。同时，没有团队协作，没有创新集群，创新活动就不可能延续并取得成功，创新团队是原始性创新的助推器。

（2）创新主体多元化是集成创新的重要特征之一。随着产品和技术复杂性程度的不同，掌握企业创新内容所涉及的知识、能力和资源的创新主体呈现多元化，范围覆盖个体、团队、企业职能部门、企业（含企业的竞争对手和合作伙伴）、其他相关组织和用户等。因此，各创新主体在积极思考、有效沟通和协作创新的基础上，创造协同效益，实现集成创新。集成创新的关键在于集成主体积极能动的优选行为，其特点是集成主体经过有目的、有计划的比较选择，使其发挥各自最大优势，相互之间又能够实现优势互补，较高转换和应用技能的创新型人才对集成创新的决定性作用主要体现在对各个创新要素和创新内容的选择、集成和优化、整合几个方面。

（3）引进、消化、吸收、再创新是增强国家创新能力的重要方面，是发展中国家提升自主创新能力的重要途径。日本、韩国、爱尔兰等国家十分注重引进国外设备和技术，成功走出了一条通过引进、消化、吸收、再创新的提高自主创新能力的路子。从 1955 年到 1970 年，日本用不足 60 亿美元的外汇，大量引进当时世界主要先进技术，在此基础上消化、吸收、再创新。他们提出了“一号机引进、二号机生产、三号机出口”和“引进一代、提高一代、再引进一代”的口号，并在较短时间内成为世界经济大国。

中国技术引进金额从 2001 年的 90.9 亿美元增加到 2007 年的 254.1 亿美元，年均增长 18.7%；技术引进合同中的技术费从 2001 年的 43.9 亿美元增加到 2007 年的 194.1 亿美元，年均增长率为 28.1%；技术费占比也从 2001 年的 48.3% 增长到 2007 年的 76.4%。2008 年上半年，我国技术引进的来源国家和地区达 60 个，引进合同总金额达到 126 亿美元。

2001 年后，中国高技术产业技术引进金额的增长速度大幅度下降，2004 年高技术产业技术引进经费为 111.9 亿元，2006 年下降到 78.6 亿元，减少了近 30%，占中国技术引进总金额的比重也由 2002 年的 6.5%下降到 2006 年的 4.3%。而 2000 年以来，高技术产业研发经费则持续快速增长，2006 年达到 456.4 亿元，比 2000 年增长 3 倍。中国高技术产业技术引进经费与研发经费的差距进一步扩大（见表 3）。

表 3 高技术产业技术引进与研究开发经费

单位：亿元，%

项 目	2001 年	2002 年	2003 年	2004 年	2005 年	2006 年
研究开发经费	157.0	187.0	222.4	292.1	362.5	456.4
增长率	41.4	19.1	18.9	31.3	24.1	25.9
技术引进经费	75.9	93.7	93.5	111.9	84.8	78.6
增长率	61.5	23.5	-0.2	19.7	-24.2	-7.3
引进占研发经费的比例	48.3	50.1	42.0	38.3	23.4	17.2

数据来源：《中国高技术产业统计年鉴》。

消化吸收再创新更需要具有较高吸收、模仿技能的创新型人才，在引进先进技术后，首先完成对引进技术的深度研习，接着在此基础上对先进技术进行模仿与再创新，最后提高先进技术成果和产品在全社会的推广和应用。只有以自主创新人才为中坚力量，全社会广泛参与和支持，才能更快更好地完成建设创新型国家的宏伟工程。

第二节 不利的社会基础支撑条件影响自主创新的作用机制

——以湖南省产学研结合的现状与“两翼”推进型发展模型的选择

从前面的分析中可以看到，有利于中国自主创新的条件主要包括两点，即经济支撑条件与人力资源支撑条件。按照前面的分类来说，这两类条件都是有形条件，相对来说还是比较容易解决的。对于那些无形条件来说，要解决起来就要困难得多。目前，在五项支撑自主创新的社会基础条件中，不利的基础条件主要有以下三种：制度支撑条件、文化支撑条件与舆论支撑条件，全部是无形条件。这些条件形成是漫长的，解决过程也注定是缓慢的。为了论述不至于出现空洞化的现象，笔者就中国中部省份湖南的情况来阐释自主创新面临的困境与出路。

党的十七大报告中明确提出：建立以企业为主体，市场为导向、产学研相结合的技术创新体系。这可以看作是建设有中国特色的创新型国家的重大战略举措。湖南省作为中部地区的典型省份，相对于发达地区来讲，面临着更为紧迫的发展与追赶任务，因此湖南省必须大胆解放思想，力争找出适合本省的产学研合作模式，只有这样才能在未来的竞争中缩小差距并迎头赶上。本报告针对湖南特点提出了“两翼”推进型产学研合作模型。

一　产学研结合的理论缘起与发展

在世界范围内，产学研相结合的历史也不长，这是20世纪大工业时代的特点和要求，最初进行这种尝试的是美国，它最初的形式是学校与产业的合作，合作教育模式由美国辛辛那提大学工程学院教务长赫尔曼·施奈德开创，他于1906年在辛辛那提大学推行了第一个合作教育计划。1983年世界合作教育协会成立，标志着合作教育已经成为世界性的教育改革潮流。到了1993年，联合国教科文组织通过了产学研合作计划，如今世界上主要发达国家都提出了针对本国特点的产学研合作计划。

推进产学研结合在我国也不是一个新课题。早在1992年4月，国家经贸委、教育部、中国科学院共同组织实施“产学研联合开发工程”，到今天已经整整16年了。其间，在2006年召开的全国科技大会上，党中央、国务院做出了建设创新型国家的重大战略决策，同时把建立以企业为主体、市场为导向、产学研相结合的技术创新体系作为推进中国特色国家创新体系建设的突破口。科技部、财政部、教育部、国资委、全国总工会和国家开发银行召开会议，决定按照《国家中长期科学和技术发展规划纲要》配套政策的要求，加强统筹协调，共同推进产学研更进一步结合，提高我国各行业自主创新能力和竞争力，并为此专门成立了“推进产学研结合工作协调指导小组”。2007 年 11 月 3 日中国产学研合作促进会在北京成立，2008 年 10 月 13 日，在深圳举行了第二届中国产学研高峰合作论坛。所有这一切，都清晰地表明，走产学研相结合的道路，已经成为中国建设创新型国家的重要举措，已经成为全国上下的共识。

所谓的产学研合作的完整结构一般包括如下三部分：首先是政府，其次是产学研联合体，最后是银行与风险投资。可以简单表述为图 1。

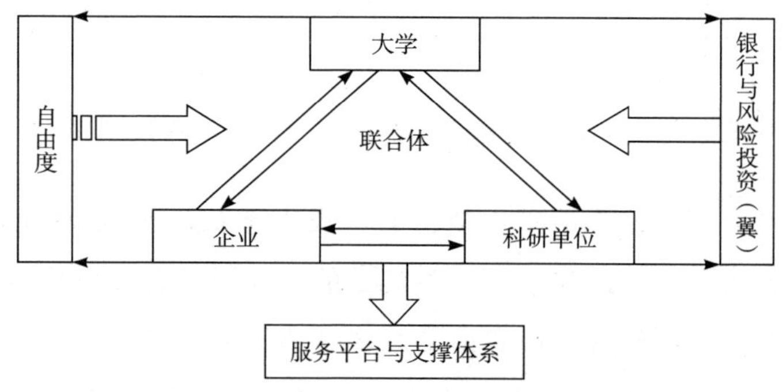

图 1　“两翼”推进型产学研合作结构图

目前学术界关于产学研合作关系的理论有很多，最著名的当属三螺旋结构模型，即学术界（大学和科研院所）、产业界与政府以经济发展的需求为纽带而联结起来，形成三种力量交叉影响、抱成一团又螺旋上升的“三重螺旋”的新关系。三螺旋模型理论是在 20 世纪 90 年代中后期开始流行起来的创新结构理论。20 世纪 90 年代中期，亨利·埃茨科威兹（H. Etzkowitz）首次提出了三螺旋模型的概念用以解释大学、产业和政府三者间在知识经济时代的新关系；罗伊特·雷德斯多夫（Loet Leydesdoff）对此概念进行了发展并提供了该模型的理论系统。三螺旋模型理论利用一个螺旋形的创新模型（区别于传统的线性创新模型），描述了在知识商品化的不同阶段，不同创新机构（公共、私人和学术）之间的多重互反关系。[①] 这个模型有其独特的优点可以借鉴，但是，我们要充分意识到，这个模型的运行环境是以比较成熟的市场经济国家为基础的，有成熟的服务型政府平台，以及完善的融资渠道和活跃的风险投资。这种背景环境的差距导致我们不能照搬欧美的模式，而是应该对三螺旋模型进行改造。由于欧美发达国家政府职能已经转变为一种服务型政府，因此这个模型在发达国家进行捆绑运行是可以的。由于我们国家长期实行计划经济模式，目前的转型并不彻底，导致即便今天我们的市场经济也不是标准意义上的市场经济，政府的作用远远凌驾于这个模式中的任何一方。而目前我国正在逐步深入推进的政治体制改革的一个主要内容就是转换政府职能，因此我们的产学研合作必须采取一种新的思路，重新给政府在产学研合作中的作用进行定位，而不是让政府包揽一切。

关于这个结构模型的第二个修改策略是，加强银行与风险基金与产学研的合作的推进作用，这一点也正是我国与西方国家相比属于最薄弱的环节。坦率地说，我们国家除了国家设立的风险投资基金外，几乎没有什么有规模的风险基金，这种状况已经严重制约了我国产学研相结合的实际运行以及深入发展。

第三点需要思考的是产学研本身存在的问题。由于产学研合作是不同系统的组合，它们各自的运行机制、目标、价值取向等不尽相同，如何把三方力量有效匹配，是一项非常复杂的事情，也是多年来一直没有解决好的问题。我们可以把这个问题拆分为三种情况：其一，在大学层面，由于我国几乎没有多少有影响力的民办大学，所以产学研合作环节中的大学基本上都是国立大学，这种大学的运行机制与考评机制与企业和科研院所完全不同，这种不同导致合作的难度无形中增加了；其二，大型企业的国有化程度的高比例也影响了它对市场的敏感性与热情；其

① 参见《关于政府在推进产学研合作中角色和功能的若干思考》，http：//www.360cxy.cn/CMSReleaseSys/releasepage10/infodetailed.aspx？id=754。

三，由于自身的定位，科研院所参与产学研合作的激励机制也与大学和企业不同。正是这种目标与价值的分野，导致产学研相结合在中国的实际境况是仍停留在一种小规模点对点的尝试阶段，缺乏长效机制。基于上述考虑，我们认为中国产学研的运作应该采取“两翼”推进型产学研合作模式。“两翼”分别指政府和银行与风险投资，只有在这种“两翼”推进模式下，整合中国的产学研各方的共同利益所在，产学研合作才能取得实质性的进展。中国当下在产学研合作中存在的主要问题也集中在“两翼”与产学研的整合方式上。

二 湖南省产学研结合的现状与存在的问题

湖南省是我国历史悠久、人杰地灵的中部省份，它有6800万人口，拥有21.18万平方公里的面积，全省2007年GDP产值为9200亿元，位居全国第12位，各项经济指标均居于全国中等及以上水平。湖南省委、省政府高度重视产学研相结合工作，“十一五”以来在产学研合作的推进与深化上取得了可喜的成绩，相关的政策、产学研模式的探讨以及大学科技园的建设等都取得了长足的进步。如中南大学与世界排名前四名的金属资源企业均建立了产学研合作关系，中铝投资1亿元共建中国铝业联合实验室，湖南有色控股集团投资1亿元项目经费用于关键与共性技术的突破，世界钢铁大王安塞尔·米塔尔投资500万美元共建金属研究院，金川有色公司投资1000万元共建联合实验室，西部矿业公司投资4000万元共建金属研究院，衡阳钢管公司投资3000万元共建钢管研究院，三一重工投资3400万元共建三一研究院等（材料来源于黄伯云院士在2008年深圳第二届产学研高峰论坛上的讲话）。2007年湖南大学产学研基地一期工程完成，为湖南大学推进科技成果转化搭建了一个广阔的平台。湖南大学依托国家创新工程项目“中气计划”，获得财政部、教育部、湖南省3亿元的共同资助，联合清华大学、吉林大学，各自分工，共同从事技术开发。如果说从横向比较来看，湖南省的产学研合作的发展水平居于全国的中游，那么随着新一轮区域经济的发展与竞争，湖南省必须走快速发展的道路，这样就要求我们找出湖南省在产学研合作上存在的真正问题，只有在这个基础上，我们才能制定出相应的政策与措施，基于这种构想，本文利用广东省与湖南省的对比，来看看其中存在的问题。

表 4

指　标	中部地区		东南沿海地区	
2007 年	湖南省	全国排名	广东省	全国排名
GDP	9200 亿元	12	30673.71 亿元	1
R&D	53.6 亿元	17	313 亿元	3
高校数量（211）	67（4）	11	75（4）	6
R&D 人员（千人/年）	39.75	15	147.23	2
高技术产业增加值	84.38 亿元（2006 年）	17	2836.10 亿元（2006 年）	1

说明：本表部分材料来自于国家统计局数据，并进行一些加工。

从上述五个指标体系中，可以清晰发现湖南省与广东省存在的差距。除了高等学校的指标差距不是很大以外，其他所有与衡量产学研结合相关的指标，湖南省与广东省相比都存在明显的差距，湖南省的总体水平在全国的排名处于中等水平。我们必须对自己的真实状况有一个比较全面的清醒认识，基于此，才能找到解决问题的策略。通过这张表格我们至少可以发现如下三个影响产学研深层合作的关键问题：（1）湖南省政府 R&D 投入严重偏低，即使不与广东省比，在全国也处于中下游水平，这种状况已经极大地影响了产学研合作的实际运行状态。湖南省统计局资料显示：全省 2007 年 R&D 经费内部支出为 73.54 亿元，比上年增长 37.2%，R&D 经费占 GDP 的比重（即 R&D 投入强度）为 0.80%。与此同时，国家 2007 年的 R&D 占 GDP 的比例已经达到 1.35%，湖南省的投入比例还赶不上国家的比例。（2）R&D 人员严重偏低，这与湖南省人口大省、教育大省的地位不符，而且由于 R&D 人员的数量直接决定了产学研合作的规模与力度，其中存在的问题值得深思。(3) 高技术产业增加值的规模过小。图表已经揭示出，湖南省产学研合作的规模与邻省广东相比差距很大，基本上仍处于起步阶段，在全国的水平处于第三类地区。这种情况的出现主要有以下几个原因：其一，投入产学研合作的人、财、物都存在严重不足。其二，推动产学研合作的两翼没有形成有效的推力。政府提供的相关制度支持严重不足，其三，银行与风险基金的供给也存在严重不足。其四，产学研合作的核心角色，企业在产学研联合体中的作用完全无法体现，三者之间极不匹配，导致产学研合作仍停留在概念化阶段。从上面的分析可以清晰地看出，虽然湖南省的产学研合作已经取得了显著的进步，但其规模、速度与湖南省的经济发展与社会期望仍不相称。这既是一种挑战，也是一次难得的机会，因为它预示未来的上升空间比较大。现在的问题是如何高质量、快速地发展与推进湖南省的产学研合作？

本报告认为，基于湖南省的实际经济发展水平在全国处于中游的现实，关键是要寻找出合适的发展路径。

三　湖南省产学研合作的路径选择：两翼推进型

经过这些年产学研合作的实践，根据湖南省的特点，我们认为湖南省发展产学研合作的路径应该构建一种理想的“两翼”推进型产学研合作路径。它主要解决如下三个问题。其一，作为产学研合作的最有影响力的一翼：必须搞明确“政府的作用到底是什么？”因为具体的产学研合作实践必须在企业—大学—科研院所中完成，政府是不能替代具体产学研合作实践的，它的主要任务是提供产学研合作顺利展开的制度环境与政策供给平台。其二，作为产学研合作的另一翼的银行和风险投资，正是长期制约湖南省产学研合作深入发展的瓶颈环节，关于这一翼必须拿出切实可行的办法，否则，再先进的产学研理念与政策平台都是无法落到实处的，而这一点对于经济尚处于中游的中部地区来说，又是最为艰难的一翼。其三，寻找产学研三方合作共同的价值契合点，这点常被人们误认为不存在问题。其实，很多产学研合作失败的根源在于三者的价值观和目标是完全不同的。如产业的目标是在市场中追求利益最大化；而科研院所的主要目标是进行知识创新，在这个基础上寻求利益最大化；而大学则负责培养人才，并追求知识创新。正是由于三方目标与价值观的差异以及评价标准的不同，导致三方合作变成很复杂的事情。比如大学科研人员注重成果的先进性并负有培养具有创新精神的人才的使命，而企业则追求效益的立竿见影性，这种差异导致大学的成果被企业认为与市场距离太远，而企业的问题对于大学来说，又缺乏先进性，而且这种成果在个人获得学术承认中是不被看重的。由此可知，要让三者互动起来，必须寻找三方的共同利益所在，并改变现行的评审与承认机制，只有这样产学研合作才有现实的可能性。基于上述考虑，湖南省产学研合作的主要路径有如下三条。

首先，加强产学研合作的两翼建设，各有侧重，分工明确，这也是目前湖南省产学研合作中的薄弱环节。对于政府这一翼来说，它的主要任务如下：一是利用政府职能为产学研合作提供相应的制度与政策供给，即积极运用政策手段和经济杠杆，对产学研合作企业给予政策倾斜和财力、物力扶持。二是政府通过相关的政策与制度供给，充分表达和实现宏观指导职能，即政府根据经济和社会发展的战略目标，指导制定产学研合作的发展规划、目标和任务，从而推动当地产业结构的升级。具体体现为充分发挥政府在产学研合作中的组织协调职能，加强产学研合作的组织建设，建立产学研合作的组织协调机构，而不是脱离市场、包打天下的过度干预。

其次，对于产学研合作的另一翼，即银行与风险投资，这是产学研合作成功的经济保障。在湖南省政府财力有限的情况下，除了采取政府支持的专项资助外，还应该加大与完善风险投资机制，扩大融资渠道。湖南省产学研合作规模长期做不大的主要原因就是风险投资等融资渠道不畅，导致扶持资金严重短缺，使很多产学研合作项目处于习惯性“流产”状态。据学者目前的研究，为了扩大融资渠道，可以采用一个多元化的比较合理的风险投资融资路径。经验证明，“风险资本市场的良好运作，需要风险控制与利益激励的机制、政府扶持引导机制以及中介服务的机制，需要风险资本市场的运作技术等具体的技术问题的解决方案，这是我们在发展风险投资事业中必须重视的技术问题”①。

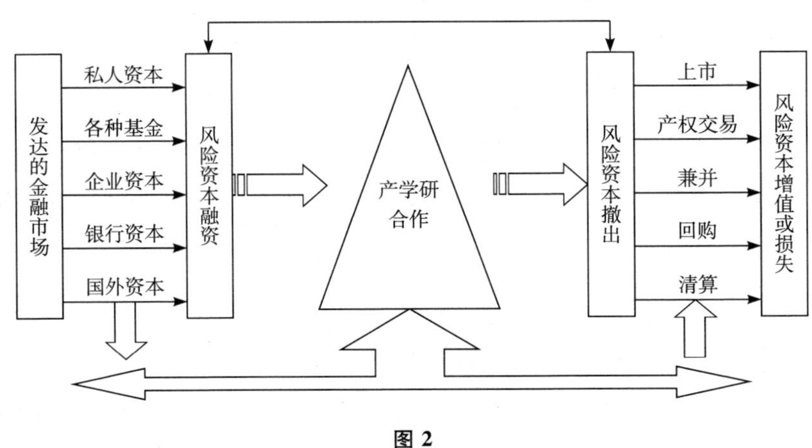

图 2

最后，对于作为产学研合作主体的三方来说，还应该把产学研合作的运行机制梳理清楚，目前学界达成的共识是：产学研合作运行机制主要由以下几个要素组成，即开发战略、技术与信息、开发能力、利益构成与分配、人力资源、组织系统和合作模式。这几项要素中是三方既有分工又有合作的混合型运行机制，即利益的构成既是企业的追求目标，又是大学和科研院所的目标之一，只是轻重有些差别而已。国内在这些方面已经有很多研究，这里不再赘述。需要额外提及的是，湖南的高等教育水平居于全国前列（学校数量全国排名第 11 位），这应该是湖南省开展产学研合作的有力条件，因为人才资源的相对丰富的供给可以一定程度弥补资金不足的缺陷。然而遗憾的是，湖南省有这么多高校，可

① 张陆洋：《科技产业创业与风险投资》，经济科学出版社，2001，第 92 页。

是湖南从事 R&D 的人员在全国排名却很靠后。这一方面说明，湖南产学研合作的整体规模比较小，没有办法接纳更多的从事产学研合作的研究人员，另一方面也说明湖南的高校在培养适应市场的人才方面还存在不足。因此，必须充分利用好湖南省相对丰富的科技人力资源。这也是加强产学研合作的一个重要任务。一般来说，大学应具备如下几方面的功能：一是教学与科学研究的基地；二是优秀人才的摇篮；三是科技成果孵化的基地；四是政府决策的智囊团之一。根据上述标准对照，湖南省的高校在观念上还存在需要改进的地方。

四　结论

综上所述，根据对湖南省产学研合作现状与运行模式的分析，可以初步得到以下三个结论：（1）湖南省的产学研合作应该采取“两翼”推进型路径，由政府为产学研合作提供先进的政策、制度等友好环境支持，并引导产学研三者在实现政府目标的过程中充分分享产学研合作带来的利益与发展。同时，完善风险投资的融资渠道，使产学研的合作有一个坚实的经济基础。（2）充分利用湖南高等教育在全国排名比较靠前的优势，弥补资金不足的缺陷，尽可能提高资金的使用效率，推动产学研合作技术含量。（3）新型产学研合作模式应该是一种整合结构，而非初级的“点对点”分散模式。这也是新时期产学研合作急需解决的问题，如在产学研合作的过程链条上开发—中试—产品—商品的各个环节中，都不是某一方单独的任务，而是各方有所侧重的合作。大学与科研院所不仅是产品开发的主体，还是人才培养的主体。而在开发过程中，也不能完全没有企业方面的参与，否则在应对市场时容易出现开发目的不明确的失误。同样，在中试阶段也不是企业唱独角戏，其中也有大学与科研院所的积极参与，否则会加大中试的风险。从这个意义上说，产学研三方必须形成整合结构，而形成整合结构的主要动力机制就是利益共享、风险共担。现在面临的最大困境是产学研合作各方存在严重的相互不信任，导致三者各自为政，最终结果是三方处于一种零和博弈状态，只有三方的整合路径才能实现共赢的局面，才能真正实现湖南省的富民强省的战略目标。

第三节　文化支撑条件面临的困境：技术进步、犬儒主义与启蒙的幻象

如果说当下的制度因素不能很好地支撑自主创新，那么作为无形支撑条件的文化因素对于自主创新的影响机制就更加成为不可见的隐藏因素。为了更好地揭示出文化因素对于自主创新的作用机理，厘清当下时代的精神生活脉络就是必要的切入点。本节主要介绍当下的一些思想倾向，意图揭示中国当下的精神生活形态恰恰是文化支撑条件与创新的内在关系的体现。

这是一个技术飞速发展的时代，对于存在者来说，他生活在诡异的观念转换与技术不厌其烦地变化状态中。在新奇、迷惑与无奈中，存在者之为存在者的意义也一道随着这股洪流奔腾而去，被裹挟的茫然感与被抛状态充斥每个个体的内心，短暂的惊喜过后留下的只是漫长的焦虑与不安，技术进步是否一定能够带来个体幸福感的增加？是否能消减对于未来的恐惧？是否会带来社会的同步进步？存在的意义在技术化时代以什么方式来表征？这一切都变成了无根基的漂浮之物。19 世纪末尼采所忧虑的虚无主义是否是技术进步的负效应？这个年代，启蒙是否已经沦落为一种遥远的幻象或者虚假的意识形态？所有这些问题都是我们遭遇的技术化时代需要认真清理的问题，综观四百余年的进步历程，技术进步到底带来了什么又拿走了什么？本文愿意就这些问题，提出一个粗略的思考线索。

一　技术进步与启蒙异化的两种结果：颓废与虚无主义

说到技术进步，我们不得不先清理一下它的根源：进步。何谓进步？从词源上来说，进步（progress）来自于拉丁语（progressus），意

指提高。按照维基百科的说法，“进步观念是指从科学、技术、现代化、自由、民主与生活质量等方面来讲，世界变得更加美好”①。从这里我们可以看到，如果按照时间序列来看，“进步”应该意味着后者相对前者来说有增量内容，而且这个增量是大于零的，如果增量小于零，那就不是进步而是退步了。英国哲学家约翰·伯瑞考证，“进步”概念的出现是很晚近的事情，它的真正起源应该是 16 世纪末至 17 世纪初。按照约翰·伯瑞的观点：“开化了的欧洲国家耗时约三百年，才从中世纪的思维气氛过渡到现代世界的思维气氛。这几个世纪是历史上显著进步的阶段之一，但当时的条件并不适合进步这一观念的出现，尽管当时的智力环境正在为这一观念的可能诞生做着准备。”② 进步观念的确立是通过对中世纪以降流行的宗教循环论（末日审判）以及退步论的克服来实现的，其中退步论的观点流行尤其广泛，可谓根深蒂固。自古希腊以来，人们就认为人类社会经历了黄金时代、白银时代、青铜时代以及铁器时代等，对于这种传统观念的驳斥，恰恰是新时代思想家的主要任务，这个工作是由法国政治学家吉恩·伯丁（Jean Bodin，1530－1596）完成的。“伯丁拒绝接受有关人类退步的理论，也拒绝接受存在以后总以美德和幸福为特征的先前时代的传统观念。他认为拒绝接受传统观念所宣称的原因非常重要。自然的各种力量一直是始终如一的。”③ 对退步论的克服，为进步观念的登场扫清了道路。21 世纪代表进步观念的杰出代言人是弗朗西斯·培根（Francis Bacon，1561－1626），他认为：“知识的正确目的是改善人类的生活，增加人们的幸福并减轻人们的痛苦。这一原则是培根在其全部智力劳动中的指路明灯。他宣称人类幸福的增加是他所创作或构思著作的直接目的。”④ 由此，作为催生进步的科技自兴起以来就被赋予了一种明确的单一职责：增加人类幸福，

① Progress，http：//en. wikipedia. org/wiki/Progress.

② 约翰·伯瑞：《进步的观念》，范祥涛译，上海三联书店，2005，第 21 页。

③ 约翰·伯瑞：《进步的观念》，范祥涛译，上海三联书店，2005，第 28 页。

④ 约翰·伯瑞：《进步的观念》，范祥涛译，上海三联书店，2005，第 37 页。

减轻痛苦。从这个意义上说，“进步”概念进入我们的文化视野也就短短四百多年的历史。培根的名言“知识就是力量”恰恰是科技进步的最好表达。把知识与力量挂上钩，这是科学兴起时代乐观主义的典型表现。按照培根的模式，进步体现于知识的增长，而知识的增长自然带来人类改造自然能力的提高。这种思路即便今天仍没有多少改变，问题是这种对于科技的认知模式对于启蒙思想的展开构成了一种很难克服的障碍。

按照思想来源来说，启蒙运动得益于法国思想家的工作（苏格兰也是一个重要启蒙基地），最后由德国哲学家康德给予经典的表述，即“启蒙就是人类脱离自我招致的不成熟。不成熟就是不经别人的引导就不能运用自己的理智。如果不成熟的原因不在于缺乏理智，而在于不经别人引导就缺乏运用自己理智的决心和勇气，那么这种不成熟就是自我招致的。要有勇气运用你自己的理智！这就是启蒙的座右铭”①。从这个经典定义中可以看出：启蒙运动所强调就是对于理性的大胆运用，而理性按照功能来分，大体可以分为两种：价值理性与工具理性。18 世纪法国启蒙思想家伏尔泰、卢梭、孟德斯鸠以及百科全书派等人为后世贡献了诸多思想观念，如平等、自由、博爱、公平、正义、宽容等，这些观念构成了启蒙思想中的价值理性部分，其萌发同样是人类大胆运用理性的结果。这种理性与存在者的存在目的有关，它是存在的形而上维度。自文艺复兴以来，整个欧洲的资本主义得到快速发展。在和封建主义与宗教的斗争中，新兴的资本主义生产方式需要一种全新的价值理性。但是一旦它地位确立，它会充分展现市场的本性，理性的侧重点转向计算与功利主义，在市场中的表现形式就是追求利益最大化。这个过程一方面造就了整个社会的极大发展，另一方面也促成了理性的片面化发展，由此而来的结果就是工具理性暗合了技术进步的脚步，启蒙在进步的表象中经历着否定的辩证法，退化为一种乌托邦。德国哲学家卡西

① 詹姆斯·施密特：《启蒙运动与现代性》，徐向东、卢华萍译，上海人民出版社，2005，第 61 页。

尔曾深刻地指出："大概没有哪一个世纪像启蒙世纪那样自始自终地信奉理智的进步观点。但是如果我们仅仅从量上看问题，把理智的进步理解为知识的无限扩展，那我们就会误解它的本质。随着量的增长，必然会出现质的规定性。"① 如果说18世纪是一个理性的世纪，那么在理性的后来展现中，它已经用工具理性的形式掏空了启蒙的所有内涵。这是理性发生转向的一种质的规定性。由此而来则是19世纪科技的勃兴与资本主义的快速发展时期，进步概念从单纯的理智进步，拓展为主要以科技的进步、市场体系的完善以及资本主义的发展为主要表现形式。在19世纪的快速发展中，人不再如康德所期待的那样只能是作为目的而不能是手段的禁令，人非但没有成为目的本身，反而沦落为一种彻底的工具，这就是马克思所谓的人的异化现象。19世纪的进步可被看作是手段的科技的进步，它是工具理性在新时代的最好体现。另外，启蒙理性中的价值理性维度，被19世纪三四十年代兴起的实证主义作为没有意义的形而上学而被驱逐出理性的王国。孔德认为人类社会必然经历的三个阶段，即神学阶段、形而上学阶段与实证主义阶段。而他所处的时代恰恰是实证主义阶段（科学阶段）。因此启蒙理性在19世纪中后期完成了内涵的完全替换，如果我们称17世纪的理性为启蒙理性，那么19世纪的理性则为工具理性。如果说，19世纪的进步以人的异化为收尾，那么，我们看到的景象则是诸多强烈对立与二分：物质的丰富与人的精神的贫乏，社会的进步与人的处境的恶化等。对有些人来说，19世纪是欧洲最后的黄金时代，而对另外一些人来说，则是最为糟糕的时代。在这些对立中，一个不争的事实是，一个整体富裕的社会开始显现。由于启蒙理性的替换，时代精神必然呈现为虚无主义与颓废主义。虚无主义与颓废主义是富裕社会缺乏形而上维度在精神领域的必然反映。

19世纪后期兴起的"颓废运动"（Decadent movement）是一些代表

① E. 卡西勒：《启蒙哲学》，顾伟铭等译，山东人民出版社，1996，第3页。

贵族精英阶层的作家在形而上层面与社会现实在理念层面的矛盾的集中体现，一方面不满于现实的状况，另一方面又无力摆脱其控制的尴尬处境，但这种描述只是一种很表面的现象。从深层理念来说，它是原有的形而上落后于新时代快速涌现的新形而上之间差距的社会表现，是一些作家为了抵抗这种无力感，在不惜采取反教条的模式应对社会现象时所体现出的心理落差现象。法裔美国籍历史学家雅克·巴尔赞（Jacques Barzun）在2000年出版的超过800页的巨著《从黎明到衰落：西方文化生活的500年，从1500年到现在》一书中，详细地分析了西方文化在近现代的演化与产生的根源，大体上能够支持笔者的这种分析。当颓废主义者提出“为艺术而艺术”的口号时，那种强烈的非理性主义的味道跃出纸面，这可以看作是对启蒙运动倡导理性的一种反动（法国诗人波德莱尔、象征主义者马拉美以及稍后的英国作家王尔德等人的作品就是最好的体现）。但是，毕竟这部分人群数量比较少，更多的人则是处于一种更为尴尬的境地——虚无主义（Nihilism）的蔓延。虚无是由人生目的、意义以及真相的缺失所造成的结果。德国哲学家尼采说：上帝死了。而海德格尔则把虚无主义理解为：虚无主义将存在缩减至纯粹的价值。19世纪的进步观在形而上层面带来的最大变革就是实证主义与功利主义的计算。当人生的意义只是沦落为一种利益的多少时，启蒙已经死了，因为人生的意义、价值甚至审美都是无法证实的，也是无法计算的。考察虚无主义的诸多表现形式，无疑可以印证这种观点。法国哲学家孔德所谓的社会发展三阶段论明确宣告，这个时代是不需要无法证实的价值理性的实证阶段——而实证主义的主要目标就是驱逐人类认知中残留的形而上学成分。由此看来克服虚无就是工具理性无法完成的任务，虚无与计算或者利益无关。20世纪的第二次世界大战就是这种精神状况的直接后果。无怪乎德国哲学家阿多诺在战后悲愤地说：奥斯维辛以后，写诗是不道德的。由此观之，在技术进步的主导下，启蒙理念在19世纪末与20世纪中叶产生了两种奇异的思想结果：颓废主义与虚无主义。两者的区别在于：颓废是对启蒙理念演变而来的工具理性的一种主动的反叛，突出非理性的作用，虽然消极，但是一种自觉；而虚无主义则是一种对工具理性的茫然接受后产生的被动认同与厌倦。这两种思潮可被看作是技术进步在个体与社会之间认同的一种得失转换。而虚无主义带来的后果就是女哲学家阿伦特（1906～1975）所谓的“平庸的罪恶”在社会层面的普遍化与流行化。

二　技术进步与犬儒主义的盛行

如果说19世纪是一个科学的世纪的话，那么20世纪无疑将以技术的巨大进步赢得它的显赫地位。原子弹在20世纪的成功爆炸，把人类带入一个无法回头的新时代，即便今天，对于核恐惧我们仍然无法完全克服，关于核裁军谈判仍在步履维艰地、缓慢地、毫无希望地进行着。与这个困难问题并生的是，新的技术以及新的恐惧与危险仍在如雨后春笋般地快速涌现着，所有理论上的解决办法由于政治与利益的掣肘仍然停留在纸面上，无可奈何与被动前进是这个时代的典型特征。在这种背景下，20世纪后期的思想姿态就是犬儒主义（Cynicism）的盛行。犬儒主义在人类思想史上历史悠久，可以追溯到古希腊的犬儒学派，一般来说犬儒主义是指：“他们的哲学认为生活的目的在于过一种与本性相一致的生活，就是一种生活的美德。这就意味着拒绝所有约定俗成的对于财富、权力、健康与名誉的追求，过一种摆脱财产羁绊的简单生活。”[①] 从这种简化的说法中，不难体味出它的理论主旨，即以一种简单的生活来抵抗世俗的诱惑，保持心灵的自由。在当代犬儒主义主要以讥诮嘲讽、愤世嫉俗、玩世不恭等极端行为来对抗与蔑视主流的生活模式。19世纪末的颓废主义和虚无主义与当代犬儒主义的区别在笔者看来主要在于，虚无主义是一种工具理性主导下的无为与困惑，体现了一种理论的不足，而颓废主义则是非理性主义主导下的一种理论对抗；犬儒主义与颓废主义有些相同的地方在于，它们都是在理论充足背景下的茫然，犬

① 参见 Cynicism，http：//en. wikipedia. org/wiki/Cynicism。

儒主义更是彰显了一种理性主导下的有意识的退却与拒绝。因为无力改变，所以坚决犬儒。这已经不仅仅是一种思想姿态，更是一种主动的理性选择的结果，回到简单，克制复杂的倾向。尽管消极，但它是人类遏制风险的一种努力方式。如果说当代犬儒主义是近代现代性发展的必然结果的话，那么考察现代性的一些显著后果就是理解当代犬儒主义一个合理的途径。英国社会学家吉登斯（1938～ ）认为："持续不断的技术革命是从资本积累和军事规则中获得原动力的，但是它们一旦开始运转起来，便有了自己的推力。推广科学知识和展示技术创新中的先进效率，无疑是颇有影响力的一个驱动因素。一旦技术创新成为一种常规，就会有一种强烈的惯性。"① 在吉登斯看来，现代性的极端后果有如下几种：经济增长机制的崩溃，极权的增长，生态破坏和灾难，核冲突和大规模战争。抛开两个极端不谈，我们已经遭遇了极权的增长与生态破坏，而这些困难是任何一个理性个人无力解决的——个人所能做的也只有不合作与批评。如吉登斯所言："现代性的另一面是，当事实上地球上再也没有神志清醒的人的时候，剩下的就只能是'昆虫与青草的王国'了，或者，是一组破败不堪和外部受到严重伤害的人类社区。"② 基于这种可怕的未来趋势，犬儒主义的出现也就是理性的个体在无奈的背景下所能做出的最直接的回应。回忆一下20世纪60年代末以来兴起的后现代主义，不难明白其中的对峙。法国哲学家福柯在《在规训与惩罚》一书中写到，整个社会日益沦落为全景敞式监狱模式，随着规训技巧的提高，个体日益成为一种驯顺的肉体，这种趋势的最终结果就是人之死。

当一种潜在的未来风险开始显现的时候，采取行动的理性个体面临三种选择模式：犬儒主义、复古主义与激进主义。在进步观主导下，文化复古主义不是理性个体的选项，因为我们不相信人类曾经存在过一个"黄金时代"。如果这是正确的判断的话，那么采取回到古代的思想路

① 安东尼·吉登斯：《现代性的后果》，田禾译，译林出版社，2000，第148页。
② 安东尼·吉登斯：《现代性的后果》，田禾译，译林出版社，2000，第151页。

线对于现实的困境而言，基本上是一种敷衍与拖延的无效行为。采取激进主义又充满了诸多不确定性，而且后果与风险都是不可控的，这种路径同样不是理性个体乐于选择的。基于这种考虑，对于理性个体而言，谨慎的、无奈的选择就只能是犬儒主义。犬儒主义在承认无力改变世界的同时，尝试通过改变自己与批评社会来延缓风险的真正到来。这种做法虽然消极，但毕竟是一种实实在在的努力。按照英国哲学家提摩太·贝维斯的说法："犬儒主义意味着一种玩世不恭、愤世嫉俗的倾向，即遁入孤独和内在之中，以缺乏本真为理由而放弃政见。现代犬儒主义是一种幻灭的处境，可能带着唯美主义和虚无主义的气质而重现江湖。……当代人对于犬儒主义概念的过分热衷恰恰就是政治建制和政治实践本身出现危机的症候。"[①] 基于这种理解，可以把技术进步背景下涌现的犬儒主义归结为启蒙失败后对于"贫困"的一种主动反抗。这种"贫困"主要是指政治贫困，按照贝维斯的理解，主要包括如下因素：对政治家的普遍怀疑，对政治制度大范围地丧失信心，对神秘世界观的兴趣的全面复活等。现在的问题是，这几种思潮是同时出现还是有条件地相继出现？基于笔者的理解，这三种思潮的出现条件与社会的发展状况有关，即当社会的同质性越高，出现单一思潮的可能性就越高，而社会差异性越大，出现多种思潮的可能性就大。从 19 世纪末到 20 世纪初，欧洲主要发达国家的同质性相对较高，因此，它们出现了颓废主义与虚无主义。20 世纪后期，这些国家高度同质化，所以出现的思潮就比较单一，主要以犬儒主义为代表（后现代思潮的一种变体）。

结合这种考虑，对于中国当下的情况作一些简单的诊断还是有必要的。由于中国发展的严重不平衡，整个社会的同质化程度相当低，导致中国思想界以及民间这几种思潮同时出现，粗略来说，在发达地区表现为犬儒主义与颓废主义的盛行，在落后地区则是虚无主义与犬儒主义的蔓延。然而需要指明的是，功利主义与拜金主义在中国当下可以看作是

① 提摩太·贝维斯：《犬儒主义与后现代性》，胡继华译，上海世纪出版集团，2008，第 8 页。

犬儒主义的一种特殊表现形式，它以极端去政治化的面目出现，反映了长期以来人们对于政治权力无约束扩张状况的无奈与放弃。正如德国哲学家奥伊肯就20世纪初的精神状况所说的那样："我们处于一种痛苦的困惑状态中。纯粹现实主义的文化剥夺了生活的一切意义；回到旧的生活方式又不可能，而放弃一切寻求生活意义与价值的努力也同样做不到，我们自己的时代尤其难以泰然接受这样一种局面。"[①] 从这个意义上说，启蒙运动以来的技术进步并没有让我们获得预想中的结果，反而是在技术进步的促逼下，人类的自由与尊严甚至意义都在丧失，启蒙已经被某些激进的思想家称为"虚假的意识形态"。这种说法过于极端，已经走到了事物的反面，我们更愿意相信启蒙是一项没有兑现的支票，现在是到了开始兑现的时候了。从这个意义上说，笔者同意哈贝马斯的说法：启蒙是一项远未完成的事业。好在，启蒙已经在路上。

在当下各种反启蒙思潮甚嚣尘上的今天，透过技术进步的虚假面纱，我们首先需要做的就是重建新时代的人类精神生活，开放公共领域，把人从私人领域的劳动中解放出来，走向行动，以此消解上面提到的三种思潮的侵蚀，进而恢复人类对于自由、尊严与意义的追求，在奥伊肯看来，以往的失败主要是由于："生活的意义之所以对我们模糊不清，主要是因为我们被我们应当采取的立场所分裂，而且哪一方都不可能吸引人们普遍接受它自己的特定信念。"[②] 当下中国正处于文化的快速分化时期，也许我们还无法具体说出该如何构建中国人的精神生活结构，但至少我们知道在此过程中我们应该避免习惯性的独断与制度性的武断，以一种宽容的姿态迎接新的精神生活结构的到来。

三　当代中国精神生活的三种图像与出路

上面分析了近两百年来人类文化发展的一些线索与表现形态，结合这种共性的知识，对于中国当代文化的诊断，恰恰是重构支持创新的文

① 鲁道夫·奥伊肯：《生活的意义与价值》，万以译，上海译文出版社，1997，第47页。

② 鲁道夫·奥伊肯：《生活的意义与价值》，万以译，上海译文出版社，1997，第52页。

化支撑条件的基础性工作。当下的中国人遭遇到了前所未有的思想困惑，多种思潮并行，曾经共同信任的一致性基础开始动摇，一种没有根基的漂浮状态迎合了个体在剧烈变动年代对于不确定性的茫然应对。从经济学意义上讲，这种精神生活的分裂，增加了整个社会正常运行的成本，导致所有的政策法规从出台之日起就面临效率损失的困境。维系市场经济基础的合作行为开始变得日益艰难，在当下，我们受困于整体不经济的所谓理性选择的路径，囚徒困境成为我们不得不接受的一种选择。如何降低社会的运行成本？这是当下中国文化急需考虑的问题。而文化重建首要的就是个体精神生活的重构，它是使社会整体变得有效率的基础。在重构中国人的精神生活之前，需要弄清楚困扰中国人精神生活的几种思潮，基于此，重建才是可能的。

考察人类的文明史，我们可以发现，在近代以来困扰人类精神生活的自发思潮主要有如下三种：虚无主义、颓废主义与犬儒主义。在不同的时代背景下，这些主要的思潮可以有不同的表现形式。前文研究已表明，根据一个国家或地区的发展水平以及个体处境的同质化程度，这些思潮的出现是有规律的：当一个国家或地区高度同质化的时候，人们的精神生活往往处于一种主要思潮的控制之下，可能辅以次要的思潮；如果处于高度异质化时期，那么会有几种思潮同时出现。从这里可以推断出，一些思潮是人类在发展过程中无法回避的。之所以研究这些思潮是因为它们决定了当时人们的精神生活，而精神生活又决定了公众的心理偏好。如果无法弄清公众的真实心理偏好，那么任何政策与法规都将不可避免地处于效率损失的状态。大体来说，后工业化时代（发达地区）容易出现犬儒主义，而工业化时代（发展中地区）容易出现虚无主义与颓废主义。由于中国是一个发展严重不平衡地区，既有与世界接轨的发达地区，又有大量正处于工业化的地区，还有广阔的落后地区，这种发展格局注定了现阶段的中国是一个思潮重生的地区。我们既有与过度发展带来的高度同质性相关的犬儒主义，也有快速发展带来的虚无主义与颓废主义，这种状况决定了当下的中国是一个认知存在重大差异的国家，也必将是一个矛盾比较多与信任机制比较脆弱的地区。

颓废主义与虚无主义是流行于19世纪末西欧发达国家和地区的两种思想倾向，那时，现代资本主义正处于快速发展阶段，导致技术进步与人类精神生活之间出现了断裂，其本质可以看作是以市场经济为主导的工具理性对于人类精神生活的主宰的一种反抗与适应。两者的区别在于，颓废主义采取一种非理性的行为，以“为艺术而艺术”为标志来消解工具理性对于精神生活的扼杀，是一种消极的主动抗争。而虚无主义则是对价值理性的被动放弃，以适应工具理性的侵蚀，它的特点在于呈现出集体无意识或者无能为力。按照哲学家海德格尔的说法就是：虚无主义将存在缩减至纯粹的价值。犬儒主义的精神气质很混杂，既有主动的反抗又有无奈的适应。这三种思潮的出现都在明确暗示时代的精神生活处于崩溃之中。对于社会发展程度高度异质性的中国而言，这种状况对于中国人的精神生活图像的摧毁作用就尤为强大。

反观中国这些年的发展，一方面，我们取得了巨大的物质性进步，通过推行工具理性的计算，人们的目光从不可见的世界转向了可见的世界；另一方面，与人的存在状态有关的价值理性，如公平、正义、平等、自由、尊严等内涵被无情省略，整个社会在赢得世界的同时却失去了心灵。劳动，在成就社会进步的当口，也在无情地造就越来越多的相对贫困人口，整个社会被更加严密地挤压成一个整体，每一个个体在巨大的体制面前都是渺小的。德国哲学家奥伊肯曾在20世纪之初指出，劳动的胜利会意味着一种生命力的降低，一种责任感的削弱，以及必然产生的一种精神生活的贫乏。这是奥伊肯对20世纪初人类精神生活的诊断，而这种状况的当代版本就是我们当下遭遇的现实。不客气地说，在劳动与心灵的冲突中，生活被撕裂了，意义与目标彻底丢失，我们处于一种无所适从的不安境地。为了简化论述，依据上述标准，我们可以对于中国社会各阶层的精神生活的图像进行一些简单的梳理：权贵阶层以及少数精英奉行犬儒主义与虚无主义；知识阶层流行颓废主义与犬儒主义；而广大中下阶层则是茫然地践行着虚无主义的理论旨趣，这些情形在中国的极端表现形式就是拜金主义。这种精神生活图像犬牙交错的状态决定了中国当下社会运行的高成本；人群之间缺少基于精神生活高度一致性所产生的信任基础，导致所有的政策低效运行；社会产生冲突的接触面过多，人群精神生活的撕裂，经过一段时间的酝酿必将产生整体社会生活的断裂。这种征兆在长期利益分配不公的背景下，已经很明显地凸现出来，并有被放大的可能。

基于上述分析，重建中国人的精神生活图像就是当下的首要任务。而重建任务的主要路径在于从可见世界入手，改善分配不公，践行诸多与存在状态有关的价值理性原则，通过制度性努力，使整个社会走向同质化，最直接的措施就是共同富裕。同质化的生活也将产生同质化的社会，同质化的社会必将产生趋同的精神生活图像，至少减少精神生活图像的分裂状态，从而降低社会运行的阻力与风险成本，形成一种主导的精神生活图像。这样一来，政策的效率与社会运行的成本都将得到大幅度改善。

一个健康的社会在收获物质成果的同时，也将极力促进整个共同体对于心灵的收获。如果在进步的途中，我们既没有收获物质成果，也没有收获心灵，那么我们的社会与个人都输了。基于上述分析，可以做出两个推论：其一，当下蔓延的虚无主义与颓废主义是创新文化的最大破坏者；其二，由这三种思潮演化出来的复古主义、功利主义（拜金主义），前者对于中国来说是创新的主要障碍，后者则能在短期内促进创新，毕竟创新能够给个体与企业带来收益最大化，而最大化的诉求恰恰是功利主义的核心所在。如果要想维持长久创新，还需要在文化中建构理想主义的因素，否则创新是不可持续的。

第四章 我国自主创新实践中社会基础支撑条件存在的问题

第一节 从社会基础条件看中国企业为什么自主创新动力不足

美国经济学家帕伦特与诺贝尔经济学奖获得者普雷斯科特在其合著的《通向富有的屏障》一书中，探讨了为什么在知识存量相当的情况下，有些国家富裕而有些国家贫穷的问题。该书认为，造成这种局面的关键原因就是制度设置的障碍。由此可进一步联想到我国的自主创新问题。按照目前学界达成的共识，创新的主体是企业。据国家工商总局的统计数据，截至2009年3月，我国实有各类企业总数已经达到972万家（2010年5月已经1000万家），而据科技部提供的高技术产业的信息可以看出：2007年，高技术产业增加值为11621亿元，占制造业增加值仅为12.4%，占GDP为4.5%。如此多的企业仅做出这点贡献，创新能力之弱可见一斑。为了简化论述，我们可以初步把高技术产业的附加值看成是与创新活动正相关的，由此可以推断出，我国企业整体的创新能力不强。为什么中国企业总体上呈现出创新乏力呢？换言之，什么因素在制约着中国企业的创新热情？如果把这个问题分析清楚了，或许对于我们建设创新型国家会有所助益。

根据笔者研究，根据影响创新活动的因素以及相关因素的敏感程度，我们可以提出一个五元素模型，按照敏感程度高低的排序分别是：经济因素、制度因素、人力因素、文化因素与舆论因素。其中，经济因素与人力因素是可见资本部分，而其余三项则是无形资本部分。在可见资本部分，经济因素对于创新活动敏感程度最高。在无形资本部分，制度因素对于创新具有高度敏感性。在这五项指标中，我国所拥有的支持企业创新活动的最充分因素就是人力资源，其他四项指标都存在程度不同的缺陷。

目前我国的企业状况是，占绝大多数的中小企业拥有创新热情但基本上不具备创新能力，而大中型企业具有创新能力却缺乏创新热情。由于大中型企业的总体盈利能力不高，用于创新的投入严重不足，这种状况直接影响了创新活动的展开。个别垄断企业虽然具有较高的盈利水平，但由于拥有垄断的制度性保护，缺少创新的动力。最新研究结果显示，在世界20个主要国家的创新投入中我国仅位列第17位（美国制造者协会，2010）。即便在这有限的投入中尚有不少水分——对于部分企业而言虚报创新投入可以达到避税的目的，由此可见创新投入的严重不足是制约我国企业创新活动的首要因素。另外，针对国有大中型企业领导的考评机制也直接制约了企业领导者的创新热情，毕竟创新是一项充满不确定性的活动，一旦失败将直接影响领导者本人的政绩，与其这样，还不如直接引进新技术。由于发达国家对于先进技术的控制，在市场上只能引进二流技术，所以中国企业走不出的怪圈就是：引进即落后，落后再引进。有学者指出，我国大中型企业在引进与消化吸收的投资比例也远低于发达国家，如日、韩等国这一比例为1∶5～8，而我们仅为1∶0.15，由此可见情况之严重。

一　经济因素

我国目前的财政收入每年按照20%以上的比例发展，据报道2012年中国的财政收入为11.72万亿人民币元，仅次于美国，居世界第二位。应该说政府有钱了，有能力支持创新行为，而且中国目前的创新资金来源渠道严重单一化，政府更应该加大投入，以此推动企业创新行为。但是由于中国财政并非公共财政运作模式，预算分配又不够透明，导致创新基金总是无法满足最基本的需求，因此，对于财政收入的增加对创新的支持力度我们仅能报以有限的乐观态度。另外，一个成熟的市场经济国家，企业的创新基金应该来自金融市场，通过金融市场融资，以及发达的风险投资基金，而这些目前都是我们的薄弱环节。由于金融市场的高度垄断与严格管制，中国中小企业融资一直是大问题，从这个意义上说，适度放宽金融管制，盘活民间资本市场以及加快风险投资市场的发展应该是未来中国企业创新基金的主要来源。

二 制度因素

制度因素对于企业创新活动的影响是多方面的。通常把制度的构成要素分为三种：分别是规制性要素、规范性要素与文化认知性要素。制度通过制定政策、划定范围以及税收等规制性要素从合法性上制约了企业的自由发展。比如国内的垄断行业，就是通过制度的保护，把市场以及资源据为某些企业的独享午餐，依靠垄断获得高额利润以维持其发展，这种态势严重影响了其他企业的创新热情，通过制度性的不公平在规制性层面就扼杀了企业创新的动力。比如石油、电力、通信等行业。正如经济学家斯蒂芬·L. 帕伦特指出："最大化产出不仅取决于给定的技术约束，而且取决于有关技术应用的政策约束。虽然各国拥有相同的技术水平，但各国的总生产函数会因政策差异而不同。因此，在我们的理论框架中，政策会影响全要素生产率水平，主要通过对技术是否可用以及如何应用的问题强加或者引致约束而实现。"[①] 由此不难发现制度性因素对于创新活动的强烈制约作用。在中国很多省，一些中小企业在这种制度的规制性约束下，不是从事创新活动，而是热衷于向权力部门寻租，采取"套牌企业"方式，来获得制度性的优惠待遇。所谓"套

① 斯蒂芬·L. 帕伦特、爱德华·C. 普雷斯科特：《通向富有的屏障》，苏军译，中国人民大学出版社，2010，第 67 页。

牌企业”是指由于政策对于高科技企业有一些制度性的优惠待遇（如减免税收等，15%企业所得税），一般企业通过向权力部门寻租来获得这种称号，借此享受政策的让利空间。一旦套牌行为的收益大于创新行为的收益，还有哪个中小企业还乐意创新呢？毕竟创新是一项高投入、高风险的事业，一旦失败完全有可能破产，而寻租则不会。此外国家对于垄断企业的保护，也遏制了垄断企业的创新动力。

三　人力因素

大型国有企业由于它所具有的职业稳定性，能够吸引到众多人才，但是由于其特殊的垄断地位，企业在制度层面就存在创新动力不足的先天局限，导致大量人才无用武之地，闲置、荒废；而中小企业，由于自身的性质（大多是家族企业）和人才的职称评审、劳动保险、社会保障、声誉以及稳定性等方面存在先天的不足，导致很难招到合适的人才，进而创新乏力。

四　文化因素

我国的国有大型企业几乎都没有自己的企业文化，传承的几乎都是国家的统一意识形态，这种局面的形成既有历史的原因，也有现实的有意忽略。国有大型企业大多依靠国家的垄断政策过活，几乎不需要什么企业文化，只要国家用政策保护着，就不担心市场的变化。再加上目前国内主流文化的日益去政治化以及虚无主义、颓废主义与犬儒主义的盛行，中国的企业几乎没有有特色的企业文化。而大量的中小企业多是私营企业，它运行的企业文化多是家族文化，换言之以一种变相的文化复古主义的姿态出现，这种文化当然无法培养员工的创新精神，而更多的却是人身依附以及顺从文化。从这个意义上说，企业文化的缺失已经是中国企业面临的具有普遍性的问题，其现状甚至比经济因素还严重，毕竟文化不是金钱可以买来的。没有文化的企业注定是盲目的。

五 舆论因素

对于中国企业来说，舆论是非常陌生的，根本谈不上利用舆论提供的信息，再加上国家在舆论上的严格管制，各种新闻媒体的功能处于严重扭曲状态，导致舆论的大量失真与过滤，从而使舆论全方位提供企业创新所需的真实市场信息的作用几乎消耗殆尽。舆论是外在世界对于企业创新的一种强大的推动力量，它起到信息交流与沟通的作用（ICT）。由于缺少这个环节，中国企业几乎都是在黑箱与封闭状态中运行。

综上，通过对中国企业在创新活动中遭遇到的各种基础条件与状况的分析可以清晰发现，中国自主创新面临着诸多难题，下文要尝试去分析各类基础条件对于创新活动的敏感性，以及解决各类基础条件存在的问题所暗含的难度。改革开放三十年来，我们并没有建成一个适于创新的环境，一些有形因素取得了一定程度的进步，而那些隐藏在企业活动背后的无形因素有的已经变得极度糟糕。客观地说，有形支撑条件的缺乏相对来说还好解决，而无形支撑条件的缺乏则是一个需要漫长的重构与建设的问题。本报告下面将分别论述社会基础条件对于创新活动产生影响与发生作用的机制。

第二节 自主创新遭遇的舆论危机：信号表达与创新激励

在关于自主创新问题的讨论中，很少有人关注到舆论的作用，这不能不说是一种很大的遗憾。企业作为市场中创新的主体，分析企业与舆论的关系，对于我们推进企业的创新活动具有现实的启发性意义。为了厘清两者之间的复杂关系，需要解决什么是舆论的问题。所谓舆论，即public opinion是指：在一定社会范围内，消除个人意见的差异，反映社会知觉和集合意识的、多数人的共同意见。在舆论的定义中，最关键的问题是，舆论的本体是“意见”还是“态度”。一般来说，态度是一种倾向性行为，而意见则是一种具体反应。我们倾向于认为舆论的本体是一种意见，之所以这样界定，是因为舆论概念的提出是相对晚近的事情。根据维基百科提供的信息可以知道，“舆论”概念源于18世纪公共概念的兴起。回溯到18世纪法文中的相应词汇，“舆论”概念最初出现于1588年蒙田的作品中，其出现与城市化过程以及相关的政治与社会压力有直接关系。从这里我们可以看出，舆论产生与有效运行需要两个条件：一是成熟的公共领域的存在，二是明确表达一种倾向与信念的载体。在市场经济社会中，舆论作为一种自发的信号表达机制，表征了社会中群体的真实心理偏好，而这种心理偏好直接影响了市场供求机制的选择。从这个意义上说，舆论与个体、企业的发展都具有一种直接的相关性。

从上述分析中可以看出，舆论是多数人意见的一种积极反应。由于舆论反映了不同的人的不同意见，它的内容多种多样，比较庞杂，但是通过舆论可以真正发现社会在某一时间点的需求与真实的社会心理偏好。按照经济学家科斯的说法，企业的性质是一种为降低交易成本而存在的组织形式。根据美国社会学家帕森斯的观点，组织可以分为三个层次：1. 技术性组织，主要关注生产性活动；2. 管理性组织，主要强调控制与协调；3. 制度性组织，关注组织与社群的关系。从组织的这种三分法中我们可以看到，舆论能够为不同层次组织提供相应的不同信息。由此可以推断出，在企业从事创新活动时，舆论与组织的三种功能是直接契合的。世界上一些成功的创新型企业都很好地利用了舆论的这种功能，从而使企业的生产、管理以及与社区的互动都处于一种良性的相互促进的状态。

要使舆论与企业的创新活动发生正向的相互作用，除了对于企业的组织层次有一定要求外，对于舆论本身的表达与传播机制也是有一定要求的。舆论得以表达需要两个条件：其一，开放的公共领域。它保证了舆论存在的土壤，如果没有成熟的公共领域，舆论就会以谣言或者小道消息形式存在，这种情况增加了企业对于真实信息的甄别成本，从而降低了舆论对于企业创新活动的刺激作用。其二，舆论表达的载体的多样化。通常来说舆论表达的载体主要有报纸、杂志、电子网络、电视、广播等固定媒体形式，还有一些不固定的媒体，如论坛、抗议、投诉等。舆论表达载体的多样化，增加了企业获得真实信息的可能性，同时降低了企业收集信息的成本，而且多种舆论载体也强化了舆论被企业关注的程度。通常来讲，舆论对于企业的作用多是以否定性的方式出现的，如批评、监督与诉求等形式出现，这些表现形式能够为企业对其产品提供真实的需要改进的信息，同时也暗示了公众对于企业的希望，如果能加以合理利用，这些舆论都能促进企业创新活动。

据工商部门统计，我国有大中小型企业接近千万家，为什么没有体现出对于舆论的高度敏感性呢？在笔者看来，造成我国企业忽视舆论在创新中作用的主要原因是：对于企业来讲，大中型企业有能力保持创新活动与舆论的联系，从而达到对于市场需求的真实理解与把握。但是国有大型企业大多处于制度性的垄断地位，本身就缺乏创新的热情，同时其所具有的垄断地位也导致它根本就无视舆论的监督与反馈；再加上市场需求的缺乏弹性，即便不进行创新仍能获得垄断利润，因此，舆论被忽略。广大中小企业渴望了解舆论信息，以便准确把握市场状况，可惜中小企业的组织架构以及人力资源的限制，又无力开发利用舆论信息。这一切均导致舆论在中国的语境下，被大多企业悬置起来，只能被动应付，而无法积极开发舆论对于企业创新活动的激励作用。

由于我们目前还没有形成成熟的公共领域，导致舆论的表达一直处于不畅状态，这种情况也直接影响了企业对于相关舆论的及时把握，从而影响了相应的改进与创新的发展。比如产品质量、企业的环境污染状况等与企业有关的舆论经常得不到表达，只能处于一种谣言与小道消息的地位，直接抑制了舆论对于企业的监督与改进的作用，导致企业与公众处于一种隔离状态，使原本可以双赢的态势转化成一种严重的对立，不但无益于创新，反而增加了企业运营的社会成本。再加上长期意识形态的限制，舆论被选择与过滤，丧失了表达真实信息的功能，无法准确反映市场的信号，直接影响了企业捕捉真实市场信息的热情，从而使舆论丧失了对于企业创新活动的鞭策作用，这点在我国当前的表现尤其严重。一旦舆论发生裂变与扩散，为了平息公众的意见与不满，国家会调整相应的政策，而政策作为一种制度供给产品，反过来将直接影响企业的发展路向。各种舆论载体本应该真实反映公众对于企业与产品的真实意见，而企业通过对这些信息的积极回应，则可以更好地完善管理与创新。当舆论普遍失真，不能表达真实市场信号时，企业放弃舆论的必然结局就是市场退化。

基于上述分析我们可以初步判断，舆论作为一种无形的社会基础条件，对于我国的自主创新还无法提供有效的支持，解决这个问题的首要途径就是最大程度的新闻自由，真正使舆论成为市场信号的真实表达渠道，使企业的行为在舆论的监督下成为一种自觉的行为主体，促进企业利用有效信息开展自主创新的热情。

第三节　自主创新实践遭遇的制度困境

一　政府政策法规的制约

改革开放以来，我国经济建设取得了巨大成就，自主创新能力也得到了较大提高，政策支持自主创新的力度不断加大。但是从建设创新型国家的要求来看，自主创新尚未摆在国家相关政策的重要地位，激励企业成为技术创新主体和支持自主创新的政策还很薄弱，经济政策和科技政策在促进自主创新方面需要进一步协调，支撑创新型国家建设的政策体系还未形成。具体表现在以下几个方面：

一是财政科技投入偏低。财政科技投入是政府支持自主创新最直接的切入点和着力点，是使从事自主创新的主体获得国家资助的最直接、最有效的手段。它直接体现了政府对自主创新的重视程度和对科技事业的支持力度，也日益成为衡量一个国家自主创新能力的重要指标。我国历史上科技投入占 GDP 比重最高的是 1960 年的 2.32%，以后逐年下降，到 1989 年为 0.69%，2000 年以后有所回升，到 2004 年为 1.23%。[①] 近年来，我国财政科技拨款保持高速增长，但与建设创新型国家的要求还有一定距离，财政科技支出总量仍有待提高，尤其是基础研究领域的投入严重不足。

二是金融政策对自主创新支持不够，创业风险投资和多层次资本市场的政策环境尚不完善，高新技术企业在种子期和起步期很难得到资本金支持。

三是政府采购政策所承担的支持新兴产业和企业自主创新的主要功能发挥不够。政府采购对自主创新具有重要的推动作用。政府部门的需求是一个大市场，政府采购对创新产品起着“拉动需求”的作用，而且由于其导向效应和示范效应，还能带动其他社会需求，从而为科技创新企业培育需求空间，降低企业自主创新及市场开发的风险，提高其核心竞争力。但是，目前政府采购的目标主要还是节约资金和抑制腐败，政府采购促进技术创新的目标没有得到足够的理解与认识。

四是税收政策不合理。我国现行的支持自主创新税收政策主要体现在支持企业创新的生产投入和成果转化应用方面，而对最需要支持、处境最为艰难的研发过程则未给予有力的税收支持。大部分高科技企业在创业初期基本上都没有利润，享受不到企业所得税减免优惠，待几年后科技创新成果的产业化有了经济效益并产生利润时，又大都过了优惠期，结果是创新企业实际上享受不到税收优惠。[②]

从法治环境来看，主要问题表现为法律支持力度偏弱。国家自主创新体系的建立和完善，企业自主创新能力的培育和作用，都对我国的法制建设提出了很高和很急切的需求。同时，我国依法治国的基本国策也对促进自主创新提出了很高的法治要求。我国的自主创新需要走法治的

① 李斌：《九大问题挑战创新型国家》，《经济观察报》2006 年 1 月 9 日。
② 赵冬初：《自主创新与经济发展方式转变》，《云南社会科学》2009 年第 2 期。

道路，需要得到法制保障。尽管这几年来，国家和各地连续不断地出台了一系列的法规、制度和规范性文件，形成了较强的政策体系，尤其是其中所包含的激励性政策发挥着强有力的作用，但是，一方面这些政策还有待于进一步健全和完善，需要尽快形成一个比较完整的法律保障体系，使之能够覆盖自主创新的方方面面；另一方面这些政策普遍法律位阶较低，效力相对较差，不能直接作为执法、司法的依据，因此需要尽快逐步提升法律位阶，提高其效力，使之真正成为促进自主创新的强有力的保障。[①]

二　体制机制的落后

改革开放以后，我国的经济体制、科研体制、教育体制都已做出了一些重大改革，在一定程度上已经改善了自主创新的环境，但体制机制的落后状况依然存在，其主要问题体现如下。

第一，国家宏观科技管理体制没有理顺。目前，国家综合部门、产业部门和公共事业部门都能通过独立提出国家级的科技计划而直接获得财政预算，缺乏各部门相互联系和协调的机制，导致科研经费分散和重复使用。从科技经费的使用管理看，预算、执行和监督三个环节不完全独立，经费分配和使用缺乏科学有效评估机制，国家科技资源使用效率无法有效提高，存在某些浪费。[②] 从宏观层面来看，高等院校和科研机构也尚未形成完整的知识创新体系。多年来，高等院校和科研机构是在相互独立的管理体制下平行发展的，比如教育部所属高校有“211 工程”、“985 工程”，而中科院又有自己的“知识创新工程”。这些特大建设项目都已取得一些重大成就，但两套独立运行系统的存在也带来诸多问题：在项目立项和经费投入上存在不必要的重复，使得有限的投入没有发挥出预期的效益；在科技投入与产出比上难以作出横向比较，也

① 蒋坡：《自主创新的模式识别、主要瓶颈问题及若干制度建设构想》，《政治与法律》2007 年第 5 期。

② 赵冬初：《自主创新与经济发展方式转变》，《云南社会科学》2009 年第 2 期。

就无法建立科学合理的评价体系，给政府对科技资源配置和重组的决策造成困难；在人才争夺战中更是你争我夺，陷入竞争的无序化，后果是造成科技资源的大量浪费。①

第二，组织体系不合理。在我国，科研院所与高等学校作为科研活动主体、企业作为生产主体的格局长期存在。究其原因主要在于，我国实施技术创新的组织主要是政府、高等学校和科研院所，全国研究开发经费主要来自政府，研究开发的执行主要集中在高等学校与科研院所。这一体制的突出问题表现为政府、企业、研发机构三者的脱节：企业研发的产业化目标十分明确，但科研力量比较薄弱；高等学校、科研院所拥有大量的人力资本、先进设备与科研经费，但研究成果的产业化率却相当低；政府则干着急，左冲右突寻求平衡——三方未能形成有效的合力。② 目前我国政府与市场在科技创新中的良性互动关系尚未确立，政府在宏观科技管理中的缺位、错位与越位现象时有发生。政府与市场分工不清，大量本应由市场、企业投入和运作的研究开发活动仍然处于政府的指挥、控制之下。这种状况导致了政府的有限投入分散化，不能集中到应当由政府执行的科研活动中来，同时也限制了企业技术创新能力的增强。企业本应是应用研究领域的主体，但这一领域的大部分科研力量和科技资源仍集中在政府部门，即游离于企业之外，致使政府难以脱身而企业研发先天不足。同时，公益性、基础性研究领域本应是政府财政中科技研究投入的重点，但目前依然是投入力度最为薄弱的环节。③

经济发达国家的经验表明，企业与科研机构的合作可以起到优势互补、分散风险、加快创新速度的作用。随着世界科技经济的迅猛发展，创新的复杂程度不断提高，创新成本和风险大大增加，创新越来

---

① 孔令友：《增强自主创新能力关键在健全完善自主创新体制机制》，《经济学研究》2006年第7期。

② 赵冬初：《自主创新与经济发展方式转变》，《云南社会科学》2009年第2期。

③ 贾丹、苏曦凌：《自主创新：经济社会发展和增强综合国力的重要支撑点》，《平原大学学报》2006年第2期。

越需要多学科知识，企业很难凭自身的力量从事创新。因此，企业的研发必须走产学研相结合的道路，与高校、科研单位进行更为紧密的结合，形成创新合作网络，拓宽研究覆盖面，分散成本和风险，强化攻关能力，提高研究效率。在以前已有的产学研结合的过程中，往往强调以高校或是研究机构为主，主张吸纳企业作为小试、中试及试生产的基地而参加进来，因此，企业基本上是处于从属的地位，在实践中，则表现为产学研结合不畅，运作失灵。至于企业之间的技术联盟，也往往由于利益的冲突而是有需求、无行动，大多属于纸上谈兵。①

第三，具体科技管理运行机制落后，人才活力难以迸发。落后的科技运行机制使我国的人才培养与引进面临严峻挑战，无法适应科技创新规律，在国际科研人才竞争中处于劣势。首先，分配制度僵化。因袭计划经济体制而来的分配制度实际上以养活职工为目的，并不考虑对人的价值的认可，科学的现代薪酬体系设计在科技人员的物质分配中远远没有得到重视。其次，流动机制不畅，相应的社会保障制度不健全。在现行的人才流动机制下，人才很难真正流动起来，致使真正的帅才难以成为一个团队的中坚，而流动不出去的人员又难当大任。另外，科技人才流向政府、事业单位多，流向企业的少，很难与经济发展的需求相协调。②

第四，缺少作为支撑自主创新的文化基础条件。中国几千年的传统文化博大精深，但也存在诸多不利于人们创新的方面，例如唯上意识、明哲保身、安于现状的中庸思想，“学而优则仕”的“官本位”思想，墨守成规、因循守旧等，这些都阻碍了人们创造力的发挥。为了开发出人才的巨大创新力，应对传统文化认真作一番去粗取精、去伪存真、吸

① 蒋坡：《自主创新的模式识别、主要瓶颈问题及若干制度建设构想》，《政治与法律》2007年第5期，第129~135页。

② 贾丹、苏曦凌：《自主创新：经济社会发展和增强综合国力的重要支撑点》，《平原大学学报》2006年第2期，第49~51页。

取其精华、剔除其糟粕的加工制作，让传统中积极的方面得到发扬，落后的东西给予消除。

当前社会还普遍缺乏鼓励冒险、宽容失败的氛围，对创新的态度和价值取向也尚未达成共识，由于传统文化某些因素的影响和近百年来对实现现代化的迫切愿望，功利化、工具化的科技观占据了主导地位。在社会层面上，要求科技投入立竿见影的思想倾向较为严重，缺乏对科技发展规律的全面认识；在管理层面上，行政化管理的理念较为突出，忽视科学共同体自我组织、自我监督、自我完善的机制建设；在科研工作者的个体层面上，热爱知识、追求真理还没有成为普遍动机，挑战权威、创新求变还没有成为内在的职业理念，探索未知、理性批判还没有成为深层的心理品格。因循守旧、小富即安、胸无大志的现象还比较普遍，缺乏实现跨越式发展的胆识和魄力，缺乏作出原始性科学创新、做世界一流技术创新与集成的信心和勇气。[①]

创新文化的发展与建设创新型国家的要求也还不相适应，适于创新的社会环境还有待形成。传统文化中不利于创新的思想观念，如不鼓励标新立异的所谓“枪打出头鸟”，不鼓励争先拔尖的所谓“中庸之道”，还在某些人头脑中根深蒂固，深深地影响着人们的思维和行动方式。我们的文化环境对创新事业的承载能力还不够强，一些阻碍创新文化形成的旧观念、旧制度的弊端亟待克服。科学精神尚未在许多科技工作者的头脑中生根，怀疑、批判的意识不强，进取、超越的信心不足，科技创新能力还在一个较低的水平上徘徊。[②]

第五，教育理念、人力资源储备与自主创新的结构性不匹配。中国传统的教育理念一向注重灌输书本知识，书本知识的掌握程度被视为“基础扎实”的中心内容，考试成为学有所成的检验标准。“应试

① 李惠国：《关于增强自主创新能力、建设创新型国家的几点思考》，《学术探索》2006年第2期。

② 孔令友：《增强自主创新能力关键在健全完善自主创新体制机制》，《经济学研究》2006年第7期。

教育”之风愈演愈烈，教育以考试为中心、为考试而进行，学校成为培养单一化、标准化和批量化的工具的教育工厂。在高强度的技巧训练和题海战术之中，学生学到的最重要教训就是按书本答就没有错，不犯错误要比创新对自己的前途更重要。本应是树人育人的基础教育沦为高难度的知识训练，学生则沦为背书机器和考试机器，想象力、创造力、批判精神、独立自主提出问题、解决问题的能力被压制。

应试教育使大多数中国学生为考试所累，在中小学，甚至在大学本科阶段，中国的学生都在忙于应付各种各样的考试，直到进入研究生学习阶段才开始科学研究。早期的科学研究时间不足，造成中国学生的科学研究基础滞后，科学素养普遍不高，严重缺乏创新意识和批判性思维。[①] 此外，目前我国以职业培训和继续教育为主的终身教育体系尚不健全，应通过“在高等职业院校、高级技工学校、中等专科学校等院校加速培育中高级技术工人，鼓励大学、科研机构与企业联合建立高级技术人才培养基地，促进科研机构与高等院校联合在创新人才培养方面的合作以实现教育资源共享，加强创新人才的继续教育和在岗培训”等手段逐步促进教育培训的多元化发展，建立终身学习的教育培训制度。[②]

基础研究是原始创新中最具原创性的研究活动，目前我国的基础研究存在人才结构不合理现象。一是研究队伍梯队结构不合理，缺少有战略眼光、有研究才能、能站在国际前沿、组织一批科学家进行团队研究的战略科学家；二是在一个研究机构里，研究人员与专业技术辅助人员的结构不合理，缺少大量专业技术辅助人员，科研工作效率不高；三是一些基础学科的后备人才资源不足；四是优秀人才流失严重。[③]

---

① 刘永谋、钟荣丙、夏学英：《自主创新与建设创新型国家导论》，红旗出版社，2006，第74页。

② 张嶋喆、王俊峰、丁军：《加快技术进步　推进自主创新的政策建议》，《中国科技投资》2009年第10期。

③ 刘永谋、钟荣丙、夏学英：《自主创新与建设创新型国家导论》，红旗出版社，2006，第71页。

而高层次人才缺乏也是企业自主创新的“瓶颈”，目前我国从事R&D的高层次科学家和工程师大多数集中在高校和科研院所，企业吸引研究开发人员的力度不够。统计数据显示，2006年，只有23.0%的国有企业建立了科技机构，仅有53.8%的国有大型企业建立了科技机构。我国有大中型工业企业32647家，拥有博士仅8880人，平均每个企业仅0.27人；拥有硕士62262人，平均每个企业不足2人。而同年我国毕业博士生3.62万人，硕士生21.97万人。大中型工业企业作为自主创新的主力军，却在高层次创新人才吸纳方面遇到严重困难。①

第四节　缺少作为支持自主创新的文化基础条件

——面向自主创新的中国传统文化的改造与重建

中国现在处于一个飞速发展的时代，创新是这个时代中促进社会发展的最强大的推动力。当然，创新涉及方方面面，比如制度创新、服务创新、管理创新，这里所涉及的自主创新更多地是指技术创新。按照国内目前比较权威的说法，“自主创新是在创新主体控制下，掌握核心技术的创新”②。技术上的自主创新对应于一个国家的核心竞争力，它在维持和促进整个社会大系统的运转中所占的权重比以往任何时代都要大。但是任何因素都不是独立发挥作用的，因为其所处的社会是一个有机的整体，每一个社会因素都要受到社会大系统中的其他因素的影响，所以从文化学角度看，技术文化作为整个文化系统的一个子系统（或者说作为一种“亚文化”）存在着。③ 我国虽然在很早就已将自主创新确立为国家基本发展战略，但客观地讲，并没有形成严格意义上的促

① 许勤：《自主创新政策初见成效　创新型国家建设任重道远》，《中国经贸导刊》2008年第5期。

② 吴贵生、刘建新：《对自主创新的理解、创新与创业管理（第二辑）自主创新专辑》，清华大学出版社，2006，第9页。

③ 王前：《技术现代化的文化之约》，东北大学出版社，2002，第5页。

进自主创新的文化基础，而恰恰是文化因素可以为自主创新提供更加持久而深入的智力支持。在强有力的西方文化背景的支持下，西方发达国家比我国更早地进入了所谓的技术社会，并且在自主创新方面积累了丰富而宝贵的经验，所以我们必须在积极投入具体的自主创新的社会基础建设——人力资源储备、教育投入、舆论宣传等之前，回溯到更为本质的、更为基础的文化上来，仔细探究西方文化对其自主创新能力的支持作用。具体讲，就是投入更多精力去关注支持自主创新的文化基础条件，寻找新的思想资源来改造我们的传统文化，相信只有这样才会使我国的自主创新获得更为持久而有力的文化支持。所以不同于从经济学、管理学、教育学等学科视角，这里试图以一种技术文化的视角对这个问题进行初步探讨，希望能更加有助于我们对这个问题的认识和实践。

一　关于创新与文化之间关系的梳理

不同于以自主创新为主题的经济管理类文章，本节遵循了自主创新的文化研究范式。由于学科特点，经济管理类文章大都是在现行的经济运行情况下，依据业已成型的模式，借鉴西方发达国家的成功经验，提出自主创新的相关政策，试图通过完善相应的制度，提供自主创新所需的各种条件完善市场，来达到增强国家的自主创新能力的目的，但是对于自主创新问题的历史回顾常常被忽略。相信对于一个问题的深刻的历史和文化溯源往往更能使我们清晰地把握这一问题的实质，而不至于使导致这一问题的原因被纷繁复杂的现象所遮蔽。因为我们相信，一切现实的社会建构与改革都深深地根植于其强大的历史文化背景中，那么关于技术的创新和发展的整个历程不应该像在展览馆中陈列其技术成果一样，简单罗列并仅供我们慨叹，而是应该把其中与技术发展有关的所有社会文化背景都呈现出来。历史的研究方法就能够承担起这样的责任。它让我们更加全面清楚地看到技术创新发展历史进程中的全貌。而作为更本质意义上的文化，恰恰是中国区别于其他任何文明的排他性基础，那么对中国传统文化因素影响力的忽略将导致任何西方先进的自主创新理念引入中国后的“水土不服”。因此本节在选择文献材料方面更加侧重于技术革新的文化维度。

与本节研究主题直接相关的专著虽不是很多，但在相关领域内也不乏经典之作。国内在技术与文化领域研究成绩斐然的著名学者是王前教授，他在中国古代科技思想史和中西比较文化方面做了很多工作，本节很多思想也受到他的许多重要著作的启发，另外还参考了其他国内外相关学者和研究机构的学术成果，笔者将在谈及具体内容时一一举出。

二 对中国古代技术思想的扬弃

包括不少中国学者在内的很多人似乎都对中国古代技术水平嗤之以鼻，但是倘若能怀着一种公正而严肃的心态来回顾历史，我们不难发现，在古代相当长的一段时间里，中国的科学技术水平都远远地超过西方。著名的中国科技史学家李约瑟博士就这个问题曾经有过很多论述，具体可参见他的巨著《中国科学技术史》（科学出版社，上海古籍出版社），在此不再一一赘述。更直接的明证就是中国古代的“四大发明”，它从一个方面说明了古代中国的技术发展水平已达到当时世界的领先水平。但是，令很多人感到惊奇的是，就是这样一个在古代技术发明领域曾一度遥遥领先于其他诸文明的中国，在整个近现代历史中，并没有在技术的革新方面作出像以往那样大的贡献，也没有形成像西方那样成熟而发达的技术社会体系。相反，在近代，我们被西方列强的“船坚炮利”所征服，传统的中国文化在外来文化的强大冲击下被打得支离破碎。就这样，我们在艳羡西方发达的技术实力之余，也不得不敞开国门，引进西方的技术和社会改革之道。有学者以一种西方文化的优越感，用一种哲学上决定论的口吻，从中文的语言结构上推定中国文化从根本上不利于产生科学技术，认为“由于中文缺乏西方文法的各种格式，所以他（指洪堡——笔者按）认为中文在激发思想的能力上，不及这些有格式的语言……中文的书写的复杂结构被认为是科学发展的阻碍……中文经常被当作例证，来说明一种所谓低劣的文法为思想所带来的影响。它主要是阻碍了科学、特别是自然科学的思考，甚至伦理学方面也受到影响"[①]。更有学者将中国近代科技水平的落后全部都归罪于传统儒家文化对中国古代科技进步的阻碍，这样的观点其实是有失偏颇的。对此，长期从事中国古代哲学及其与科技关系研究的著名学者乐爱国先生的观点比较客观，他认为"儒家文化作为主流文化，其对古代科技的影响应当是首位的，因而成为古代科技发展的主要文化原因。同时中国古代科技的发展与儒家文化发展的同步性也可以说明两者具有一荣俱荣、一损俱损，休戚相关、兴衰与共的密切关系……儒家文化对于古代科技发展的影响在总体上应当是积极的。当然，并不能排除儒家文化对于古代科技的发展在某些方面会具有某种程度的负面作用。"[②] 所以我们应该停止将中国近现代科技落后的事实进行简单的归因，而是必须深入中国文化的内部去探究中国古代技术思想的本质。对这个问题的探讨不仅仅是对过去的反思，它指导当下，并启示未来。虽然对这个问题的完满解答涉及很多相互交叉的学科领域，但本文只试图从更为基本的文化入手，剖析"文化—技术"的深层互动关系，以期找出问题之所在。

本文并不主张中国传统文化对于技术的产生和发展没有任何积极的作用。但是客观地讲，由于根源于西方的现代技术体系是"一种异质的技术体系，难以完全消化，吸收起来会有相当的困难"[③]，所以为了使我们的文化能更好地支持技术创新，我们必须抱着"取其精华，去其糟粕"的态度来"过滤"我们的传统文化，使之能和来自西方的技术文化相协调，最后把我们的文化改造为"能容异己"的催生技

① 〔德〕罗哲海著《轴心时代的儒家伦理》，程咏明、瞿海瑜译，大象出版社，2009，第16～17页。

② 乐爱国：《中国传统文化与科技》，广西师范大学出版社，2006，第238～239页。

③ 王前、金福：《中国技术思想史论》，科学出版社，2004，第160页。

术革新的文化温床。对于这一点，王前教授的观点比较中肯，并具有建设性。他认为，一方面，“我国传统技术思想中有些可贵的思想观念，至今仍有其独特的价值，有可能在提高企业核心竞争力方面发挥独特的作用。然而我们在这方面的发掘还远远不够。另一方面，传统技术思想中有些消极的东西，并没有随技术的逐步现代化而趋于消失，反而以隐蔽的形式继续产生影响，成为技术现代化进程的阻抗”①。

为了建立适合中国实际的自主创新体系，我们必须立足于基本国情，最根本的就是要立足于自己的传统文化，而对中国传统文化中有益部分的再发掘就是我们义不容辞的责任。中国古代技术思想具有鲜明的“道进乎技”的特征，并且在这种观念的指导下发展出了一套完全有别于西方的中国特色的技术体系。最具有代表性的例子是“庖丁解牛”的典故，出自《庄子·养生主》。它展示了“技术活动中各因素的充分和谐，源于我国传统文化中处理事务各种有机联系的和谐理念，源于顺应自然、因势利导的行为模式，因而可以充分避免不和谐的技术实践带来的异化现象”② 这一道理。这里所讲的“道”可以理解为“自然的程序”③。进一步地，“由‘技’悟‘道’是我国传统文化环境中特有的技术思想观念，是经过长期文化选择的结果”④。而中国古代就是秉承着这种理念来进行具体技术实践的，并形成了我们独特的文化偏向，对此我们却往往把它彻底忽视了。其实这种“古老”的技术理念对于现如今的技术发展状况也具有极大的启发意义。对于这一点，王前教授指出：“当西方技术发展到现代阶段，具有相当发达的形态之后，西方传统的逻辑分析思维方式开始显露出一定的局限性，这时对我国传统的‘道’的理解出现了转变。现代技术带来的生态环境和人们劳

① 王前、金福：《中国技术思想史论》，科学出版社，2004，第5页。
② 王前、金福：《中国技术思想史论》，科学出版社，2004，第8页。
③ 王前、金福：《中国技术思想史论》，科学出版社，2004，第16页。
④ 王前、金福：《中国技术思想史论》，科学出版社，2004，第17页。

动环境方面的问题，要求重视技术活动中的各种要素的和谐发展。在高度机械化、自动化的条件下，在大量可编码的技术活动中广泛为计算机控制和自动化机器代替的情况下，意会而难以言传的知识逐渐成为决定企业核心竞争力的重要智力资源……这些迹象都标志着一场深刻的思想变革正在来临。我国科技界如何利用和把握这一契机，发挥由‘技’悟‘道’的文化优势，使其在当代科技发展中体现应有的作用，也成为一个具有重要现实意义的课题。”[①] 当然，要细致地总结并将中国古代技术思想中有价值的部分罗列出来还会有很多，这里不再一一赘述。过往经验表明，我们在面对西方优秀的创新文化时没有自信，仿佛一谈到自主创新就是西方的专利，而由于对我们传统技术思想缺乏必要的挖掘和重视，以致全都视为“糟粕”而统统摒弃。通过国内学者的努力，我们发现其实中国传统技术思想中有很多被我们严重忽视了的有价值的东西，所以目前我们对于自主创新体系的文化建设应重视本国传统文化的优势。本文提倡一种“古为今用”的态度，就是要让我们抱着一种客观的态度去继续发掘中国古代技术思想中有益于中国自主创新的“文化养料”，并使之在现实中有更大的用武之地，相信这样的努力对于中国传统智慧和现代自主创新的事业而言都是一种双赢。

虽然中国古代技术思想当中有很多有益的部分等待进一步挖掘，但是我们又不得不看到其与现代社会发展中的种种“不适”，而这更要引起我们的注意。经年累月，传统文化中的种种弊端渐渐形成了一种桎梏，阻碍了我国现代技术创新社会体系的建设。比如，依据技术发展中对于“人”与“物”的不同侧重，习惯地“将我国传统技术看作重‘人’的技术，而将西方传统技术看作重‘物’的技术”[②]。“技术发展中‘人’与‘物’的关系，看来是技术体系内部要素之间的关系，实际上这种关系受到技术活动之外的社会文化因素的深刻影响……在不同

① 王前、金福：《中国技术思想史论》，科学出版社，2004，第17～18页。

② 王前：《技术现代化的文化之约》，东北大学出版社，2002，第112页。

技术文化中，对发挥‘人’与‘物’的作用各有侧重，于是造成了不同技术发展模式及相应后果。”① 具体来讲，在这种观念的支配下，首先，“我国传统技术中重人力而轻物力的特征，在充分利用自然力方面显然起到了束缚作用，限制了传统技术的规模、能力和效益……其二，重技巧而轻工具（包括设备）……正是由于这样一种思想特征，就造成了我国传统技术发展中的一种奇特怪象：当生产和生活中急需发明某种从未有过的器具时，中国人表现出极大的创造热情和智慧，很多举世闻名的发明创造都是这样的。然而当某种器具一旦发明创造出来，后人就代代因袭制作，很少有大的改观。这种状况甚至可以持续上千年……更重要的是，由于重技巧而轻工具，工具也往往随技巧一起成为具有私人性质的东西……这固然有助于个人技能的充分发挥，但却大大限制了工具性能的改进……由于不存在专业的定型化的工具和机械制造业，就使机械加工的精度和能力难以普遍提高，从而堵塞了由手工业和工场手工业向大机器工业的转化途径。”② 但是，目前随着现代西方技术在我国的大范围的普及，我们又由“‘重人轻物’转向‘重物轻人’……两者都是在观念上由一个极端走向另一个极端，而在两个极端间的这种跳跃都是我国传统的直观体验思维方式造成的结果。直观体验的思维方式不可避免带有经验性的探索前行的特征，因而往往是在事情到了极端时才发现问题。”③ 同样地，要找出中国传统文化制约技术的现代化的例子还有很多，这里没有必要一一列举。但问题的关键在于，我们要么固执地坚守自己的传统文化理念，不善于去发现其他文化中对于我们起到有益补充的有价值的新思想；要么我们就对传统文化持全盘否定的态度，不切合实际的一味地“西化”，这两者都是一种不成熟不自信的表现。更具有建设性的思考方向是，在我们大张旗鼓引进西方技术并且依靠自身去实现自主创新的同时，如何消除传统文化观念对于自主创新的

① 王前：《技术现代化的文化之约》，东北大学出版社，2002，第 112 页。

② 王前：《技术现代化的文化之约》，东北大学出版社，2002，第 116 ~ 121 页。

③ 王前：《技术现代化的文化之约》，东北大学出版社，2002，第 136 页。

种种阻碍作用，如何平衡好在中西技术思想甚至是更普遍的文化观念中往往相互对立的方面，如何努力保护并发掘中国传统文化中的有益部分，使其成为中国自主创新过程中的独有优势，以及如何从根本上建立并健全一整套与生产力发展相适应的，与时代特征相吻合的，不断激发我国自主创新事业的新的文化价值体系。这是一项艰巨的事业，需要我们在这个领域不断地去发现更多有价值的思想并努力实践，为我国的自主创新事业添砖加瓦。

三　对西方成功的“文化—技术创新”经验的借鉴

就与本文主题相关的研究方面，外国学者已经进行了很多富有启发的讨论。本节的前半部分很多是在探讨中国传统文化观念下的技术思想，其中提到了要引进西方成熟的自主创新体系以及与这种体系相匹配的文化理念。所以我们有必要对西方发达国家的自主创新理念作一番梳理，以帮助我们对问题有更清晰的理解。值得一提的是，我们以往更关注西方国家对于自主创新的政策上的支持，忽视了文化上的因素。往往盲目效仿西方国家在自主创新的物质基础建设上的积极投入，却很少关心文化等的“软实力”建设。一味在项目上做大做强，到头来只学到了西方所谓“成功经验”的皮毛，但却没有将西方真正的自主创新的核心能力学到手，以致“东施效颦”。归根结底这是由于我们更需要的是对于自主创新的立竿见影，力求速效，对于那种“润物细无声”的文化常常视而不见，殊不知文化上的支撑是最为稳定和持续的。对此，夏保华教授认为①技术创新不仅是社会文化积累的结果而且是社会文化的创新。那么在本文的后半部分就要具体探讨国外发达国家对于文化与技术创新的有益探索。

国外对于技术自主创新的研究很多都采取跨学科的研究方式，因为很难界定这样宽泛的课题可以归属于某一个具体的学科领域，与其

① 夏保华：《技术创新哲学研究》，中国社会科学出版社，2004，第130～135页。

“分而治之”，不如把不同领域的学者聚在一起，在一个共同的主题下，发挥各个学科的优势，集思广益，促成对于这一研究问题的完满的解答。其中一个比较行之有效的方法就是一种跨国的比较研究，即在通过对于不同国家间的文化和技术创新的不同机制的比较中，找出具有决定性意义的因素。换句话讲，从企业、政府、学校甚至到发明家个人，这其中每一个要素都具有因文化背景不同而存在的根深蒂固的“创新个性”，尽管是处于同一个创新过程中，这些个性都将影响这个过程，导致不同文化背景下的创新机制大相径庭。我们只有注意到这些“创新个性”的不同，才会明白这样一个道理：不能简单地把西方某个国家的成功模式完全照搬过来，并以此为基础草率地建立我国的自主创新体系，而是必须立足于我们自己的文化环境，建立具有中国特色的自主创新文化机制。

激励机制对于自主创新起着非常重要的作用。对于企业，在面对竞争压力的时候，都会力图寻找一种垄断的优势，以获得更加广大的利润空间，但是不同文化也具有明显的差异。例如，“在把一件新产品投放市场之前，美国管理者要求精确的数字和全面的经济分析。结果，新产品滞留在开发小组中的时间比德国和日本企业长得多。美国企业滞留在开发阶段的创新项目早就错过了进入市场的最佳时机，这种情况不在少数”①。又如，“在评价备选创新的经济利益方面，美国企业和日本企业之间有显著的不同。美国企业首先计算来自技术创新的经济利益，然后才开始创新过程。日本企业则首先在情感上达成对创新的一致意见，然后开始创新过程，最后计算创新带来的利润”②。对于“具有创新任务的员工”的激励，要更加注重人性化。简单地讲，对于承担着创新任务的研发人员而言，无论是国家还是企业都不能无视他们的“人性”，

① 〔德〕柏林科学技术研究院：《文化 vs 技术创新——德美日创新经济的文化比较与策略建议》，吴金希等译，知识产权出版社，2006，第155页。

② 〔德〕柏林科学技术研究院：《文化 vs 技术创新——德美日创新经济的文化比较与策略建议》，吴金希等译，知识产权出版社，2006，第155页。

都必须以荣誉、薪酬奖励、晋升机会等机制来实现对个体创新成果的补偿和对等的交换，这一点是无可厚非的。但是对于实施激励机制必须考虑到文化上的差异性。再如对于创新能手的认可方面，不同国家的企业有着很大的不同，“这种认可作为一种激励手段，在美国企业里非常重要，而在德国企业里没有那么重要……在美国的实验室里，雇员们渴望的另一个重要的激励就是不再让他们从事日常事务性工作，心无旁骛地投身到创新想法中去……而且认为事务性工作的重重限制直接扼杀了做出重大发明的勇气和魄力……相比美国研究者，德国研究者似乎对事务性工作没有那么反感。”[①] 以上分析虽然不涉及中国，但是我们仍然可以看出文化背景因素对技术创新过程中的很多微观层面有着很大的不同。这对于指导我国自主创新的具体实践，尤其是建设一套更加“以人为本”的创新机制会很有帮助。

在了解了不同文化因素对技术创新机制的影响后，我们必须对不同于我国传统文化的西方文化的特质有一个比较整体的把握。因为“源于西方的近现代科学技术毕竟有着另一种文化背景、体系结构、价值观念、思维方式，在引入中国传统文化的环境后需要经历一个充分消化融合的过程。”[②] 而“技术不会与其内含的文化真正分离。物质的人工制品，对非物质的观念和行为模式的整个体系进行编码、体现、传达或传播。我们讨论它们时，好像它们是博物馆中的展品，仅仅通过其名称和获得日期来进行识别，俨然不知赋予每件展品意义的无形的文化韵味，这只是为了简便……技术创新的综合模型必须涵盖文化交易的几乎所有方面……周围文化的许多无形特征，如军事技术和商业实践，随时间的推移而变化，并且是与相关人工制品中的变化一起发生变化的”[③]。简而言之，西方文化是西方技术的母体。

---

① 〔德〕柏林科学技术研究院：《文化 VS 技术创新——德美日创新经济的文化比较与策略建议》，吴金希等译，知识产权出版社，2006，第 157 页。

② 王前等：《中国科技伦理史纲》，人民出版社，2006，第 336 页。

③ 约翰·齐曼主编《技术创新进化论》，孙喜杰、曾国屏译，上海科技教育出版社，2002，第 9 页。

那么如果要问为什么在西方的文化中孕育出了现代的技术，则需要在对中西方的文化的比较中发掘出其内在的原因。在对中西方文化比较的时候，首先是以思维方式的比较为出发点的。王前教授认为，“人们的思维方式是文化的核心因素，思维方式的差别是文化差异的本质体现”①。“从总体上讲，西方文化主要是‘动脑’的文化，而中国传统文化主要是‘用心’的文化……从根本上讲是人们认识世界的两种差异明显的思维方式……中国人几千年来强调‘用心’，造就了源远流长的古代文明和辉煌的古代科技成就，但却在一定程度上限制了在近现代的发展速度。西方人自古以来注重‘动脑’，导致了近代科学技术的兴起和社会经济加速度发展，但也一度带来环境污染、生态恶化等方面的社会问题”②。这样的文化差异在很多方面决定了二者之间的不同。“从‘用心’与‘动脑’角度来透视中西文化的差异，当然不可能触及中西文化比较的所有方面，但可能涉及中西文化比较的一些基本方面”③。从中我们也可以看出，“在‘动脑’的理性思维和逻辑分析的不断作用下，技艺不断被知识化、规范化、理论化，逐渐实现由‘technique’向‘technology’的转化。近现代技术在西方文化环境中孕育而出，不是偶然的事情”④。一般认为，创新文化包括“对失败的宽容，容许一定程度的背信弃义，主动寻求风险机会，加大对社团的投入，热衷变革，对产品（服务）的执着，合作以及多样性”⑤。而我们知道，“在西方文化的发展中，‘征服自然’作为一个明确的思想命题，是在近代工商业活动兴起时出现的。然而其思想源头可以上溯到古希腊。正是古希腊所特有的逻辑抽象思维的产生，不仅影响到后来近现代科学在西方的出现，而且为近代以来大规模征服

---

① 王前：《中西文化比较概论》，中国人民大学出版社，2005，第1页。

② 王前：《中西文化比较概论》，中国人民大学出版社，2005，第2~5页。

③ 王前：《中西文化比较概论》，中国人民大学出版社，2005，第11页。

④ 王前：《中西文化比较概论》，中国人民大学出版社，2005，第11页。

⑤ 〔美〕戴布拉·艾米顿：《创新高速公路——构筑知识创新与知识共享平台》，知识产权出版社，2005，第70页。

自然的活动埋下了伏笔”①。从中我们可以看到，创新文化和西方文化中的技术思想存在一定程度上的契合，那么当创新文化遇到与其相契合的技术思想的时候，对于催生技术创新就是水到渠成的事情了。这样我们就不难想象优秀的技术文化理念对于创新有着多么重要的作用。因此，我们不妨采取“拿来主义”的态度，大胆汲取西方文化中有关技术文化的合理部分以及创新文化，使其融入中国传统文化中，并且消除这些文化间的隔膜，使它们与中国文化中优秀的思想相融、共生，产生出具有中国特色的技术创新文化。相信这才是中国自主创新文化建设的必经之路。

四　结语

通过探讨中西文化以及技术思想的不同，获得了技术创新文化不同维度上的初步认识，并结合技术思想史来加以论述。之所以结合技术思想史是因为它“有助于人们开启思路，总结历史经验教训，获得一种理性的认识，从而促成相关问题的解决”。② 也就是说我们涉及古代技术思想，是由于中国是一个比较重传统和继承性的国家，因此由于我们对于新事物没有确定的方向，很难加以把握。但是对历史来讲，则可以有一个比较清晰的脉络，同时对于历史的较清晰的认识也有助于我们避免重蹈覆辙以及吸取一些其他文明的宝贵经验。虽然我们提倡对自主创新的建设应注重文化建设，但是文化方面的建设比较缓慢，而且本身结果也不能立竿见影，所以常常被人们忽略。殊不知文化所带来的自主创新能够维持更加持久、更可持续的创新力量。当下，我们必须着力于改造中国的文化，借鉴中西文化比较的结果，形成一种激励创新的新文化，使之成为能够为中国的自主创新事业提供长久智力支持的优秀文化。

---

① 王前：《中西文化比较概论》，中国人民大学出版社，2005，第 39～40 页。

② 王前、金福：《中国技术思想史论》，科学出版社，2004，第 5 页。

第五节 教育理念、人力资源储备与自主创新的结构性不匹配

一 自主创新对人力资源的要求

企业自主创新能力评价指标体系构成要素包括：企业自主创新的第一方面能力要素（又称技术创新流程要素）：创新投入能力、创新研发能力、创新产出能力、价值实现能力。企业自主创新的第二方面能力要素（催化剂）：创新基础能力和机制保障能力（统领者）。[①]

由企业自主创新能力要素对应的人力资源要求和人才要求包括创新投入能力、投资管理能力、创新研发能力、创新产出能力、价值实现能力、营销能力和财务管理能力、创新基础能力和机制保障能力、信息化建设能力和行政管理能力。可见，企业自主创新对人力资源的要求是多类别多层次的，对于各类人才也有不同的量的要求。

二 我国的人力资源开发现状

1. 全国各级各类学历教育学生情况

我国教育事业在全社会的大力支持下，健康稳步发展。2009 年全年研究生教育招生 51.1 万人，在读研究生 140.5 万人，毕业生 37.1 万人。普通高等教育本专科招生 639.5 万人，在校生 2144.7 万人，毕业生 531.1 万人。各类中等职业教育招生 873.6 万人，在校生 2178.7 万人，毕业生 619.2 万人。全国普通高中招生 830.3 万人，在校生 2434.3 万人，毕业生 823.7 万人。全国初中招生 1788.5 万人，在校生 5440.9 万人，毕业生 1797.7 万人。普通小学招生 1637.8 万人，在校生 10071.5 万人，毕业生 1805.2 万人。特殊教育招生 6.4 万人，在校生 42.8 万人。幼儿园在园幼儿 2657.8 万人。

---

① 陈国宏：《区域自主创新能力评价及相关问题研究》，经济科学出版社，2008，第 251 页。

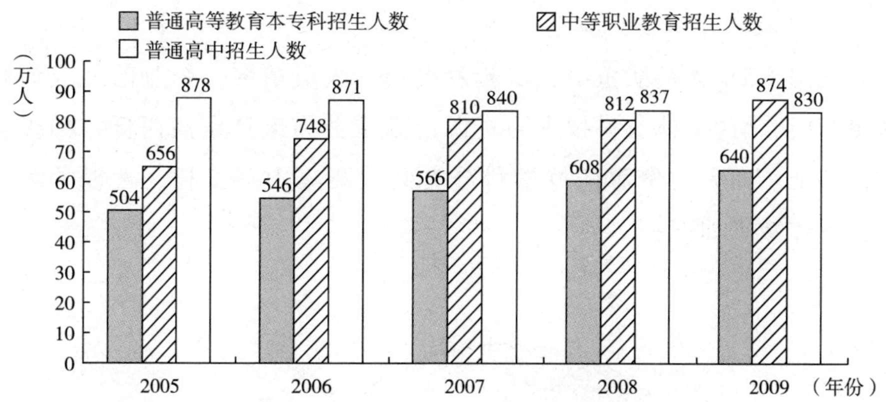

图 1　2005～2009 年普通高等教育、中等职业教育及普通高中招生人数

教育的快速发展为我国经济和科技发展，全面提升国家核心竞争力，奠定了重要的人力资源基础。

2. 科技人力规模

科技活动人员总量和科技领域专业技术人员的数量反映了我国实际在岗的科技人才队伍规模。我国科技人力队伍正在逐年壮大，是人力资源发展的一个表现。

表 1　科技人力规模

	2001 年	2002 年	2003 年	2004 年	2005 年	2006 年	2007 年	2008 年
专业技术人员*（万人）	2169.8	2186.0	2174.0	2178.3	2197.9	2229.8	2254.5	2309.9
从事科技活动人员（万人）	314.1	322.2	328.4	348.1	381.5	413.2	454.4	496.7
科学家工程师（万人）	207.2	217.2	225.5	225.2	256.1	279.8	312.9	343.5
R&D 人员（全时当量万人/年）	95.7	103.5	109.5	115.3	136.5	150.3	173.6	196.5
科学家工程师（万人/年）	74.3	81.1	86.2	92.6	111.9	122.4	142.3	159.2

说明：＊指国有企事业单位专业技术人员中的工程技术人员、农业技术人员、科学研究人员、卫生技术人员和教学人员。

数据来源：科技部中国科技统计资料汇编（2009）2008 年数据来自 2009 年科技统计报告。

3. 科技人才队伍分布

我国 R&D 人员队伍中，试验发展活动人员最多；企业已经成为我国 R&D 活动的主体；科技人力资源的地区分布维持东高西低、梯级递减的特征。而人力资源的按学科分类则主要集中在工科、管理学和文学。具体数据如下：

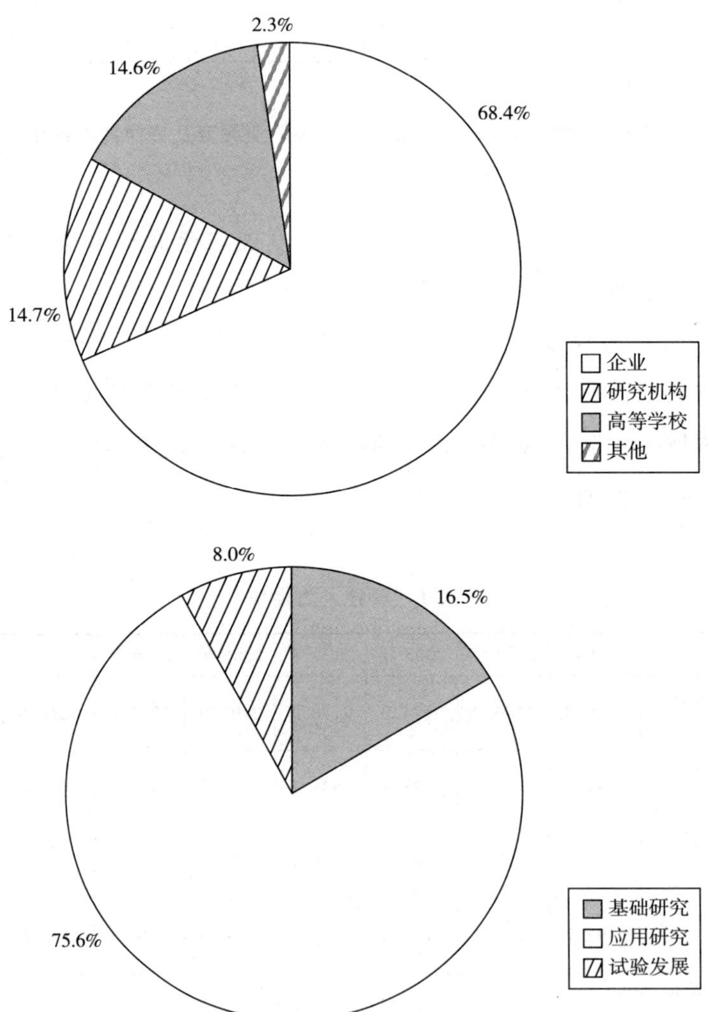

图 2 全国 R&D 人员按执行部门和活动类型分类（2007）

表 2　全国 R&D 人员按地域分（2007）

单位：千人/年

地　区	R&D 人员	地　区	R&D 人员
合　计	1736.15		
北　京	187.58	上　海	90.14
天　津	44.85	江　苏	160.48
河　北	45.33	浙　江	129.39
山　西	36.86	安　徽	36.16
内蒙古	15.37	福　建	47.59
辽　宁	77.16	江　西	27.12
吉　林	32.51	山　东	1116.47
黑龙江	48.20	河　南	64.88
湖　北	67.40	云　南	17.82
湖　南	44.94	西　藏	0.68
广　东	199.46	陕　西	65.07
广　西	20.14	甘　肃	18.77
海　南	1.26	青　海	2.91
重　庆	31.56	宁　夏	5.56
四　川	78.85	新　疆	8.86
贵　州	11.26		

表 3　全国普通高等学校分学科

单位：千人

	2006		2007	
	毕业生	在校学生	毕业生	在校学生
大学生数	3774.7	17388.4	4477.9	18849.0
理　学	197.2	1047.9	230.9	1106.0
工　学	1341.7	6143.9	1594.1	6720.5
农　学	77.2	331.6	88.3	351.0
医　学	253.3	1268.6	300.4	1386.3
管理学	656.1	3233.4	822.1	3614.5
哲　学	1.4	6.8	1.3	7.6
经济学	204.0	921.4	235.9	971.0
法　学	186.2	710.2	204.8	703.1
教育学	322.3	1029.6	352.7	1038.6
文　学	524.8	2642.4	635.0	2895.6
历史学	10.6	52.5	12.3	54.6

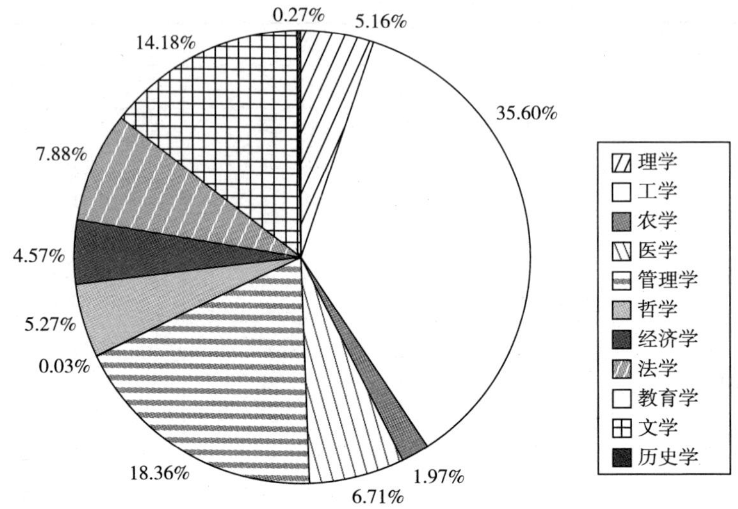

图 3　全国普通高等学校毕业生按学科分（2007）

4. 国际比较

a. 部分国家 R&D 经费支出（见图 4）

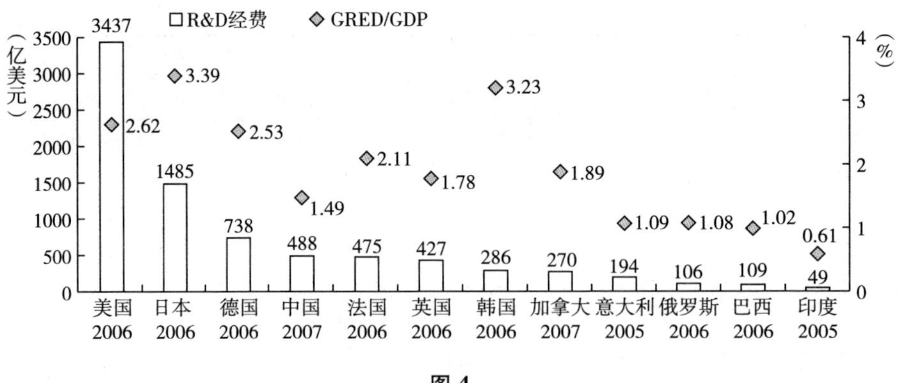

图 4

资料来源：中国科技部；OECD《主要科学技术指标 2008/1》；南美洲科技指标网络；联合国教科文组织。

b. 部分国家 R&D 经费支出执行部门分类（见图 5）

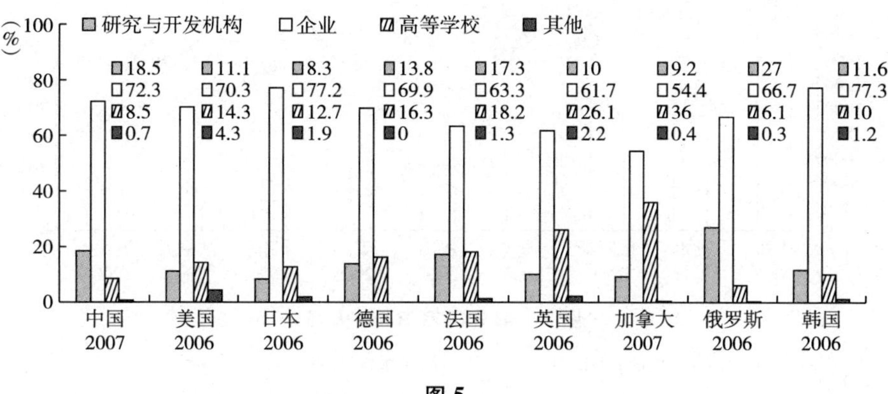

图 5

资料来源：中国科技部；OECD《主要科学技术指标 2008/1》。

中国 R&D 经费支出执行部门在高等学校的比重非常低，在研究与开发机构相对较高；说明我国高校在自主创新中发挥的作用小，中国的研究与开发机构占有的经费支持高，更能发挥自主创新的支持作用。

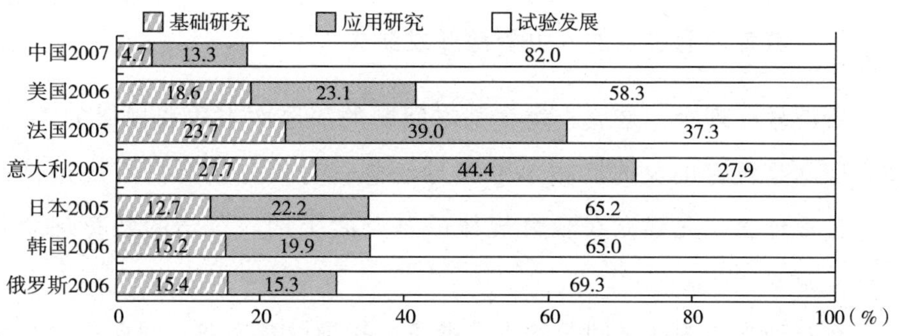

图 6　部分国家 R&D 经费支出按活动类型分

资料来源：中国科技部；OECD《研究与发展统计 2008》。

中国的 R&D 经费支出在试验发展活动中消耗最高，而基础研究则显得非常薄弱。

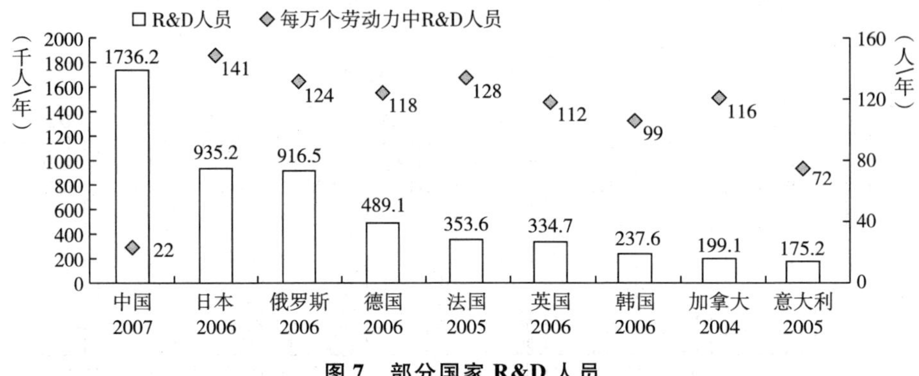

图 7 部分国家 R&D 人员

资料来源：中国科技部；OECD《主要科学技术指标 2008/1》。

图 7 反映了与国际上其他国家相比，我国 R&D 投入强度极低，说明我国的科技人力资源开发管理，还是只注重总量的扩张而对强度要求不高。充分反映我国人力资源工作的不到位，真正能够促进自主创新的指标性要素没有得到较好的发展，存在人力资源与自主创新之间供求结构不匹配的状况。

三 教育理念引发的人力资源开发缺失

所谓教育理念，是关于教育基本问题的深层次本质和规律的观念。教育理念是教育的灵魂和根本性指导思想，对教育全局具有决定性影响。教育理念“是建立在教育规律的基础之上的。科学的教育理念是一种‘远见’”①。

教育理念作为教育问题的本质抽象，指导教育实践。因此，教育培养出的人力资源如果出现问题，必定有其教育理念根源。当前我国的人力资源开发、培养和实际社会需求，存在相当大的结构性不匹配，现今

① 卢晓中：《当代世界高等教育理念及对中国的影响》，厦门大学，2001，第 11 页，转引自陈秉公、陈卓《21 世纪教育本质的理念》，《21 世纪》1999 年第 6 期。王冀生：《试论现代大学的教育理念》，《中国高等教育》（半月刊）1999 年第 4 期。

大学生大量结构性失业即与教育理念对人力资源的开发与培养方面的影响密切相关。针对自主创新的人力资源要求，提出教育理念与自主创新之间的结构性不匹配，实际表达的是由教育理念造成的人力资源总量、类别、层次、形式、质量问题进而引发相应自主创新供需的结构性不匹配。

1. 基础教育中的教育理念性阻碍

（1）素质教育的艰难推进。

2006 年新修订《中华人民共和国义务教育法》的颁布，标志着素质教育已经作为一种政策理念以法律的形式被明确规定。但素质教育的“推进”却不如它作为政策理念的推出来得干脆和高效。早在 20 世纪 80 年代，针对较为普遍的“片面追求升学率”现象，国家就提出了提高民族素质的教育的说法，之后又提出了“以德育为核心，以创新精神和实践能力的培养为重点”的教育理念，再到近年，随科学发展观的提出，对其进行了“以人为本”的内涵升华。尽管如此，素质教育理念的基础教育实践还是向社会现实低了头：教学目的功利、教学模式单一、教学内容狭隘、教师专业发展停滞、教学管理封闭。

造成这种情况的认识论原因包括：把素质教育理解成为一种取消考试的教育；把素质教育理解成为一种以培养技能为主的才艺教育；把素质教育理解成为一种急功近利的工具性教育；把素质教育理解成为一种无拘束的自由的教育。[①] 鉴于这些误区，教育实施者拒绝实施素质教育，或将素质教育理念作为应试教育的变种接受并实施；而接受教育者拒绝向素质教育“投资”，最终导致素质教育只停留在政策和字面上，得不到实践。造成这种结果的操作层面原因：素质教育没有明确统一的科学定义，很难作为教育实践的指导思想或原则来操作；素质教育制度载体缺乏创新性；素质教育政策评估缺乏有效性与规范性。

① 苏君阳：《素质教育认识论的误区及其超越》，《北京师范大学学报》2008 年第 6 期。

（2）素质教育的核心——创新教育问题。

创新人才的培养直接关系到自主创新的人力资源的开发与培养，其重要性无须赘言。创新人才的培养是一个长期的过程，必须要从小抓起，不同阶段突出不同的重点。学前教育阶段要保护好学生的好奇心和求知欲；义务教育阶段要培养学生广泛的兴趣；高中教育阶段要促使学生的兴趣聚焦成为志趣；大学教育阶段要让学生的志趣变为志向。同时要创造各种条件，使创新人才培养得到全社会的支持和鼓励，以形成创新人才能够脱颖而出的机制。[①]

综上，创新人才培养效果不佳原因可归纳为三点：其一，教育的创新性与基础性脱节，创新素质以基础素质为基础和前提，特别是“高层次专门人才所要求的坚实的理论基础、多学科交叉的宽阔视野、专精的业务知识，以及一定的实践经验，都是培养创新能力的基础而不是它的对立物”[②]。心理、精神素质及人文素质等是现代人的十分重要的基础素质，它们对人的创新也有很大的影响。其二，教育者的创新意识不足，教师是否具有创新精神和创新意识对于是否能够培养出创新意识和创新能力强的学生至关重要。基础教育中的教师职能尤其关键。作为教学活动的引导者，自身没有创新的意向和能力，怎么可能培养出创新人才？其三，教育自身的创新缺乏整体性和系统性，所谓教育自身的创新，指的是教育系统本身的变革与创新，它包括教育思想与观念、教育制度、教育内容、教育方法与手段及教育组织形式等诸方面因素的变革与创新，使之有利于创新人才的培养和涌现。当前基础教育自身缺乏创新的系统性，没有整体性的创新变革规划。[③]

2. 高等教育中的教育理念性阻碍

高等教育中当然也涉及素质教育和创新教育问题，诚如前说，故不

① 张民生：《素质教育：与时俱进的中国特色教育理念》，《中国教育学刊》2009 年第 5 期。

② 卢晓中：《当代世界高等教育理念及对中国的影响》，厦门大学，转引自潘懋元《潘懋元论高等教育》，福建教育出版社，2000，第 371 页。

③ 卢晓中：《当代世界高等教育理念及对中国的影响》，厦门大学，2001，第 168～170 页。

作重复。下面主要探讨高等教育中其他教育理念引发的人力资源与自主创新之间供求关系结构性不匹配问题。

（1）高等教育的大众化理念。

任何一个国家都无法逃脱大众化进程中的质量问题。尽管人们关于大众化进程中数量扩大与质量提高之间的关系认识不完全相同。但是，有一点是肯定的，数量的扩大对质量造成了影响。[①] 对于中国高等教育大众化的实际来说，现在值得注意的倒是高等教育如何大众化问题。当前，人们比较注意的是高等教育在数量规模上的扩张，而对高等教育发展的层次、类型、形式及科类等结构性问题则考虑较少。或把问题简单化，即将扩张部分主要确定在高等教育的某一个层次和类型上（如有的地方把高校的扩招部分主要安排在高等职业教育的发展上）。[②] 这一大众化理念引发的高等教育设置结构性失调，是造成人力资源之供与自主创新之求的结构性不匹配的最直接原因。

（2）高等教育的私营化理念。

高等教育的私营化带来的最主要问题为：教育资源配置的不均等性和学生对社会的片面认知——学习的功利性和短期性。新古典经济学在分析教育市场失灵时，认为教育具有正的外部性，学校提供教育的边际私人收益小于边际社会收益，于是在政府给予补贴的情况下，两者会相等；学校根据补贴后的边际私人收益等于边际私人成本确定的教育产量便会达到帕累托最优水平。[③] 而高等教育的私营化势必打破此平衡，导致教育产量无法达到帕累托最优。而且高等教育私营化中的教育资源生产和分配两方面都是不满足帕累托最优配置的，这就直接决定了人力资本的产量也不能实现帕累托最优。这对自主创新需求的最优人力资源是非常不利的。

---

① 韩映雄：《高等教育质量精细分析》，2009—华东师范大学：高等教育管理，第 3 页。

② 卢晓中：《当代世界高等教育理念及对中国的影响》，厦门大学 2001 年博士论文，第 122 页。

③ 雷明全：《人力资本市场的失灵及其矫正》，《现代经济探讨》2008 年第 2 期。

（3）高等教育的针对性理念。

所谓高等教育的针对性，《关于高等教育变革与发展的政策性文件》给出的一个诠释，即高校的作为与社会期望的符合程度。而所谓的符合程度，则包括高校的数量规模、质量规格、学科专业等与社会经济发展的适应程度。进入社会中心的高校主要是通过履行高校的三大基本职能和高等教育四大功能来强化针对性，以符合和满足社会期望。高校的三大职能包括培养人才、发展科学、直接为社会服务。高等教育的四大功能则指的是国家的“脑库”、社会的“良心”、世俗的“教会”、精神的“家园”。[①] 对于针对性的歧化强调，会造成教育超前性的缺失，带来教育目标的过于狭隘与功利化、过分专业化、过分实用化问题，以及课程和投入方面的忽视教育的超前性原则。对于针对性理念的歧化强调还会引发高等教育结构整体性的失调，在学生人力资源的层次、类别、形式、区域、科类上犯一刀切的错误。

（4）高等教育的质量观。

质量观的问题是贯穿前几个教育理念引发的人力资源问题的题中应有之义。高等教育质量是一个“多层面的概念”，不仅包括高等教育的产品（学生），而且包括高等教育的“所有功能和活动”。联系高等教育大众化的教育质量问题，潘懋元教授对培养人才的多层面问题作过精辟的论述：“所谓‘多层面’，包括博士、硕士、本科、专科等纵向层次，也包括研究型、理论型、应用型、技能型等横向层面。对于纵向层次的质量要求不同，人们比较清楚，而对于横向层面的质量标准不同，则往往被人有意无意地忽视。”[②] 大众将层次高等同于质量高，造成了高校发展的状态无序性，培养出来的人才集中于单一层次，不能满足社会的多层次多结构要求。

---

① 卢晓中：《当代高等教育理念与中国高等教育改革》，《华南师范大学学报》2008 年第 2 期。

② 卢晓中：《当代世界高等教育理念及对中国的影响》，厦门大学 2001 年博士论文，第 112 页。

四　影响自主创新发展的人力资源储备问题

人力资源储备是指组织根据其发展战略，预测和确立组织现有及将来的关键职位，并对组织现有的和潜在的核心人才进行持续追踪、培训、辅导、考察和评估，以保证组织在关键岗位出现空缺或需求时，能够迅速获得符合企业要求的后备人才而开展的一系列的人力资源管理活动。人力资源储备的最主要的目的是保证企业发展的连续性和稳定性，并为组织的战略发展前景提前储备人才。①

人力资源储备涉及的其实更多为企业内部人力资源供需问题：为了满足企业未来对人力资源的需求，充分挖掘现有人力资源的潜力，通过内部人员的选拔来补充未来可能的空缺职位或新增职位。②

从选拔的有效性和可信度来看，管理者和员工之间的信息是对称的，不存在“逆向选择”或“道德风险”问题，管理者对员工的工作态度、素质能力以及发展潜能等方面有比较准确的认识和把握。从企业文化角度来分析，员工与企业在同一目标基础上形成的共同价值观和行为规范，体现了员工和企业的集体责任及整体关系。从企业的运行效率来看，现有的员工更容易接受指挥和领导，易于沟通和协调。从激励方面来分析，内部选拔能够给员工一系列晋升机会，使员工与企业同步成长，容易鼓舞员工士气。

尽管人力资源储备对于企业发展已成为所有管理者的共识，但伴随着社会的进步和发展，经济的增长和竞争的加剧及人员自身需求等原因，企业的人才流动，流失比率也随之日益增大，所以企业在不同程度上都存在人力资源后备不足的情况。

当前自主创新的主体对人力资源的需求与其实际的储备情况存在结构性不匹配。这种结构性不匹配的内涵包括：

---

① 张铁龙：《高科技企业组织学习与人力资源储备能力关系研究》，浙江大学管理学院 2009 年博士论文。

② 李中斌等：《人力资源战略管理》，中国社会科学出版社，2008，第 117 页。

1. 自主创新主体需求人力资源总量与实际储备的总量不匹配

其一，自主创新的主体要求足够的人力资源用以支持其创新发展，但实际的储备量远远不足，从而抑制了主体的发展。这种情况多发生于中小型企业：大多数中小型企业对人力资源储备的机制建设不足，对人才培养重要性的意识不强。当企业的经营体制、内部管理机制应市场需求发生根本性的转变，企业领导对于如何建立人才储备机制问题考虑不多，使得人力资源储备工作得不到应有重视，工作难以展开。同时，受主观局限性的束缚和人力资源管理环境的影响，在培养选拔人才方面也受到了诸多因素的干扰，随意性比较大，未能建立相应的人力资源储备机制。①

其二，自主创新主体储备的人力资源已远超企业需求和能承受的能力，即企业将经费过多地投入人力资源的储备上，反而抑制了企业的平衡发展和创新能力。因为人力资源储备是有成本的，任何一项跟储备相关的人力资源管理活动都是需要培养成本的，过量的人力资源储备会造成企业人员冗余，工作效率降低等企业不愿意看到的现象，同时过多的人力储备也会降低员工在企业的发展机会，导致一些关键人才会因此而离开公司，从而失去了企业进行人力资源储备的意义。因此对企业的人力资源储备能力进行考评至关重要。衡量一个企业的人力资源储备能力主要可以从两个方面来看：一是当企业内出现职位空缺时，企业能否迅速在内部找到合格的替补人员；二是企业内的员工在企业内被重新雇佣的能力，也就是可录用能力。可录用能力高的员工不但具有从事本职工作的专业技能，而且具有能够从事其他职位的通用技能；当企业出现职位空缺时，拥有较多的高可录用能力员工有助于企业迅速地在内部找到合适的人才替补上去，防止企业因职位空缺导致的损失。②

---

① 谢小浩、马丽南：《科研企业基于发展战略建立人才储备机制研究》，《广东轻工职业技术学院学报》2008 第 9 期。

② 张轶龙：《高科技企业组织学习与人力资源储备能力关系研究》，浙江大学管理学院 2009 年博士论文。

社会经济活动中的人力资源要素的实体是人，人与其他经济要素之间存在动力性、自我选择性、个体差异性和非经济性。由此引发的人力资源供给的影响因素则包括工资竞争力、专业教育的门类、人的就业偏好和人力资源的流动性四方面。[①] 分析人力资源供给的影响因素，结合企业自身发展特点制定合适的人力资源供需预测就显得举足轻重。这种预测除针对上文述及的人力资源总量供需更对人力资源的类型、层次和质量有严格的量化要求。

2. 自主创新主体需求的人力资源类型、层次与实际储备的类型、层次不匹配

引发这一矛盾的原因是多方面的，首先是企业缺乏人力资源储备战略的定性定量的条件分析。企业进行人力资源储备的硬件条件包括企业的地理位置、资源条件、发展前景、市场地位等。软件条件包括：第一，企业领导对人力资源储备的态度。企业领导是否高瞻远瞩、心胸宽广、大胆决策、积极运作，是否能够营造一个能让储备人才发挥自身潜能的微观人际环境。要真正打破“平均主义”的思想束缚，在企业内部创造出不眼红、不下绊、不枪打出头鸟的微观环境，达到人才发自内心地爱企业从而实现“情感留人”。第二，评价储备人才素质的考评机制。科学的考评机制给予企业人员对创新工作的热情和活力、公平的竞争环境，同时防止有人滥竽充数而真正的人才被埋没，不能为企业的自主创新发展作贡献。为使储备人才发挥最大作用，将储备人才的岗位与其能力和素质挂钩，收入与其贡献挂钩，职称与业绩挂钩，发挥考评机制的激励作用和约束作用，实现“事业留人”。第三，有利于解除储备人才后顾之忧的生活待遇保障。可以为之努力的方面包括户口、住房、子女入托、入学等，使储备人才能够集中精力为企业作贡献，也即实现“待遇留人”。

其次是企业进行人力资源储备过程中缺乏战略性的系统指导。企业

① 李中斌等：《人力资源战略管理》，中国社会科学出版社，2008，第109页。

人才储备包括五个过程：储备人才的选择、储备人才的职业生涯管理、储备人才培训、防止储备人才跳槽、储备人才任用明确。其中每一步骤的不完善都可导致人力资源储备与企业发展之间的结构性矛盾。而对于企业发展的更高要义——自主创新，其影响更毋庸置疑。

在先期管理层面上，主要工作围绕企业内部人力资源的供需预测展开。具体方法包括：

人员接续计划。首先通过工作分析，明确工作岗位对员工的要求，确定岗位需要人数；其次根据绩效评估和经验预测，确定具体选拔、晋升、培训和淘汰的人员；最后根据以上数据确定特定岗位的人员补充。

管理人员晋升计划。管理人员晋升计划是预测企业内部管理人员供给的一种简单有效的方法。制订该计划的步骤如下：

①确定管理人员晋升计划包括的管理岗位。

②确定各个管理岗位上可能的接替人选。

③评价接替人选的当前绩效和提升潜力。

④确定接替人选。

人力资源供给计划。马尔可夫模型是一种定量分析预测企业内部人力资源供给的方法。它根据企业内从事某项工作的人员转移的历史数据，计划未来某一时刻该工作的人员转移概率。如果给定各类工作的初始人数、转移概率和补充人数，那么各类工作在未来某一时期的人员供给数可根据以下公式预测：

$$Nj(t) = \sum Ni(t-1) \cdot Pij + Rj(t)$$

该公式中：$Nj(t)$ 表示时刻 t，j 类工作的人数；Pij 表示员工在 $t-1$ 时刻到 t 时刻时间段，从 i 类工作向 j 类工作转移的概率；$Rj(t)$ 表示时间 $(t-1, t)$ 内，j 类工作所补充人数；$i, j=1, 2, 3, \cdots, k$，k 为工作分类数。[①]

在后期人力资源储备管理中，作为实践层面的要求围绕以下几方面

① 李中斌等：《人力资源战略管理》，中国社会科学出版社，2008，第118～119页。

展开：

第一，储备人才的选择。

企业进行人才储备时有四类人才可供选择：具有适应面窄的单一能力的人才，具有适应面宽的单一能力的人才，具有多方面能力的人才，具有潜在发展能力的人才。[①] 对于这四类人才，企业还要细分其专业、特长、能力层次、活力，方可对其作出正确的定性和定量的储备选择。

第二，储备人才的职业生涯管理。

企业需在充分了解储备人才的能力及各种需求的基础上，结合企业的发展规划帮助储备人才对其职业生涯进行规划与管理。这里尤其要注意储备人才的个性特征。知识经济条件下，人才的个性化和自主性变强，传统的企业文化缺乏团队性、包容性和融洽性，不能引发其认同感，无法使其融入团队发挥自身潜能，离职愿望强烈。故将储备人才个人职业发展目标与企业发展目标和需求协调对应起来，则能实现企业、人才双赢。

第三，留住储备人才，防止跳槽。

这一点与企业软硬件条件分析有共通之处，人才只有充分认同了企业的文化、自身的事业前景和良好的待遇保障，才真正留得住。另外，处理好人才引进与人才储备的关系，消除对少数有国际经验的高端引进人才的过分依赖，通过引进一个人来培养和储备一批人，为企业的创新发展提供充足的人力资源支持。

第四，储备人才培训。

除传统意义上理解的制定好储备人才培训原则，建立好储备人才培训模型外，从企业制度上保障人才培训同样至关重要。具体措施为，取消职务常任制、职务终身制，形成企业和员工之间一种新的契约关系。在这种新的契约里，一方面员工有责任使自己在工作中取得最佳业绩，并承担在不断变化的经营环境中持续学习的义务，承担推动自己职业发

① 闫明、胡晓清：《企业人才储备问题研究》，《经济师》2005 年第 9 期。

展的责任，另一方面也必须要尽力保证自己所在公司和部门的竞争力。作为回报，公司需要保证员工尽可能具备可录用能力，向其提供各种技能培训，增强员工在公司内外的求职能力。在这种契约下，员工可以分享包括知识在内的所有资源，不断学习，以与环境变化保持同步。员工的知识不断地得到更新，技能不再被限制在企业所定的框框中，员工的个人的知识技能和企业的主体知识变成了交集，企业等于伸出了无数的网络触角吸纳外部知识，大大增强了组织的创新能力。①

第五，储备人才任用明确。

对于人力资源的储备并不以某一个被储备人才纵向储备模型到达和明确任用为终结，企业需要通过对整个储备人才成长过程进行信息收集，以衡量储备战略的实施效果，保持人力资源储备的连续性，实现人力资源优化，企业创新发展。

3. 中国“特色”人力资源管理造成的人才储备与自主创新需求的结构性不匹配

对个人而言，“关系”是一种社会资本。通过关系可以更容易地获得某些信息和提高影响力，而这两者对企业自主创新的实现都起着至关重要的作用。

中国的“关系”理论起源于儒家思想，根据儒家思想，作为个体的人具有关系性和社会性，社会秩序和社会稳定性取决于不同社会角色之间关系的正常运作。孔子认为社会中的关系大致可分为五类：君臣、父子、夫妻、兄弟和朋友。这是一种高度利益化的社会关系体系。按照这种分等级的关系体系，主体采取不同的态度和方式待人接物。

这种根深蒂固的关系理念在人力资源管理的四个方面发挥重要作用：人员的招聘和选拔、绩效评估、拓展人际关系和促进管理的发展。具体表现为：

人员的招聘和选拔方面：企业通过关系接触到高素质的求职者，在

---

① 张轶龙：《高科技企业组织学习与人力资源储备能力关系研究》，浙江大学管理学院 2009 年博士学位论文。

运用关系网的条件下，人力资源经理对人才的招聘、选拔更高效。其负面效应为“裙带关系”也即任人唯亲。

绩效评估方面：关系影响绩效评估的客观性，关系网中的各成员之间形成绩效联盟，使绩效评估失真。

拓展人际关系：关系的核心就是如何培养和维系人际关系。

促进管理的发展：关系网的牢固性同时维系着管理的发展。

中国传统文化过度强调关系的状况，极容易加剧人力资源供需矛盾，降低组织绩效，同时造成由于缺乏公平的激励机制而引发的人才流失。

另外，由关系引发的不公平的竞争还可能发生在企业之间：关系变为一种软实力，使特定企业与臃肿冗余的政府之间的复杂模糊的关系简化，为其开辟“绿色通道”，造成自主创新原始资源和利益的竞争不明朗化。

第六节　建议与对策

本研究报告通过考察影响自主创新的五项基础社会指标，即经济支撑条件、制度支撑条件、人力资源支撑条件、文化支撑条件与舆论支撑条件，分析了当下中国开展自主创新的社会基础支撑条件的现实状况。为了准确反映这些支撑条件的不同特点，本报告把上述五项条件分为两类，有形支撑条件与无形支撑条件，其中经济支撑与人力支撑是有形支撑，其余三项都是无形支撑。根据国际经验，长期影响创新能力的因素大多是无形支撑条件，而无形支撑条件的改善是相当困难的事情，这也就是中国自主创新能力薄弱的根本原因。基于这样的论证线索，本报告初步得出以下几点结论：

（1）中国在有形支撑条件方面有短期提高的巨大可能性。

如对创新活动最为敏感的经济支撑条件完全有能力在短期内得到改善。据预测 2010 年国家财政收入将达到 8 万亿人民币，政府完全有能力加大对于创新的投入。在短期内公共财政无法实施的情况下，加大政府投入是激发创新活力的有效措施。从长远来说，一个成熟的市场经济社会对于企业创新的支持应该通过资本市场来解决，因此，本报告用了很大篇幅分析风险投资以及资本市场的一些措施，毕竟利用资本市场的融资渠道解决企业创新的经济支撑，是很多成熟市场经济国家已采用的行之有效的方法，相信对于中国来说，这一天的到来是早晚的事情。中国现在人才资源总量已达到世界第一，逾 4600 万人，支持创新的中低端人才总量不是短缺而是饱和。因此创造良好的人才培养环境，加大人才队伍建设，培养与引进一批高端创新人才，完全有可能在短期内改善我国自主创新能力弱的局面。至少，从经济与人力资源两个有形支撑条件的角度来说，中国自主创新能力在短期内提高是完全有可能的，但是能否持续则是很不确定的因素。

（2）无形支撑条件是影响中国自主创新能力提高的长期因素，改善的难度最大。

（3）制度支撑条件是影响中国自主创新能力提升的主要障碍因素。

制度影响创新的机理是这样的：构成制度的三大要素，即规制性要素、规范性要素与文化认知要素，对企业与个人行为构成了直接的约束。什么样的制度有什么样的行为方式。制度创新的落后已经在实践层面上严重制约了企业创新的活力与热情。比如垄断行为的盛行，导致有能力创新的企业无意于创新，而想创新的企业则没有能力和机会去创新，从而造成中国近千万的中小企业创新乏力，这实在是很荒谬的现象。

（4）文化支撑条件是创新的土壤。

当下中国的文化出现三种思潮：虚无主义、颓废主义与犬儒主义，这三种思潮代表了当代中国人精神生活的图像，也是文化在当代的集中体现。这三种文化都不支持创新活动的展开。由这三种思潮衍生的文化复古主义与功利主义在中国当下具有不同的价值选择，其中文化复古主义对于创新危害最大，而功利主义则是在去政治化进程中唯一可以推进创新的一种文化取向，问题是功利主义对于创新活动的推动作用是无法持续的，因此要在这个基础上建构理想主义的文化。这是克服当下创新文化缺陷的一条必经之路。

（5）舆论支撑条件需大力发展。

舆论作为一种真实的公众心理偏好信息的表征机制，对于企业的利用而言具有无成本的特性（免去了信息收集成本）。舆论为企业提供真实的市场需求信息，同时舆论也是无成本的对企业进行全方位的监督，这一切都有利于企业进行创新。同时，舆论还可以对制度支撑条件、文化支撑条件以及经济支撑条件进行有效的广泛监督。为了达到这个目的，必须给舆论提供广泛的表达载体，减少对舆论的意识形态限制，使舆论与政策制定正向互动，而且舆论的开放对于整个中国社会的转型与创新能力的提高具有重大的推动作用。这也是《奥斯陆手册》（2005年）专门强调的衡量发展中国家创新能力的重要维度，即人力资源、联系（Linkage）、信息与交流技术（ICTs）三者合作与使用的关键之点，抛开人力资源，对于后两者恰恰是舆论的作用。

综上所述，本报告从宏观角度分析了制约自主创新的社会基础条件，并按照基础条件的类型，把它们分为两类：有形与无形条件；并分别探讨了各个基础条件自身的问题和对于创新的影响，使我们能够从宏观上清晰发现影响中国自主创新的各类基础条件存在的问题；同时给出了尝试性的解决办法，对于我们未来制定自主创新政策提供了清晰的路线图。

第五章
中国高铁创新案例

第一节　引言

中国高铁的研发与发展是否属于创新行为？自中国第一条正式城际高铁（京津城际高速，2008）开通以来，围绕中国高铁的争议就没有断过。有些人认为中国高铁根本谈不上创新，完全是引进发达国家的技术；而中国官方则高调宣称，中国高铁拥有自主知识产权。还有一派人认为中国高铁有部分创新。这是当下关于中国高铁的三种主要意见。根据我们的标准，中国高铁从引进到生产、开发与运行，以及配套工程的建设，国家不论从哪个角度来说，都是大力支持高铁事业的发展的，即便在2009年世界经济危机背景下，政府采取救市的紧迫压力下，仍然把4万亿救市资金中的12000亿资金投入高铁行业（铁道部是本次危机中的最大赢家）。这充分表明，在制度层面上高铁技术在中国获得了制度性支持；投入上更是不用说了，最近三年国家投入大量资金，用来建设高铁，科研部门也投入了巨额资金用于高铁技术的研发。客观地说，最近五年中国无形中成了世界各种类型高铁的最大试验场，因此，高铁的发展在中国是有强大的经济条件作支撑。至于人力资源的支撑条件就更不用说了，中国铁路系统中的南车集团、北车集团，以及大批高校、科研院所的科研人员都参与到这项宏伟计划中来。仅从这三点来看，它就满足二阶创新的条件。因此，我们可以有充分理由认定中国高铁的发展至少是一种低端的创新行为，即二阶创新。中国高铁与国外的同类高铁相比，内容增量有限，标志性的创新要素不多，甚至外行人不易觉察，与国外同类产品相比没有多少明显可见的内容增量，因此公众和一些外行人会误认为中国高铁不存在创新问题。但是，只要把当下的国外高铁拿来与我们自己开发的高铁相比，就会很容易发现两者之间还是存在内容增量的。作为中国发展历程中的一个重要事件和参照系，中国高铁的研发过程作为二阶创新的突出案例十分具有启发意义。

第二节 作为二阶创新失败案例的“中华之星”创新之路

当下中国高速铁路上运行的和谐号高铁动车（CRH，即 China Railway High- speed）的技术模本分别来自日本的川崎重工、德国的西门子、法国的阿尔斯顿以及加拿大庞巴迪公司。整个二阶创新走过的路径是：与对方签订合同，购买一批他们的整车，然后一部分以散件形式运回到国内车辆厂组装，最后再把技术买过来，采用逐渐国产化替代的道路，成型后大批量生产。为了考察中国高铁的创新历程，我们需要往回追溯到中国高铁研发的最初时刻。

“中华之星”的前身是现在广深线运行的“蓝箭”号（DJJ1 型），它是以欧洲高速铁路技术模式为基础，属于动力集中型动车组。2000 年，中国通过技贸结合和国际合作，引进国外核心技术部件——牵引变流器，造出了 200 公里/小时速度级的“蓝箭”电动车组，并在随后的正线试验中达到了 236 公里的时速，并于 2001 年完成了 8 列动车组的生产，正式投入广深线商业运营。[①] 这条线路的运行开启了中国高速铁路运营的先河。在这个过程中，中国高铁开始系统地分解与模仿研究，这是典型的二阶创新模式阶段。下面以“中华之星”创新的基础支撑

① 合肥工业大学论坛，http：//bbs. hfut. edu. cn/bbs/viewthread. php? tid=612386。

条件框架为分析的线索，对以“中华之星”为代表的二阶创新过程进行分析与还原（文中的数据来自目前公开的网络资料）。

一　二阶创新的制度支撑条件

“八五”期间，中国开始了高速列车关键技术的先期研究和科研攻关。“九五”期间，国家重点科技攻关项目“高速铁路实验工程前期研究”和“200 公里/小时电动旅客列车组和动力分散交流传动电动车组研究”正式开始。20 世纪 90 年代末，京沪高速铁路的修建被提上国家议事日程，当年铁道部出于自身技术利益考虑支持的高速轮轨方案与前瞻性的磁悬浮方案争论激烈，而“中华之星”研发就成了铁道部的“争气项目”，铁道部企图以研发的实际成果说服领导改为支持铁道部自己的高速轮轨方案。2000 年初，经过专家的多次论证，铁道部拿出 270 公里/小时高速列车产业化项目报告，并提交原国家计划委员会；当年下半年，国家计委以 2458 号文件正式批准立项，同时列入国家高新技术产业化发展计划项目。该文件明确这是中国具有完全自主知识产权的高速列车，并命名为“中华之星”（DJJ2 型电力动车组）。按照铁道部高铁总设计师何华武（1955～，四川资阳人）教授的介绍：“欧经委定义列车最高运行速度客运专线 300 公里/小时，客货共线 250 公里/小时为高速铁路；铁盟认为，高速列车运行速度不小于 200 公里/小时。”① 从这个界定中不难明白，为何“中华之星”的速度要定位为 270 公里/小时，这个速度恰好达到客货专线的 250 公里/小时的标准且略有提高。2001 年 4 月，铁道部下达“270 公里/小时高速列车设计任务书”，确定了列车的总参数，由此拉开了“中华之星”自主研发的序幕。中国工程院院士、南车集团株洲电力机车厂高速研究所所长刘友梅被任命为该项目的总设计师。在铁道部下达的设计任务书中，对“中华之星”的用途有很明确的说明：京沈快速客运通道主型列车，未来

① 何华武：《创新的中国高速铁路技术》（上），《铁道建筑技术》2007 年第 5 期。

高速铁路的中短途高速列车和跨线快速列车。“中华之星”的立项明确是以“产业化”为目标，预计用两年左右的时间，达到年生产 15 列“中华之星”的能力。下面简单列出“中华之星”的一些技术参数：

（1）列车型式。

列车采用交直交电力牵引，由分别编组在头部和尾部的两个动力车以前拉后推的方式推挽运行。

（2）列车组成。

列车由 2 辆动力车和 9 辆拖车组成，中间拖车包括 2 辆一等座车，6 辆二等座车，1 辆酒吧车。

（3）最高运营速度 270 公里/小时。

最高试验速度≥300 公里/小时。

（4）轮周牵引功率 9600 千瓦。

（5）电制动功率 8800 千瓦。

（6）列车定员≥700 人。

（7）列车总重约 678 吨。

（8）列车总长约 280 米。

（9）供电制式单相工频交流，额定电压为 25 千伏。

制度支撑是二阶创新成功与否的最为重要的基础条件。在中国这样的高度集权体制下的国家，要开展重大创新活动，必须要获得国家支持，这与西方成熟的市场经济体制国家是完全不同的。市场因素在我们这里只是第二位因素，换言之，市场需求并不能保证创新的启动，而政治的需求却可以轻易启动创新。

二　二阶创新的经济支撑条件

按照规划，270 公里/小时高速列车“中华之星”项目总投资 1.3 亿元人民币，其中国家拨款 4000 万元，铁道部投资 4000 万元，企业自筹 5000 万元。在十年前，这个投资规模应该说是超级科研项目，就是今天这样规模的项目也是不多见的（近几年中国兴起了科研专项，启动资金也是上亿的规模，很多情况不公开）。另外，研发过程中的许多基础设施以及设备都是以前具备的，这也变相地等同于对该项目的经济支持，从这里可以看出，高速动车研发的经济支撑条件还是很雄厚的。

三 二阶创新的人力资源支撑条件

“中华之星”项目的总设计师是中国工程院院士刘友梅教授(1938-，电力机车专家，江西省上饶市人)。刘友梅教授 1961 年毕业于上海交通大学电力机车专业，现任株洲电力机车厂高速牵引研究所所长，教授级高级工程师。1999 年 11 月被选为中国工程院院士。

此外，“中华之星”的研发工作集合了南车、北车集团旗下的四大铁路机车车辆企业（株洲电力机车厂、大同机车厂、长春客车厂、四方机车车辆厂）、四大科研院所（中国铁道科学研究院、株洲电力机车研究所、四方车辆研究所、戚墅堰机车车辆工艺研究所）和两个高等院校（西南交通大学、中南大学），涉及设计开发人员多达几百人。其中，株洲电力机车厂和大同机车厂分别负责研制一台动力车（株洲 DJJ2-0001A，大同 DJJ2-0001B），长春客车厂负责研制四节拖车，四方机车车辆厂负责研制五节拖车。可以说，这几个机构的科研力量就几乎代表了中国铁路进行创新的最高人力资源水平。后文中还有具体介绍。

四 二阶创新的文化支撑条件

“中华之星”的二阶创新在文化支撑条件方面情况很少有人关注，它的失败往往被简单归于政治因素，这是很笼统的说法，不容易发现其内在存在的问题，因此，需要对文化支撑条件影响创新的具体细节揭示出来。我们认为文化因素在三个方面影响创新：首先是个人层面；其次是研究团队层面；最后是组织层面。下面简单给出一个文化影响创新的要素模型。

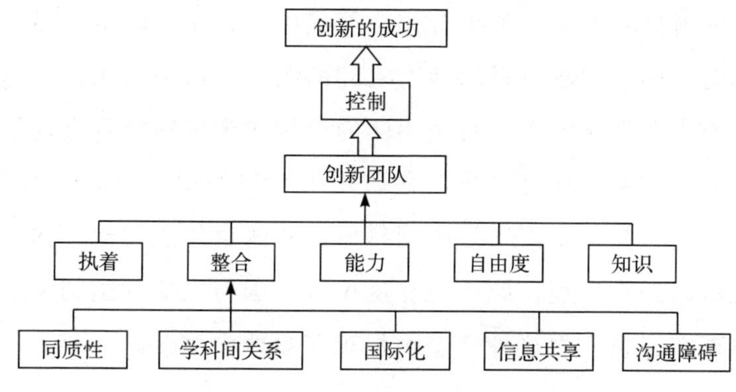

图 1　创新型团队成功的决定性要素

说明：本图是德国柏林科学技术研究院的研究成果。①

图 1 比较深刻地反映了文化因素在创新活动中发生作用的内在机制。我们可以简单分析一下，这个图表的最下层反映了团队在创新活动中需要具备的文化要素。如同质性，研究团队成员之间在文化上是否具有同质性对于创新活动有着很大影响。现在存在两种模式：在一个团队内，成员之间以同质性为主，这种模式的优点是创新活动中的交流与沟通成本降低，缺点是成员之间的启发作用降低。另一个则是以异质性为主的团队，在没有达到完全不可通约的前提下，有启发，但是交流与沟通成本上升，甚至是无法接受的。美国是以异质性为主的创新模式，而日本和德国则是以同质性的团队为主。在中国高铁项目中起主导作用的则是高度同质性的创新团队。这个团队的缺点一是国际化不足，二是由于中国科技界的过度竞争，研究小组成员之间信息共享程度较低，这种现象很直接地影响研究组织的效率。

图表中的倒数第二层要素是指影响研究小组个体的文化要素。执着、整合、能力、自由度与知识，这些要素都是当下中国科技工作者身

① 柏林科学技术研究院：《文化 VS 技术创新》，吴金希等译，北京知识产权出版社，2005，第 90 页。

上的短板。根据我们的研究，中国科研人员最缺的是整合与自由度这两个要素。中国科研人员不善于合作，习惯单打独斗，以至于经常出现系统的整体能力小于构成要素的能力之和的结果。这种文化特征对于项目领导者来说压力就比较大，对于团队的控制成为创新能否实现的关键环节。因此，如何调动项目成员的科研积极性与知识共享就是首要问题。换言之，中国的文化要素导致中国科研团队的合作能力比较弱，重复研究现象之所以经常出现，原因也在这里。中国与主要发达国家的创新差距也就体现在这里，而这种软差距很难在短期内改变。

五　二阶创新的舆论支撑条件

回过头来看，“中华之星”的立项其实是包含一种比较高远的理想：实现自主创新。可惜结果却是遗憾地被淘汰。投入的大量人力、物力以及各种制度资源在悄无声息中迅速变为不可见的沉没成本。对于这个经典的二阶创新失败的案例的反思是我们当下应该认真面对的问题。

客观地说，“中华之星”的核心技术有更多的自行研制的成分，但其配件基本上都是国外进口的。因为那个时候国内还没有完整的高速动车配套生产线，所以高速动车组配件只能依赖进口。据有关报道显示：“中华之星”的潜力巨大，在 2003 年试车的时候最高时速就达到了 321.5 公里（尽管大同产的动车在试验的时候受电弓烧毁，但是株洲产的动车则没有出现问题）。此速度成就了当时中国铁路的第一速。但由于相关的舆论宣传与报道没有跟上，整个社会知道这个事的意义的人并不多，这就导致它缺少来自社会的保护。另外，由于“中华之星”在结构上采用的是动力集中式的设计，因此相对于动力分散型设计的 CRH 的结构，显得弊端太多——动力集中式设计优点是速度快，但是缺点是起动和停车的速度不如动力分散型。而且动力集中型设计对轨道的要求偏高。出于成本考虑，这对于未来的施工建设来说又是一个难以绕过的障碍。著名的世界铁路第一速法国的 TGV 动车组就是动力集中型设计。所以“中华之星”从技术上看就没有办法达到绝对优势，这就决定了它未来出局的命运。①

其实，“中华之星”被淘汰的原因除了铁道部领导者的人事更迭之外，另一个重要原因是成本问题——“中华之星”的造价比 CRH 高出许多倍。国内的生产线上生产的 CRH5 造价每列才 1 亿人民币多一点（平均 1.3 亿左右），而“中华之星”半卖半送给铁路局，还要 7 亿多人民币。而且 CRH 采用国外比较成熟的产品，可靠性更高，价格合理，而且国外对自身的技术的宣传很到位。所以，轰轰烈烈的“中华之星”的自主创新之路从论证到 2006 年 8 月 2 日完成最后一次商业运行，就在高铁时代到来之前告别了中国高铁。② 这是中国式创新悲剧命运的一个缩影。

其实，“中华之星”的上马是中国社会进入快速化时代的必然要求。时任铁道部部长的傅志寰（1938～，辽宁省海城人，2001 年当选工程院院士）大力支持“中华之星”的研发。随着 2003 年傅志寰调离铁道部，新任部长刘志军（1953～，湖北鄂州人，2011 年由于违纪被免职查办）跨越式的发展模式与“中华之星”的表现欠佳，导致“中华之星”成为中国自主创新舞台上的过客。虽然“中华之星”创新失败了，但是它却可以称作典型的二阶创新，同时也最接近一阶创新。随后，中国高铁进入完全引进时代，再配以各个环节的小改进，这时的创新只能称作二阶创新。

由于铁道部长刘志军的突然落马，一些政治因素开始渗透到对于高铁的评价，这是不科学的态度。不论刘志军有多么严重的错误与犯罪，对于高铁的评价，我们还是应该基于事实作判断，尽量减少价值评判的影响。近来兴起的一股完全否定中国高铁的思潮，夹杂着太多的情绪因素，这种观点缺少客观性。因此，如何看待最近三年的高铁创新事业？换言之，如何评价中国近三年的高铁创新之路就是本报告接下来要研究

① http://guba.eastmoney.com/look，601299，6013839048.html.

② http://guba.eastmoney.com/look，601299，6013839048.html.

的问题。在此之前，我们应该尽量排除完全肯定与完全否定的先入之见，通过事实来考察中国高铁的发展道路。

附件一：中国高铁发展规划（五横五纵）

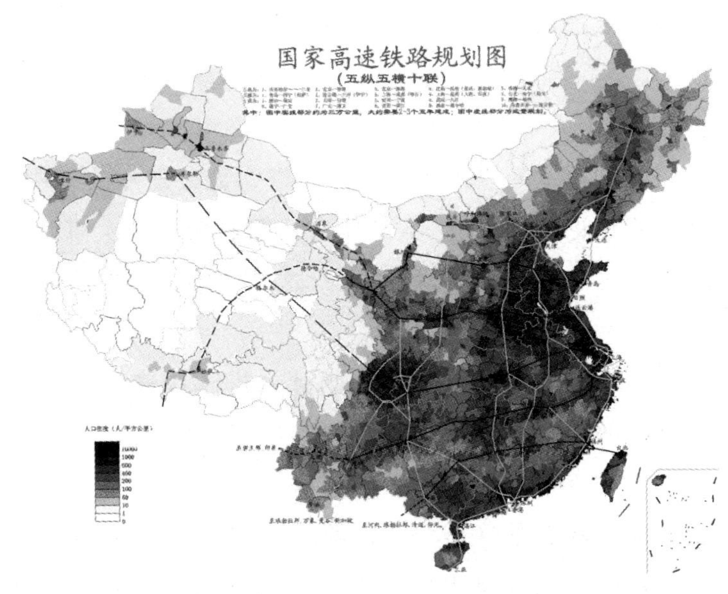

附件二：已建或在建高铁线路

1. 武广客运专线（建成，全长 995 公里，投资 1166 亿元，采用车体 CRH2C，CRH3，CRH380A）

2. 郑西客运专线（建成，全长 458 公里，投资 501 亿元，采用 CRH2C 车体，日本川崎技术）

3. 广深港客运专线广深（建成，全长 105 公里，投资 167 亿元）

4. 哈大客运专线（建成，全长 904 公里，投资 923 亿元）

5. 京沪高速铁路（建成，全长 1318 公里，投资 2209 亿元，采用车体为 CRH380A［南车四方公司］、CRH380B［北车唐山］CRH3 系列德国西门子技术衍化）

6. 京石客运专线（建成，全长 281 公里，投资 438.7 亿元）

7. 石武客运专线（在建，840.7 公里，投资 1167.6 亿元）

8. 津秦客运专线（建成，全长 261 公里，投资 338 亿元）

9. 宁杭客运专线（建成，全长 249 公里，投资 237.5 亿元）

10. 杭甬客运专线（建成，全长 150 公里，投资，166.3 亿元）

11. 合蚌客运专线（建成，全长 131 公里，投资 102 亿元）

12. 沪杭客运专线（建成，全长 168 公里，投资 200 亿元，车体采用四方公司的 CRH380A 与 CRH380BL）

附件三：中国高速铁路的动车车型系列与参数

CRH，即中国高速铁路。

CRH 一共 4 系，CRH1 与庞巴迪合作，CRH2 与日本川崎重工合作，CRH3 和西门子合作，CRH5 与法国阿尔斯通合作。试车车组为 CRH2 系，是四方车辆和日本川崎重工合作。

其中 CRH1 型动车组 5 组，由青岛 BSP 公司制造，编组 8 辆，定员 668 人；

CRH2 型动车组 10 组，由中国南方机车车辆工业集团公司四方机车车辆股份有限公司制造，编组 8 辆，定员 610 人。

CRH 系列里面目前是没有 CRH4 的，因为 CRH4 有 CRH“死”的谐音，所以被认为不吉利，因此被取消此编号，其中，CRH1、2、5 均为 200 公里级别（营运速度 200 公里/小时，最高速度 250 公里/小时），CRH2 具有提升至 300 公里/小时级别的能力，而 CRH2 的 300 公里级别有可能会被命名为 CRH2B。CRH3 为 300 公里级别（营运速度 330 公里/小时，最高速度 380 公里/小时）。

CRH1

庞巴迪-四方-鲍尔（BSP）生产，原型是庞巴迪为瑞典 AB 提供的 Regina。

编组型式：8 辆编组，可两编组连挂运行

动力配置：2（2M+1T）+（1M+1T）

车种：一等车、二等车、酒吧坐车合造车

定员（人）：670

客室布置：一等车 2+2、二等车 2+3

最高运营速度（km/h）：200

最高试验速度（km/h）：250

适应轨距（毫米）：1435

适应站台高度（毫米）：500～1200

传动方式：交直交

牵引功率（千瓦）：5500

编组重量及长度：213.5 米，420.4 吨

车体型式：不锈钢

气密性：没有

头车车辆长度（毫米）：26950

中间车辆长度（毫米）：26600

车辆宽度（毫米）：3328

车辆高度（毫米）：4040

空调系统：分体式空调系统

转向架类型：无摇枕空气弹簧转向架

转向架一系悬挂：单组钢弹簧单侧拉板定位+液压减振器

转向架二系悬挂：空气弹簧+橡胶堆

CRH2

南车四方（联合日本财团）生产，原型日本新干线 E2-1000。

编组型式：8 辆编组，可两编组连挂运行

动力配置：4M+4T

车种：一等车、二等车、酒吧坐车合造车

定员（人）：610

客室布置：一等车 2+2、二等车 2+3

最高运营速度（km/h）：200（具备提速到 300 公里/小时的条件）

最高试验速度（km/h）：250

适应轨距（毫米）：1435

适应站台高度（毫米）：1200

传动方式：交直交

牵引功率（千瓦）：4800

编组重量及长度：204.9 米，345 吨

车体型式：大型中空型材铝合金车体

气密性：车内压力从 4kPa 降到 1kPa 时间大于 50s

头车车辆长度（毫米）：25700

中间车辆长度（毫米）：25000

车辆宽度（毫米）：3380

车辆高度（毫米）：3700

空调系统：准集中式空调系统

转向架类型：DT206/TR7004B 无摇枕转向架

转向架一系悬挂：单组钢弹簧单侧拉板定位+液压减振器

转向架二系悬挂：空气弹簧+橡胶堆

CRH5

北车长春客车厂（联合阿尔斯通）生产，原型阿尔斯通为芬兰国铁提供的 SM3 型。

编组型式：8 辆编组，可两编组连挂运行

动力配置：（3M+1T）+（2M+2T）

车种：一等车、二等车、酒吧坐车合造车

定员（人）：602+2（残疾人）

客室布置：一等车 2+2、二等车 2+3

最高运营速度（km/h）：200

最高试验速度（km/h）：250

适应轨距（毫米）：1435

适应站台高度（毫米）：500～1200

传动方式：交直交

牵引功率（千瓦）：5500

编组重量及长度：211.5 米，451 吨

车体型式：大型中空型材铝合金车体

气密性：车内压力从 4kPa 降到 1kPa 时间大于 40s

头车车辆长度（毫米）：27600

中间车辆长度（毫米）：25000

车辆宽度（毫米）：3200

车辆高度（毫米）：4270

空调系统：车顶单元式空调系统

转向架类型：二系空气弹簧摇枕转向架

转向架一系悬挂：双组钢弹簧双转臂定位+液压减振器

转向架二系悬挂：空气弹簧+橡胶堆

CRH3

高速客车

国内厂家唐山+长春

国外技术提供方德国西门子

原型号德国 ICE-3

编组方式：8 辆编组，两编组可重联运行

动力配置：4M+4T

车种：一等车、二等车、餐车

定员：556 人

营运速度：350km/h

试验速度：394.3km/h

牵引功率：8800 千瓦

车体型式：大型中空型铝合金车体

转向架：H 型无摇枕、转臂式定位、空气弹簧

轴重：≤17 吨

受流电压制式：AC25kV，50Hz

牵引电机功率：550 千瓦

制动方式：直通式电空制动+再生制动

辅助供电制式：3 相 440V 80Hz，DC110V

列车控制网络系统：车载分布式计算机网络系统

编组重量（吨）：380

编组长度（米）：200

最后，做一点补充性说明。我国具有自主知识产权的 CRH380B 型电力动车组（或称 CRH3-380 型），就是在 CRH3 型的基础上，经过消化、吸收、改造、研发，实现了再创新，据资料介绍："为全面支撑中国高速列车技术自主创新的需求，中华人民共和国科技部与铁道部于 2008 年 2 月 26 日共同签署了《中国高速列车自主创新联合行动计划》，提出研制符合京沪高铁运营需求的高速列车。"[①] 2009 年 3 月 16 日，中华人民共和国铁道部正式与中国北车集团旗下的唐山轨道客车公司和长春轨道客车股份公司，以及中国铁道科学研究院签署了一系列采购合同，合作生产 100 列新一代高速电力动车组，为 16 节车厢的大编组座车，合同总金额达 392 亿元人民币。其中 70 列是由唐山轨道客车制造，其余 30 列则由长春轨道客车制造。CRH380B 也是我国目前最先进、最成熟，并具有自主知识产权的高速电力动车组。

第三节　中国高铁创新的基础条件情况

一　中国高铁创新的两家骨干公司

中国铁路机车的研究、生产、制造与维护主要由两家公司垄断，分别是中国南车集团与中国北车集团。南车集团的起源要追溯到 1897

① http：//zh. wikipedia. org/wiki/%E5%92%8C%E8%B0%90%E5%8F%B7CRH380B%E5%9E%8B%E7%94%B5%E5%8A%9B%E5%8A%A8%E8%BD%A6%E7%BB%84.

年中国第一个机车车辆制造厂，新中国成立后曾隶属铁道部的工厂总局（1966）与铁道部工业总局（1975）；1986年成立中国铁路机车车辆工业总公司；2002年脱离铁道部后成立中国南车集团；2007年成立南车集团股份有限公司。其发展背景是这样的："中国南车股份有限公司（英文简称缩写CSR）是经国务院同意，国务院国有资产监督管理委员会批准，由中国南车集团公司联合北京铁工经贸公司共同发起设立的股份有限公司。成立于2007年12月28日，2008年8月实现A+H股上市，现有17家全资及控股子公司，分布在全国10个省市，员工近9万人。目前公司注册资本118.4亿元。总部设在北京。"①

按照南车集团的业务介绍，中国南车具备铁路机车、客车、货车、动车组、城轨地铁车辆及相关零部件自主开发、规模制造、规范服务的完整体系。该公司拥有中国最大的电力机车研发制造基地，全球技术领先的高速动车组研发制造基地，行业领先的大功率内燃机车及柴油机研发制造基地，全球领先的铁路货车研发制造基地，是国内高档客车研制的领先企业，三家城轨车辆国产化定点企业，同时也是中国最大的城轨地铁车辆制造商。正是因为它所具有的广泛业务以及相关的研究机构与技术研发力量，它先后被科技部、国资委等机构授予为"创新型企业"称号。目前拥有变流技术国家工程中心、高速列车系统集成国家工程实验室、动车组和机车牵引与控制国家重点实验室、高速动车组总成国家工程技术研究中心等4个国家级研发与实验机构、6个国家认定企业技术中心、7个经国家实验室认可委员会认可的检测实验中心、6个博士后工作站，并在美国成立了我国轨道交通装备制造行业第一个海外工业电力电子研发中心，在英国成立了功率半导体研发中心。目前南车集团下属一级单位的整体架构如图所示：

① 南车集团，http：//www.csrgc.com.cn/cns/gync/gsjs/gsjj/2008-05-21/18.shtml。

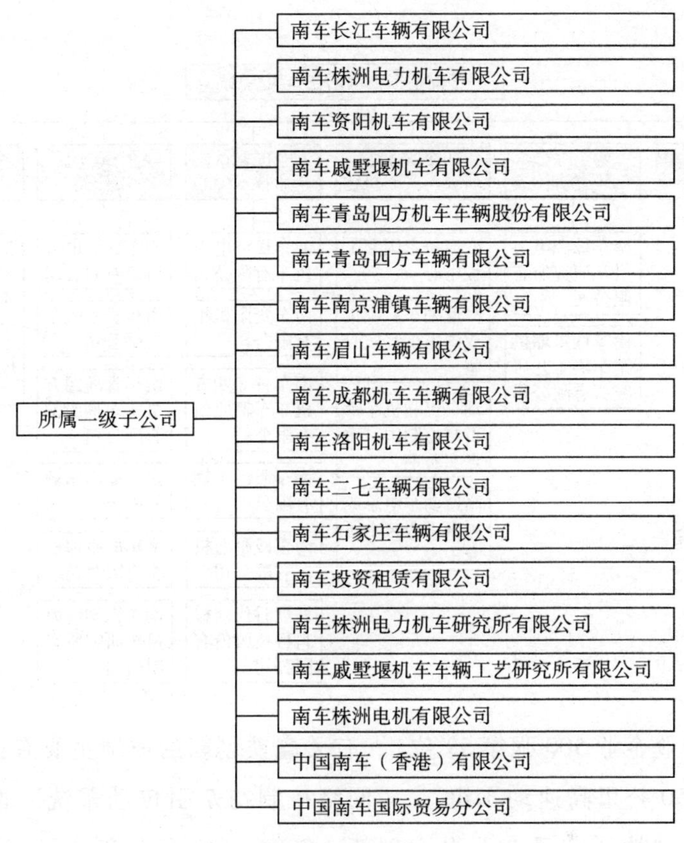

所属一级子公司

这 18 个一级下属企业中，有五家单位直接参与了高铁的研发与制造，分别是：南车株洲电力机车有限公司、南车株洲电力机车研究所有限公司、南车戚墅堰机车有限公司、南车戚墅堰机车车辆工艺研究所有限公司与南车青岛四方车辆有限公司。下面是南车集团的创新体系架构：（见下图，来自南车集团）。

综上所述，南车集团是一家国有大型企业，拥有比较雄厚的实力，完全具备自主创新的条件。按照 2012 年中国企业联合会、中国企业家协会的最新排名，中国南车集团位居 2012 年中国企业 500 强第 51 位①，

① 此数据引自搜狐财经，http：//business. sohu. com/20120713/n348072234. shtml。

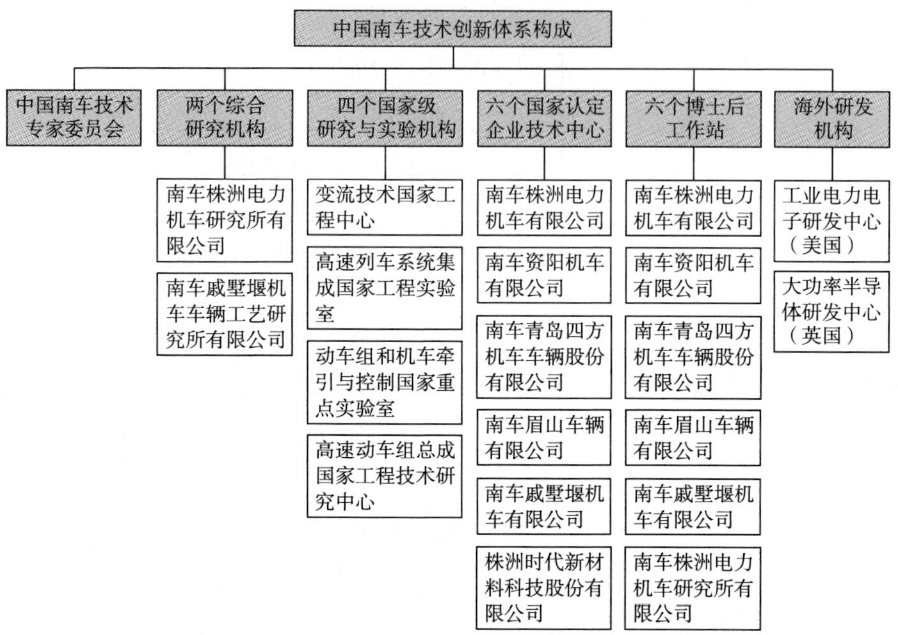

中国制造业企业500强第59位。① 有关高铁创新的成绩主要有："CRH2型时速350公里高速动车组"、"网络控制与牵引传动系统"两项产品分别荣获"轨道交通企业自主创新·2009年度十大产品"。并在2010中国企业自主创新TOP100评价发布暨第二届中国企业自主创新高峰论坛上，中国南车获中国企业自主创新TOP100工业企业第八位，并获中国企业"自主创新研发创造奖"。其获得的与高速铁路有关的国家奖项是：

4	J-254-1-01	时速250公里动车组高速转向架及应用	2009年国家科学技术进步奖一等奖	南车四方机车车辆股份有限公司

2010年12月3日在沪杭线上跑出的486.1公里/小时的高铁就是由南车集团制造的。

① 此数据引自新浪财经，http：//finance. sina. com. cn/china/20120901/113413020312. shtml。

由于南车股份有限公司是上市公司，根据最新公布的统计年报可以知道，南车集团2010年的营业收入是649亿元（人民币），利润总额为36.65亿元（人民币）。2010年，公司投入的科技经费为35.5亿元，占营业收入的5.5%，新立科技研发项目406项，延续科技项目304项，申请国家专利1394项，获得国家授权专利741项。国家动车组总成工程技术研究中心被科技部纳入建设计划。

在人力资源储备方面，南车集团目前共有在编人员82833人（生产人员50953人、工程技术人员14026人、经营管理人员9547人、其他人员8307人），其中，博士89人、硕士1535人、大学15109人，大专18571人，中专16675人，高中以下学历30854人。具体结构见下面柱状图：

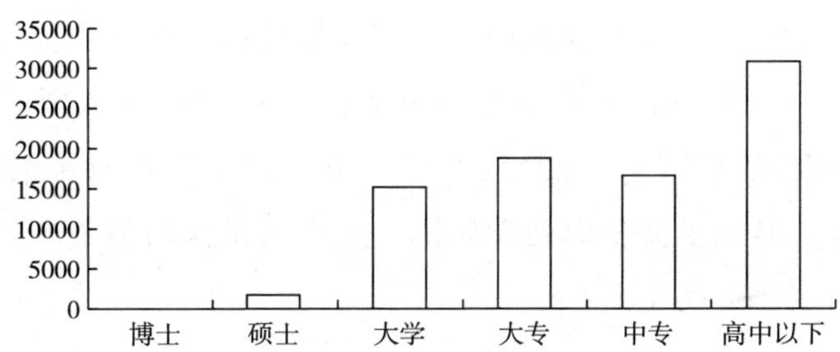

2010年，南车集团新造动车744辆，修理963辆。中国南车动车组板块由控股子公司四方公司和合营企业BST等整车企业，以及株洲所、电机公司、浦镇公司、戚墅堰所等核心部件企业组成，通过整体布局形成了完整的动车组产业链。拥有高速动车组系统总成、关键子系统和部件等9大核心技术自主配套研发能力。2010年动车组板块销售收入146.84亿元，占国内高铁市场份额的65%。中国南车集团搭建了高速动车组研发平台，形成完整的设计、研发与检测体系。2010年研制的新一代高速动车CRH380A，运营速度380公里/小时。动车业务占整个南车销售收入的22.62%（146.84亿元）。中国南车集团募集资金总额为65.4亿元，当年使用金额为7.8128亿元，其中用于高铁的投入为

2.35 亿元（2010 年报数据）。2010 年非募集资金完成项目投资 32.4 亿元，其中 350 公里高速动车组产业化建设和高速列车系统集成国家工程实验室建设项目投资 12.936 亿元。

二 中国北车集团公司的基础创新条件

中国北车股份有限公司是经国务院同意，国务院国资委批准，由中国北方机车车辆工业集团公司联合大同前进投资有限责任公司、中国诚通控股集团有限责任公司和中国华融资产管理公司于 2008 年 6 月 26 日共同发起设立的股份有限公司。目前公司注册资本 83 亿元。总部设在北京。[①] 中国北车股份有限公司经营范围：铁路机车车辆（含动车组）、城市轨道车辆、工程机械、机电设备、电子设备及相关部件等产品的研发、设计、制造、修理、服务业务；产品销售、技术服务及设备租赁业务；进出口业务，与以上业务相关的实业投资；资产管理；信息咨询业务。北车集团公司的业务范围与南车集团公司的业务范围几乎完全相同，这也是促成竞争的一种制度安排。中国北车股份有限公司拥有 20 家下属企业，形成了完整的列车研发、生产与维修的整个产业链条，以下是北车的主要下属企业[②]：

齐齐哈尔轨道交通装备有限责任公司

哈尔滨轨道交通装备有限责任公司

长春轨道客车装备有限责任公司

中国北车集团大连机车研究所有限公司

长春轨道客车股份有限公司

中国北车集团大连机车车辆有限公司

唐山轨道客车有限责任公司

天津机辆轨道交通装备有限责任公司

北京二七轨道交通装备有限责任公司

---

① 中国北车集团，http：//www.chinacnr.com/p195.aspx。

② 中国北车股份有限公司，http：//www.chinacnr.com/p201.aspx。

北京南口轨道交通机械有限责任公司

中国北车集团大同电力机车有限责任公司

太原轨道交通装备有限责任公司

永济新时速电机电器有限责任公司

济南轨道交通装备有限责任公司

西安轨道交通装备有限责任公司

北车兰州机车有限公司

中国北车股份有限公司大连电力牵引研发中心

青岛四方车辆研究所有限公司

中车进出口有限责任公司

北京北车物流发展有限责任公司

在高速铁路业务中北车集团公司目前拥有：两个国际领先的动车组技术平台，CRH5 动车组批量投入运营，CRH3 动车组创造了时速 394.3 公里“中华第一速”，成为奥运配套交通的重要运输工具，也将成为京沪高速铁路的主力车型；三个国际领先的产品系列的大功率交流传动电力机车技术平台，和谐 2 型、和谐 3 型电力机车大批量投入运营，占和谐型电力机车总量的 70% 以上。北车在高速铁路的竞赛中的成绩是：于 2008 年 6 月 24 日在京津高速城际铁路上跑出 394.3 公里/小时，被誉为“中国铁路第一速”。驶出这一速度的“和谐号”CRH3 型动车组由中国北车集团唐山轨道客车公司制造。下面把两款高速动车的情况简要介绍一下。

CRH3 型电力动车组，是中华人民共和国铁道部为营运新建的高速城际铁路及客运专线，而向德国西门子公司和中国北车集团唐山轨道客车有限责任公司订购的 CRH 系列高速动车组。中国铁道部将所有引进国外技术、联合设计生产的中国铁路高速（CRH）车辆均命名为“和谐号”。

CRH3 列车的原型为德国铁路的 ICE-3 列车（西门子 Velaro），中国以引进西门子公司先进技术并吸收的方式，由中国北车唐山轨道客车在国内生产实现国产化。2004 年 8 月，铁道部展开为用于中国铁路第六次大提速（2007 年 4 月 18 日）、时速 200 公里级别的第一轮高速动车组技术引进招标，结果西门子公司因提出高昂的转让技术、车辆造价费用而无法在第一轮招标获得任何订单。至 2005 年 11 月，中国铁道部与德国西门子在“以市场换技术”的原则下签订协议，西门子因而获得 60 列时速 300 公里的高速列车订单，总值 6.69 亿欧元，最终被定型为 CRH3C。① 另外长春轨道客车已于 2009 年 3 月获得西门子的授权，生产 30 辆 16 节编组的 CRH3D 型电力动车组，正式成为 CRH3 列车的其中一家生产商。

CRH5 型动车，全称为 CRH5 型电动车组，是铁道部为适应第六次大提速所采用的车型。CRH5 的技术以及车型来自法国阿尔斯通公司（ALSTOM），由中国北车集团的长春轨道客车股份有限公司制造的，车型以阿尔斯通公司的宽体摆式列车为基础，2004 年 8 月招投标，阿尔斯通公司获得 60 辆列车的订单，2004 年 10 月中国与法国签订 6.2 亿欧元的动车合同，按照合同规定，法国把其中的七项关键技术转让给中国。

首组 CRH5 列车于 2006 年 12 月 11 日从意大利装船（原装三列），2007 年 1 月 28 日到达大连港，第一部由中国生产 CRH5 于 2007 年在长春下线。其中 CRH5-001A（原装进口车），CRH5-004A 散件组装车，CRH5-010A——CRH5-012A 为部分进口配件的国产车。这个车型被用于在京哈线、秦沈线，运营速度为 200～250 公里/小时，该车型的特点是故障率较高，但耐寒性比较好（设计的最低运行温度是-25℃），因此多被用在北方铁路线上。该车型适用的最高海拔为 1500 米，因此，不能用在高原地区。

北车集团 2008～2009 年度获得的与高铁有关的中国铁道学会的科技奖项主要有如下几个：

① 和谐号 CRH3 型电力动车组，http://baike.baidu.com/view/3339339.htm。

中国铁道学会 2008 ~ 2009 年度科学技术奖北车获奖项目汇总表

序号	成果编号	项目名称	获奖等级	主要完成单位
1	2008195	高速列车成套技术与装备	特等	1. 中国铁道科学研究院 2. 中国北车股份有限公司 3. 中国南车股份有限公司 4. 长春道客车股份有限公司 5. 南车四方机车车辆股份有限公司 6. 唐山轨道客车有限责任公司 7. 青岛四方庞巴迪铁路运输设备有限公司 8. 南车株洲电力机车研究所有限公司 9. 青岛四方车辆研究所有限公司 10. 南车戚墅堰机车车辆工艺研究所有限公司 11. 南京浦镇海泰制动设备有限公司 12. 永济新时速电机电器有限责任公司 13. 株洲南车电机股份有限公司 14. 西南交通大学 15. 北京交通大学
2	20094246	时速 350 公里高速动车组	特等	1. 唐山轨道客车有限责任公司 2. 南车青岛四方机车车辆股份有限公司 3. 长春轨道客车股份有限公司 4. 中国铁道科学研究院 5. 南车株洲电力机车研究所有限公司 6. 株洲南车电机股份有限公司 7. 南京浦镇海泰制动设备有限公司 8. 南车戚墅堰机车车辆工艺研究所有限公司 9. 青岛四方车辆研究所有限公司 10. 永济新时速电机电器有限责任公司 11. 西南交通大学 12. 北京交通大学
3	20094080	和谐型八轴大功率交流传动电力机车	特等	1. 铁道部运输局 2. 株洲电力机车有限公司 3. 中国北车集团大同电力机车有限责任公司 4. 中国铁道科学研究院机车车辆研究所 5. 永新时速电机电器有限责任公司 6. 戚墅堰机车辆工艺研究所 7. 青岛四方车辆研究所有限公司 8. 株洲电力机车研究所
4	20094245	0 号高速综合检测列车的研制与应用	一等	1. 中国铁道科学研究院 2. 长春轨道客车股份有限公司
5	20094069	转 K6 型转向架	二等	1. 齐齐哈尔轨道交通装备有限责任公司 2. 同济大学 3. 北京交通大学 4. 青岛四方车辆研究所有限公司 5. 中国铁道科学研究院机车车辆研究所
6	2004074	提速客车检修工艺技术及检测、试验技术	二等	1. 长春轨道客车装备有限责任公司

本表是根据北车集团提供的数据整理而成。中国铁路学会 2008 ~2009 年度科学技术奖项北车获奖名单，http：//www. chinacnr. com/231-916-3292. aspx。

北车集团的创新体系具有如下的结构：

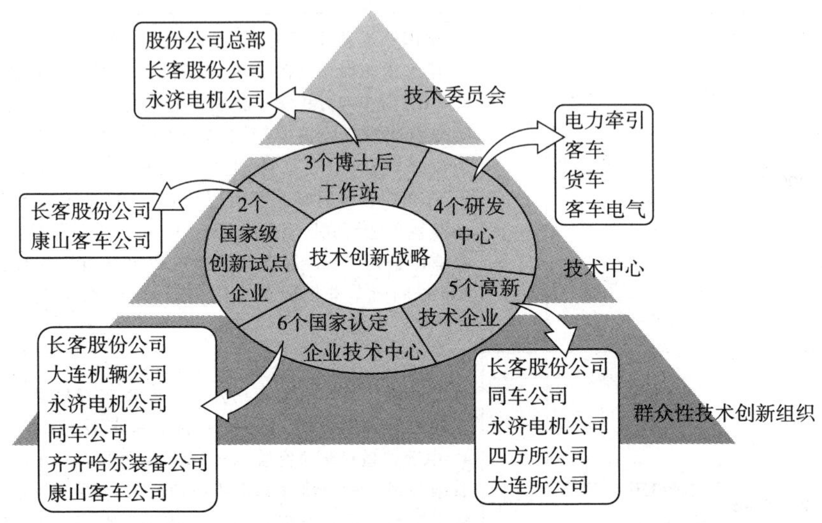

资料来源：北车集团的示意图。

北车集团目前有下属以及子公司 20 家，其中与高铁有关的具有创新能力的一级子公司也就 10 家左右，下面挑选两家高铁生产厂家的情况，简单了解一下北车集团的创新能力。

1. 长春轨道客车股份有限公司

长春轨道客车股份有限公司是中国北车集团控股企业，成立于 2002 年，总股本和注册资本均为 5.3 亿元，拥有 2 家控股子公司，1 家合资企业，1 家境外参股企业，1 家国内参股企业。现有员工 8000 人，厂区占地面积 152.6 万平方米，总资产 58 亿元，净资产 11 亿元。

长春轨道客车股份公司拥有国家发改委、科技部、财政部、税务总局和海关总署五部委联合认定的国家级企业技术中心，拥有国家人事部、全国博士后管理委员会批准设立的企业博士后科研工作站。目前，技术中心拥有一支专业门类齐全的科技队伍，其中博士 20 人，硕士 245 人，教授级高工 20 多人，高级工程师 360 多人，承担高速动车组、铁路客车、城轨客车等产品的科研开发工作。[1] 目前生产载客时速 350 公里/小时的 CRH3（4 动 4 拖的八辆编组模式）高速动车，以及载客时速 200 公里/小时的 CRH5（5 动 3 拖的八辆编组模式，也可以 16 辆编组）高速动车。根据轨道客车股份有限公司的人力资源储备以及相关硬件设施情况，表明该公司已经具有了较强的创新能力。

另一个反映企业创新能力的指标是国际化。在这方面，长春轨道客车股份有限公司也开展得比较充分。1997 年，它与庞巴迪公司组建了国内第一家地铁合资企业——长春长客庞巴迪轨道车辆有限公司，使城轨车辆技术全面与国际接轨；2002 年，引进日本跨座式单轨技术，填补了国内城轨车领域空白；2004 年开始，全面引进法国阿尔斯通 200 公里/小时动车组设计制造技术；2005 年开始，全面引进德国西门子公司 300 公里/小时动车组设计制造技术。至此长春轨道客车股份有限公司已与世界四大轨道车辆制造巨头都有了深入的合作。这些努力，对于长春轨道客车股份有限公司的创新能力的提高与升级都具有重要意义。

2. 长春轨道客车装备有限公司

长春轨道客车装备有限责任公司的前身是长春客车厂，始建于 1954 年，是国家“一五”期间重点建设项目之一。在 2006 年企业重组的背景下，把优良资产切割出来后，余下的以客车修理为主业的公司。这样的公司很重要，很多客车在运行几年后都是要修理与维护的，因此，装备有限公司的技术能力也是中国高速铁路的整体创新能力的一种体现。目前装备有限公司的人力构成是：公司现有员工 4890 人，其中拥有中、高级职称 564 人，技师、高级技师 97 人，大专及以上学历员工总数的 1442 人，496 人通过职业技能鉴定。总资产 6.3 亿元（不含集体企业部分），各类设备 1400 多台套。总占地面积 140 万平方米，厂房建筑面积 21.1 万平方米。这个技术力量，对于高铁这样的高技术产品的维护，以装备公司现有的技术力量，很难承担如此重任。这也是中

① 参见 http://www.crc.chinacnr.com/tech_ index.asp。

国高铁发展的一个瓶颈。这可以从 2011 年该公司的招聘中得到印证。从该公司 2011 年招聘锻压、机械设计、制造、材料等专业都要求本科学历便可以看出，该公司的技术力量不是很强，由此，可推知该公司的创新能力有限。

现在我们回到宏观层面，总体看一下中国北车集团的创新基础支撑条件状况。根据北车股份有限公司 2010 年的年报来简单分析一下：北车集团 2010 年的营业收入为 622 亿元（其中动车组实现营业收入 117 亿元，占总收入的 18.78%，可见高铁业务对于北车集团的重要性），利润为 23.3 亿元。由于北车集团大多下属企业都获得高新技术产业印证，享受税收优惠，即按 15% 征税，另外根据税法规定，投入研发的费用按 150% 税前计提，通过这些措施，可以发现，北车集团的盈利能力并不强，由此推之，真正用于创新的经费也是有限的。截至 2010 年 12 月 31 日，北车集团共有职工 82292 人（另有离退休人员 56369 人），按教育程度划分，其中有博士 30 人，研究生 1274 人，大学 12667 人，大专 20057 人，中专 17258 人，高中以下 31006 人。对于一个技术含量比较高的行业来说，这个人才结构很不合理，高级人才比例严重偏低，这将直接影响一个企业的一阶创新能力。见下面柱状图：

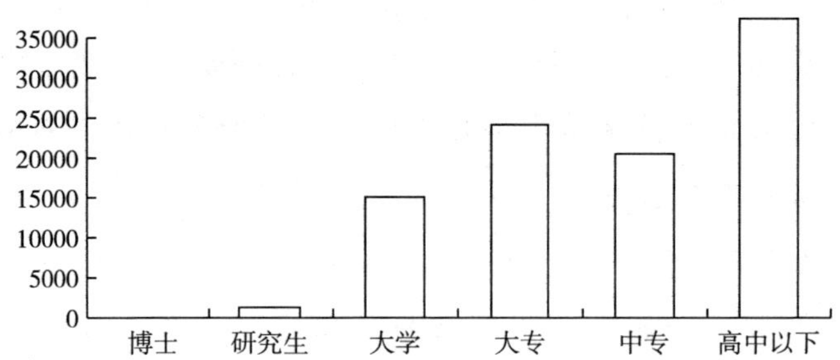

至于它的企业文化，与大多国有企业一样，没有多少激发创新的新意。也就不再赘述。

综上所述，南车集团与北车集团就是目前中国正在从事高铁创新的主要执行者，从上述分析中，我们可以比较明确地说，中国铁路企业已经初步具备自主创新的能力，由此可以推断出，我国高铁创新正处于从二阶创新向一阶创新迈进的阶段。这个过程中仍有许多问题值得我们思考。

在高速铁路的研发与生产过程中，我们可以清晰梳理出南车与北车集团面临的如下三个问题：首先，高速铁路对于中国来说还是一件比较新的事物，经验与原有的知识储备都不是很丰富，包括相关的技术人才储备也是严重不足。其次，为了 2007 年的铁路第六次提速，从 2004 年底开始招投标，进行技术引进，在短短的不到三年的时间里，世界上最大的四家轨道交通公司几乎同时进入中国市场，分别是加拿大的庞巴迪公司、德国的西门子公司、日本的川崎公司和法国的阿尔斯通公司。这四家公司代表了当今世界上最先进的轨道交通制造厂商，但是，他们的技术体系并不完全相同，这给中国的消化吸收与整合带来了很大的难度。最后，高铁工程在中国特殊的政治意义也导致对于这些技术的消化与吸收时间严重不足，换言之，从拆解、组装、改造以及试运行各个环节的时间余量不足，经过少许试验，然后就面临大规模的商业运行，其中的经验积累值还不够，很多潜在问题还没有办法完全展现出来，这就为未来的安全问题留下很大隐患。另外，由于赶工期等问题，路基建设问题也容易出现质量问题，所有这些因素都将影响高速铁路在中国未来的发展。也许，对于中国高铁的发展，我们更担心不同技术之间的整合问题，以及各子系统之间的控制与整合问题。按照铁道部高铁总设计师何华武教授的说法就是系统集成问题。它包括如下环节：从理论上要解决设计技术、施工工艺与职能界面的系统集成，在时间层面则需要把线桥结构、移动设备、列控系统、牵引供电、通信系统等有机地集成起来。[①] 从这里不难看出，高铁技术是一项复杂的系统工程，每一个环节都存在改进与创新的可能。问题是，这种创新是需要时间消化吸收，然后再创新的。我们在短短的三年时间里，企图把三者完全结合起来，还

① 何华武：《创新的中国高速铁路技术》（上），《铁道建筑技术》2007 年第 5 期。

是存在一些不确定性的。这些因素也注定了在短期内，我国高铁技术的创新只能是二阶创新。按照历史经验，也许五到十年后，我们才有可能进行高铁技术的一阶创新。

第四节 从二阶创新到一阶创新还有多远

——我国高速铁路创新的经验与教训

一 高铁创新简史

1825年9月27日，世界上第一条铁路——斯托克顿达林顿铁路在英国正式通车。此后近一个世纪内，铁路凭借运行速度和运输能力上日显突出的巨大优势，成为全球交通运输的中坚力量。直至20世纪20年代，第一次世界大战刚刚结束不久，许多战争期间的军用飞机转为民用飞机，在速度上更胜一筹，成为长途运输的首选。同时，高速公路的迅速发展又分流了部分短途客流。铁路运行速度却止步不前，成为其发展的绊脚石。在这种形势下，铁路曾一度被称为“夕阳产业”。为此，不少国家着手研究提高铁路行车速度。20世纪初至50年代，德国、法国、日本分别开展了提高铁路速度的试验和研究，取得了一定的成果。1957年，日本首先在世界上提出了高速铁路的修建方案，1958年日本政府决定批准修建高速铁路的方案。1959年4月5日，世界上第一条真正意义上的高速铁路东海道新干线在日本破土动工，经过5年建设，于1964年3月全线完成铺轨，同年7月竣工，1964年10月1日正式通车，运行速度为210公里/小时。此后，法国、意大利、德国均修建了自己的高速铁路。上述四个国家在建设高速铁路的初期，投入了大量的开发研究费用，成为世界上仅有的四个高速铁路技术保有国。

随着人们生产、生活节奏的加快以及经济的高速发展，人们对交通工具的质量要求也在日益提高。同时，受人口增长、资源溃乏、环境污染等问题的严重困扰，人们把解决交通运输问题的目光转向了公共交通体系的轨道交通。高速铁路的诞生很好地满足了人们的需要，具有国际性和时代性。数据显示，截至目前，全球投入运营的高速铁路近 2.5 万公里，分布在中国、日本、法国、德国、意大利、西班牙和中国台湾等 17 个国家和地区。

二　世界高速铁路发展状况

1. 高速铁路定义

日本首先以法律条文形式明确了高速铁路的定义。1970 年 5 月，日本在第 71 号法律《全国新干线铁路整备法》中规定："列车在主要区间，以 200 公里/小时以上速度运行的干线铁道，称为高速铁路"。国际铁路联盟（UIC）下的定义是，允许速度至少达到 250 公里/小时的专线或允许速度达到 200 公里/小时的既有线。欧洲铁路委员会于 1985 年给出的定义是，列车最高运行速度达到 300 公里/小时及以上的客运专线或最高速度达到 250 公里/小时及以上的客货混运线，称为高速铁路。

"客运专线"的字面意思是指以客运为主的新线铁路。在我国"客运专线"的说法被大量使用，原本常用的高速铁路说法却渐渐很少使用，有着减轻社会关注度方面的考虑。某些 200 公里/小时等级客运专用铁路也没有采用客运专线的说法，比如广珠城际轨道；某些采用 300 公里/小时以上等级的铁路却采用了城际轨道的说法，比如京津城际；还有一些定位不明确的，比如沿海铁路，又有杭福深客运专线的说法；还有很多客运专线也从事货物运输，如石太客运专线将客货混运到 2020 年且前期是货运为主。从某种意义上说，高速铁路更具有广泛性。

高速铁路的定义不应只从数字上，还应从其技术条件和应用背景来限定。相对于传统铁路，高速铁路是指在技术上有重大创新、在旅客运输市场上具有较强竞争力的铁路客运系统，高速铁路不仅是传统铁路技术基础上的速度提高，更是全新研制的高速运行的技术系统。[①] 速度的提高引发一系列问题，从这个意义上说，高速铁路本身相对于常规铁路就是一阶创新。

2. 高速铁路的特征

高速铁路经过近五十年的发展，作为陆上高速交通运输方式，备受人们的青睐，是一个国家加强人际交往，促进经济、社会发展和科技进步的重要手段。与其他现代交通运输方式相比，高速铁路具有占用土地省、运行速度高、能源消耗少，运输能力大、产业结构优、社会效益好等明显的优越性。

（1）运行速度快，节约时间。高速铁路是陆上运行距离最长，运行速度最高的交通运输方式。速度是高速铁路的技术核心，也是其主要技术经济优势所在。近几年相继建成的高速铁路，其最高运行速度都在每小时 300 公里及以上，高速列车的运行速度达到每小时 350 公里已是成熟技术。

（2）占用土地少，节约资源。交通运输，尤其是陆上交通运输，要修建道路和停车场，需要占用大量的土地，其中大部分是耕地。修建 1 公里的 4 车道的高速公路，就将有八九十人失去土地。高速铁路占地只有 4 车道高速公路的 2/3，而每小时可完成的运量却是 4 车道高速公路的 4 倍以上。

（3）运输能力大，运行准确性高，安全可靠。高速铁路旅客列车最小行车间隔可以达到 3 分钟，列车密度可达 20 列/小时，每车载客人数较多。理论上每小时双向最大的输送能力，高速铁路可达 64000 ~ 72000 人，4 车道的高速公路约为 9800 人，2 条跑道的机场（吞吐能力）约为 12000 人。可见高速铁路的运输能力是高速公路和民用航空等现代交通运输方式不能比的。与汽车和飞机不同，高速铁路除可能危及行车安全的自然灾害外，全天 24 小时几乎不受气候条件的影响，可严

① 瞿强：《铁路客运专线发展的宏观环境研究》，《学术动态》2005 年第 2 期，第 9 ~ 14 页。

格按照列车运行时刻表运行可靠性高。据铁道科学研究院承担的“我国高速铁路的社会成本及对社会的贡献”课题研究，我国交通运输中每亿公里交通事故死伤人数公路为死亡10.5人，重伤24.88人；铁路为0.29人，重伤0.72人，铁路的安全优势相对明显。

（4）能源消耗少，绿色环保。研究表明，若以普通铁路每公里消耗的能源为1单位，则高速铁路为1，公共汽车为1.5，小汽车为8.8，飞机为9.8。汽车、飞机使用的是不可再生的一次能源——汽油，高速铁路使用的是二次能源——电力，由于高速铁路采用电力牵引，因此免去了粉尘、煤烟和其他废气污染，噪声也比高速公路低。根据有关研究，每公里污染治理费用，如以高速铁路为1，则高速公路为3.76，飞机为5.21。

（5）产业结构优化，促进区域发展。高速铁路加强了沿线城市及区域间的经济联系，优化资源配置，促进沿线及区域间经济协调发展。同时，其旅行时间的缩短促进了旅游业的发展，进而带动商业、餐饮、交通等的发展，促进产业结构向高级化迈进。

（6）社会效益好，增加就业。以日本为例，通向仙台、岩手的东北新干线1982年开始运行后，沿线城市的人口和企业分别增加30%和45%，地方财政收入明显增加。随着新干线交通网的形成，人们的活动范围扩大了，文化交流也更加活跃起来，生活质量也明显得到提高。

3. 世界高速铁路发展的三个阶段

自从日本1964年修建第一条高速铁路以来，距今已近半个世纪。综观高速铁路近五十年的发展历程，业内学者经过分析研究，将其划分为三个不同的阶段，对应着高速铁路的三次建设高潮。

（1）20世纪60年代至80年代末期，高速铁路建设的第一次高潮。1964～1990年为世界高速铁路发展的最初阶段。在这期间，建设并投入运营的高速铁路有日本的东海道、山阳、东北和上越新干线；法国的东南TGV线、大西洋TGV线；意大利的罗马—佛罗伦萨线以及德国的汉诺威—维尔茨堡高速新线，高速线总里程达3198公里，具体见表1。

表 1　第一次建设高潮时期世界高速铁路新建里程

	日本	法国	意大利	德国	合计
高速铁路里程（公里）	1836	699	236	427	3198

在第一次高速铁路建设高潮时期，日本、法国、意大利和德国均投入了大量的开发研究费用，采用了许多新技术，利用自主知识产权建成了本国的高速铁路，成为世界上仅有的四个高速铁路技术保有国。高速铁路的修建提升了铁路的竞争力，推动了沿线地区经济的协调均衡发展，带动了房地产、工业机械、钢铁等相关产业的发展，降低了交通运输对环境的影响程度，铁路市场份额得到了大幅度的回升，赢得了较好的经济效益和社会效益。

（2）20 世纪 80 年代末至 90 年代中期，高速铁路网建设的第二次高潮。第二次建设高潮于 90 年代在欧洲形成，所涉及国家主要有法国、德国、意大利、西班牙、比利时、荷兰、瑞典和英国等。1991 年瑞典开通了 X2000 摆式列车；1992 年西班牙引进法、德两国的技术建成了 471 公里长的马德里—塞维利亚高速铁路；1994 年英吉利海峡隧道把法国与英国连接在一起，开创了第一条高速铁路国际连接线。1997 年，从巴黎开出的“欧洲之星”又将法国、比利时、荷兰和德国连接在一起。新建里程参见表 2。

表 2　第二次建设高潮时期世界高速铁路新建里程

	西班牙	法国	日本	比利时	德国	合计
高速铁路里程（公里）	471	583	117	83	172	1426

第二次建设高潮时期，已建成高速铁路的国家进入了高速路网规划和建设的年代；高速铁路的建设已经不仅仅是铁路部门的需要，修建高速铁路网成为地区之间相互联系的政治需求；能源和环境的要求也强烈呼吁发展无污染的高速铁路；出现了全国的和跨越国境的高速铁路网。

（3）20 世纪 90 年代中期至今，高速铁路建设的第三次高潮。高速铁路的建设与研究自90年代中期形成了第三次高潮，这次高潮波及亚洲、北美洲、大洋洲以及整个欧洲，形成了交通领域中铁路的一场复兴运动。俄罗斯、韩国、日本、德国、法国、西班牙、意大利、澳大利亚、荷兰、英国、土耳其、中国、美国、加拿大、印度、捷克等国家以及中国台湾地区在此期间修建了高速铁路。

参与第三次高速铁路建设高潮的大多数国家在高速铁路新线建设的初期即拟订了修建高速铁路的全国规划。虽然建设高速铁路所需资金巨大，但从社会效益、能源节约、治理环境污染等诸方面分析，修建高速铁路对整个社会具有很好的效益，这一点得到各国政府的共识。高速铁路促进了地区之间的交往和平衡发展，欧洲国家已经将建设高速铁路列为一项政治任务，各国呼吁在建设中携手打破边界的束缚。高速铁路从国家公益投资转向多种融资方式筹集建设资金，出现了多种形式融资的局面。高速铁路的技术创新正在向相关领域辐射和发展。

4. 我国高速铁路发展状况

我国铁路作为21世纪的绿色交通工具，对我国经济和社会可持续发展具有重要意义。我国是发展中国家，资源分布和工业布局不平衡以及人口众多、生产力水平不高、经济尚不发达的国情决定了铁路在我国交通运输体系中处于骨干地位，铁路所具有的技术经济和环保优势也非常符合我国国情。由于产业配置和经济发展不均衡，人口城镇化趋势迅速加强，大量的客流集中在经济发达，人口稠密地区，而我国现有的交通体系还不能够完全适应这种经济社会发展的不均衡性，发展大容量的便捷的运输系统刻不容缓。发展高速铁路成为扩充铁路运输能力、提高运输质量、促进社会经济均衡发展的迫切需要。与发达国家相比，我国高速铁路的规划和建设起步相对较晚，在世界连续掀起两次高速铁路建设高潮后，我国赶在21世纪初加入了世界第三次高速铁路建设高潮。

（1）我国高速铁路的早期发展。2003年10月12日，随着长春开往北京的T60次列车经由沈阳北站驶入秦沈客运专线，预示着中国建设的第一条高速客运铁路线——“秦沈客运专线”正式开通，标志着我国从此迈入了高速铁路时代。秦沈客运专线是一条以客运为主的双线电气化快速铁路，由中国人自己研究、设计、施工，全长 404 公里，设计速度为 200 公里/小时，开通伊始的列车速度即可达 160 公里/小时以上，基础设施预留提速至 250 公里/小时（甚至更高）的条件。原经京秦线（北京—秦皇岛）、沈山线（沈阳—山海关）运行的 8 对特快、5 对快速列车将改走秦沈客运专线，将列车由沈阳北站到达北京的时间由原来的 9 小时减少至 7 小时。秦沈客运专线在路网结构上实现关内外直通客货分线运输，既可充分发挥秦沈客运专线强大的客运能力，又能完全释放沈山线长期紧张的货运能力，彻底实现进出关客货运输的畅通无阻，此外又是联系哈尔滨、大连和今后将要建设的京沪高速铁路的纽带。2007 年 2 月 1 日，并入“京哈线”，被称为京哈线“秦沈段”。

秦沈客运专线的建设和投入运营具有重大的意义，不仅促进了我国铁路综合技术水平的大幅度提高，而且加快了中国铁路客运高速化的进程。可谓中国铁路里程碑式的建筑，为以后高速铁路的设计、施工及运营提供了大量参考数据及丰富的一手资料，以及宝贵的建设经验。

此外，广深铁路也是我国高速铁路早期建设的另一代表作。2005 年，随着广深铁路新增第四线工程的开通运营和国产“和谐号”动车组的投入运营，我国拥有了第一条实现完全公交化且时速高达 200 公里的城际专线铁路。同时，广深铁路也是我国第一条客货分线运输的四线电气化铁路。广深铁路曾经代表中国铁路最先进水准的“蓝箭”动车组、跨区间无缝线路、高速轨检车、高速道岔、信息化调度指挥系统等一系列技术与设施都在这里率先投入运用。被誉为中国高速铁路成长、成熟的“试验田”。广深准高速铁路在初期运营时采用东风 1 型内燃机车，以后实施了全线电气化，使用 SSS 型电力机车，运行速度均在 160 公里/小时。1998 年广深铁路从瑞典引进一列 X2000 型摆式列车，以 200 公里/小时的速度投入运行。

（2）我国中长期高速铁路网规划。2004 年，我国国务院常务会议讨论并原则通过了《中长期铁路网规划》。根据我国主要铁路干线能力紧张（除秦沈客运专线外均为客货混跑模式），客运快速与货运重载难以兼顾，进而无法满足客货运输的需求，旅客运输质量难以提高等实际情况，《中长期铁路网规划》提出，实施客货分线，专门建设客运专线。以“四纵四横”为重点，构建快速客运网的主要骨架，形成快速、便捷、大能力的铁路客运通道，逐步实现客货分线运输。同时，为满足经济发达的城市密集群的城际间旅客运输日益增长的需求，规划以环渤海地区、长江三角洲地区、珠江三角洲地区为重点，建设城际快速客运系统。具体如下：

①“四纵”客运专线：

a. 北京—上海客运专线，贯通京津至长江三角洲、东部沿海等经济发达地区，全长 1318 公里；

b. 北京—武汉—广州—深圳客运专线，连接华北和华南地区，全长 2260 公里；

c. 北京—沈阳—哈尔滨（大连）客运专线，连接东北和关内地区，全长 1700 公里；

d. 杭州—宁波—福州—深圳客运专线，连接长江、珠江三角洲和东南沿海地区，全长 1600 公里。

②“四横”客运专线：

a. 徐州—郑州—兰州客运专线，连接西北和华东地区；

b. 杭州—南昌—长沙客运专线，连接华中和华东地区；

c. 青岛—石家庄—太原客运专线，连接华北和华东地区；

d. 南京—武汉—重庆—成都客运专线，连接西南和华东地区。

③三个城际客运系统覆盖区域内主要城镇：

a. 环渤海地区：北京—天津。以北京、天津为中心，北京—天津为主轴进行建设，形成对外辐射通路。已开工建设京津城际轨道交通，全长约 115 公里。

b. 长江三角洲地区：南京—上海—杭州。以上海、南京、杭州为中心，形成“Z”字型主骨架，形成连接沪宁杭周边重要城镇的城际客运铁路网络。

c. 珠江三角洲地区：广州—深圳、广州—珠海、广州—佛山。以广深、广珠两条客运专线为主轴，形成“A”字型线网，辐射广州、深圳、珠海等9个大中城市，构建包括港澳在内的城市1小时经济圈。现已开工建设的广深客运专线线路长度约105公里，从新广州站到深圳约30分钟时程；广珠城际轨道交通自广州新客站，经番禺、顺德、中山至拱北口岸，含江门支线约143公里，运输模式以站停小编组列车为主，直达列车为辅。

《中长期铁路网规划》提出，到2020年，全国铁路营业里程达到10万公里，主要繁忙干线实现客货分线，建设高速铁路1.2万公里以上。

2008年，我国政府根据综合交通体系建设的需要，对《中长期铁路网规划》进行了调整，确定到2020年，全国铁路营业里程达到12万公里以上，建设高速铁路1.6万公里以上。届时，人们出行坐火车就像坐公交车一样方便、快捷。从北京出发到绝大部分省会城市最远的也不过8小时，最近的只需1小时，上海、郑州、武汉等中心城市到周边城市仅需半小时至1小时。广袤的中国，无论是在时间维度还是空间维度上都将形成高度压缩的一日生活圈。

（3）我国高速铁路发展现状。回首2003年秦沈客运专线的开通，我国高速铁路距今已走过了近十年的成长历程。其间我国高速铁路立足自我，坚持走符合我国国情，具有中国特色的发展之路，无论是在工程技术、供电系统、高速列车技术，还是运营调度和旅客服务系统等方面均取得了全方位的突破，至今形成了具有中国自主知识产权的高速铁路技术体系。2004年，我国铁道部作出引进国外高速列车的重要决定，到2008年京津城际铁路通车后，括美国、俄罗斯等国家均提出了借鉴或引进中国高铁的意向。短短几年内，中国高铁从“引进、消化、吸收”的起步阶段迈向了“输出”阶段，这说明中国高铁已经具备了走向全球的条件。

到目前为止，我国已系统掌握了时速350公里的成套技术，2010年10月26日沪杭高铁的通车，时速接近420公里，再次刷新世界铁路最高运行时速。我国现有京津、武广、沪杭等16条新建高速铁路，截至2010年12月7日，我国高速铁路营业里程已经达到7531公里，在建规模达到1万公里以上，位居世界第一位。2011年，京沪、京广、京哈都将开通高速铁路，届时新增营业里程4715公里。我国已成为世界上高速铁路发展最快、系统技术最全、集成能力最强、运营里程最长、运营速度最高、在建规模最大的国家。

三　我国高速铁路发展的成因分析

我国高速铁路从无到有，从技术进口到技术出口，用不到十年的时间走完了国际上近半个世纪高速铁路发展的历程；用3小时跑完武广线曾经需要11个小时的路途；拥有世界最先进的4种技术，创造了独一无二的中国高铁品牌。中国高铁似乎在一夜之间完成华丽转身，从一个不起眼的追赶者变成了世人关注的领跑者。中国用高铁的速度在发展高铁，其奇迹般的崛起让世界为之震憾。美国总统奥巴马感慨于中国高铁，曾在国情咨文中急切地表示："我们没有理由让欧洲和中国拥有最快的铁路"。

是什么让我国高速铁路发展如此迅速？如前所述，我国的高速铁路发展起步于21世纪初。21世纪初，我国的经济社会发展正开始全面进入加速转型期。关于"社会转型"的含义，在我国社会学学者的论述中，主要有三方面的理解：一是指体制转型，即从计划经济体制向市场经济体制的转变。二是指社会结构变动，持这一观点的学者认为："社会转型的主体是社会结构，它是指一种整体的和全面的结构状态过渡，而不仅仅是某些单项发展指标的实现。社会转型的具体内容是结构转换、机制转轨、利益调整和观念转变。在社会转型时期，人们的行为方式、生活方式、价值体系都会发生明显的变化。三是指社会形态变迁，即“指中国社会从传统社会向现代社会、从农业社会向工业社会、从封闭性社会向开放性社会的社会变迁和发展”。[①] 总之，在社会转型期，我国的经济社会将从原有的发展轨道进入新的发展轨道。自改革开放以来的社会转型，大致可以划分为三个时期：一是自发启动时期，从1978~1991年；二是自觉推进时期，从1992~2000年；三是全面加速时期，从2001年开始。跨入21世纪以来，中国经济社会发展开始全面进入加速转型期。所谓加速转型期，不是简单指经济社会某个领域的变化过程或某项制度的变化过程，而是指经济结构和社会结构呈现加速度的整体性跃迁。这种加速转型是中国20多年改革开放的积累效应，中国现代化进程的跨越式演进，不用通过激烈震动的方式来实现，而基本是通过发展先进生产力和确立新的社会经济秩序来完成。[②]

高铁发展的这十年，我国正处于重大的全面的加速转型期，在政治体制、经济形态及文化观念等方面都有深刻变革，无论是制度、经济、人力资源等硬性支撑条件，还是文化、舆论等软性支撑条件等均有了较大的改观，给高铁发展提供了良好的契机。下面，我们从创新的社会基础条件角度来考察中国高铁的创新过程与状态。

1. 经济支撑条件

改革开放三十多年来，我国经济得到了快速发展，已经积累了雄厚的经济基础。1978年到2006年间，中国经济总量迅速扩张，国内生产总值从3645亿元增长至210871亿元，增长近60倍！2010年已经达到397983亿元，预计到2020年我国经济将一直保持7%左右的增长速度。国民经济的蓬勃发展给我国高速铁路的建设奠定了坚实的物质基础，2008年，我国铁路完成基本建设投资3300亿元以上，同比增加1500亿元以上，增长86%；2009年，我国铁路完成基本建设投资6000亿元，2010年，我国铁路完成基本建设投资7000多亿元。同时，高速铁路的

① http://zhidao.baidu.com/question/40769186.html?fr=qrl&cid=204&index=3&fr2=query. 2011/07/06.

② http://news.xinhuanet.com/banyt/2004-03/10/content_1357581.htm. 2011/07/06.

发展也刺激了我国经济的发展。尤其我国经济当前已经走到个结构性转型的十字路口，高铁建设的兴起，不仅仅是一个产业的兴盛，更成为中国经济结构转型的推动力量。投资高铁的溢出效应有以下几个方面，这也是国家支持高铁发展的内在原因：

（1）优化产业结构，促进区域发展，提高资源配置。

a. 高铁通过缩短区域间距离来优化资源配置。区际间距离有四种形态，即空间距离、时间距离、心理距离和人文距离。速度、技术与便捷、优质的服务，打破了空间距离，缩短了时间距离，拉近了心理距离，整合了人文距离。淡化了城市间形态边界，有利于产需衔接和互动，促进有限的资金、技术和人力等资源得以充分利用和合理配置，最大限度地满足经济发展需要。

现代城际之间经济的互动效益是一种效率性收益，互动各方获取效益的大小与其资源配置效率高低成正比。每个区域都试图寻求与更大、更高区域之间的整合与协作，激发一地的活力，扩充发展能力，重要途径是打造适宜的产业发展环境，发挥比较优势，实现合理的资源流动和配置。现代城区的高度产业聚集以及昂贵地价使很多新型产业向城市边缘和交通便捷的小城市扩散。高铁综合交通枢纽的各节点将借此承接中心城区的服务功能和产业外溢，发挥周边小城镇的生产基地和居住聚集地的作用。同时，产业结构变化促使经济发达的经济圈对相对滞后的经济圈形成市场经济理念的地区扩散，全面提升商品经济层次和竞争软实力，在巨大辐射效应推动下，资源流动得以加快，配置趋向科学合理。同时，高速运输能力将为国家资源配置调控政策的有效实施提供基础保障，强化区域规划、经济布局调整、资源调配等领域的灵活性和整体性。比方说将来京津之间，北京不一定都要自己发展工业，而是可以利用其人才科技的优势去服务天津；天津可以集中搞产业和工业，特别是重化工，并吸引北京的人才发挥优势，而且天津是一个出海口，还有利于建立国际沟通和联系。这种大都市之间的合作模式，可以促使一些城市实现从同质化向专业化分工的转变，两城市形成有效的分工和互补，提高分工效益。据初步测算，京沪高铁建成后，可使沿线省市 GDP 增长 19% 至 21% 。人口占全国四分之一，GDP 占全国 40% 的北京、天津、河北、山东、安徽、江苏、上海七省市必将迎来新一轮发展机遇。

b. 高铁“四纵四横”网络将催生几大经济区。武广高铁沟通珠三角地区和华中地区，将给珠三角地区普通制造业的产业转型升级带来非常明显的变化。珠三角地区本身土地成本较高，环境对制造业发展的约束越来越明显，高铁建成后，两地交通不到三个小时，珠三角地区的制造业就能后移到湖南、湖北，利用当地的劳动力进行生产。珠三角地区就可以腾出空间来实现产业升级，向现代服务业和信息咨询等方面去发展。北方的环渤海湾就是大城市群的模式。这种以点带面的模式就是，随着城际之间联系越来越频繁，城市的集聚效应和扩散效应将是同时并存的。例如成都和重庆，发展到一定规模会受到很大的限制，需要逐步向周边城市和市县进行扩散。这样逐步把整个区域经济通过扩散辐射带动，促进相对落后地区的发展。武广高铁开通后，促进“珠三角”经济从劳动密集型传统产业向资金密集型现代工业快速转化，“泛珠三角”区域各省区经济结构优势互补，有力促进了鄂湘粤区域经济协调发展。

c. 高铁的发展引领过去的“移民就业”向“移业就民”大转换。以成都和重庆为例。两个城市之间联系越紧密，整个成渝经济圈吸纳承载的人口规模就越大，承接产业转移能力也会提高。广州贵阳之间的高铁 2012 年就要建成，这就为落后地区的产业承接创造了非常好的条件。这个大转移对中国产业结构转型和经济发展的促进作用会很明显。一方面，这会为沿海地区，特别是东南沿海地区的产业调整与升级创造条件。腾笼换鸟，把一些不适合的产业腾出去，换成适合未来发展的新兴产业。另一方面，通过部分产业转移，中西部的劳动力可以就近就业，这对中西部地方的产业发展会更加有利。有利于地区间的协调，对中国整体的可持续发展是一个很大促进。高铁的发展在这个转换中将扮演至关重要的角色。

（2）高铁建设带动了相关产业的发展，增加就业人数。我国高铁沿线旅游资源丰富，汇集大量人文与自然景观，风景旅游区与经济中心相配合，具有重要旅游价值。高速铁路满足了旅客数量增加的需要，改善了旅游运输质量，方便了民众观光休闲，促进了旅游资源的整合与发展，极大地带动了旅游、会展、物流等产业的发展。同时，大幅度提升了沿线的土地利用价值，带动商业、餐饮、交通、房产等的发展，促进产业结构向高级化迈进。高铁构成的交通圈，形成了强劲的冲击波，像层层涌动的波涛，推动着经济发展方式的转变，激荡着更多城镇和乡村焕发出新的生机和活力。这个紧密统一的经济圈带来了综合长远的效益。高铁作为战略性新兴产业，建设项目带动了整个市场和机械、冶金、建筑、电力、信息等产业开发研究，它像一只无形的大手，拉动着国民经济平稳较快增长，促进着经济社会又好又快发展。受益于武广高铁，沿线地区电煤运输有了保证，拉闸限电已成历史。修建一条铁路，带动一方经济。经测算，高速铁路建设每投资 1 元，最高可带动相关产业经济效益增长 10 元。[①] 2008 年，全球金融危机波及中国实体经济，以外向型经济为主的南方沿海省市大批企业纷纷转型、裁员或者关闭。在这种情况下，中国出台了一系列刺激经济增长的措施，其中增加铁路新项目的投入，成为拉动经济增长的一招妙棋。中国高铁像一位奔跑的巨人，有力地拉动了中国经济复苏的新引擎。据不完全统计，全长 546 公里的石武高铁河南段建设直接投入人员 5.4 万人，其中 80% 以上为当地劳务工，站前工程需要使用的 900 万吨水泥、250 万吨钢材、400 万吨粉煤灰、4000 万立方米砂石料，绝大部分来自河南，不但拉动了内需，而且促进了地方经济的增长。举世瞩目的京沪高铁，全长 1318 公里，施工最紧张时期参与人员近 15 万，到场机械设备 3 万台（套），平均每天消耗钢筋 1 万多吨、水泥 3.5 万吨、混凝土 11 万立方，完成投资 2 亿元。广东东莞台达电子、深圳高斯贝尔数码公司落户湖南郴

① 求是理论网，《中国高铁“冲击”波》，http：//www.qstheory.cn/kj/zzcx/201012/t20101215_ 59565.htm。

州；深圳天马微电子股份有限公司与湖北省科技投资有限公司合作，共同投资40亿元人民币，成立了武汉天马微电子有限公司；长城电脑与湖南长城信息公司签署了战略合作协议，在湖南地区联合创建新的计算机生产基地。沪杭高铁开通后，在上海召开的国际投资洽商会上，杭州41个经济互助项目现场签约，引进内资115.7亿元、外资3.45亿美元。

在中国实施东北老工业基地振兴、西部大开发、中部地区崛起等一系列重大的区域经济发展战略中，高速铁路都起到了无可替代的重要作用。函谷古道是中原腹地进入关中的要冲，自古有“不过函谷关，难以进长安”的喟叹，灵宝市就处在函谷古道上。灵宝的芦笋和苹果品优价廉，多年来却藏在深山人不知。自从郑西高铁通到这里，几家知名企业慕名而来，在灵宝西阎乡投资兴办了芦笋和苹果浓缩果汁加工厂，让灵宝的芦笋和苹果像甘泉般“流”出函谷关。西阎乡党委书记狄玉华说：“有了高铁，将来我们这里一定会变成一个现代化设施齐全、功能完善的小城市，成为河南连接陕西的一个人流、物流聚集区。”村民们说：“俺们这儿有了高铁才有了今天，往后俺们这儿就是大城市了。”如今，西阎乡已被灵宝市规划为城市副中心，不但修建了长途汽车站、公交车站、超市，而且规划了商业区、文化生活区、物流区和工业加工区。灵宝的山乡巨变，仅是高铁拉动中西部地区经济发展的一个缩影。

目前，我国85%的木材、85%的原油、60%的煤炭、80%的钢铁以及冶炼物资是由铁路运输的。面对与日俱增的货运需求，铁路运输只能满足三分之一。春运期间更有极端的停货保客，使铁路货运雪上加霜。京津、武广、郑西、沪宁、沪杭等高铁开通后，不但满足了客运的需求，而且逐步实现客货分线，大大释放了既有铁路的货运能力。武广高铁开通后，进出武钢的原材料产品运输通畅了，湖北省内其他企业到广州方向的货物运输也顺畅了，物流周转率也提高了。受益于武广高铁，沿线地区电煤运输有了保证，拉闸限电已成历史。高铁开通后，胶济、京津、武广、郑西、沪宁铁路通道初步实现客货分线，为既有线腾出了一定的货运空间。仅以上五条线路，每天就增加货物列车83对，多运货物62万吨，每年可增运货物2.3亿吨。铁路货运能力的提升，满足市场运输需求，保障重点物资运输，不但促进了现代物流业的发展，同时确保了国家促增长、保民生政策措施的顺利实施，为国民经济持续健康发展提供了有力支撑。

上面用了很大篇幅介绍社会经济发展对于高铁的迫切需求，这些需求都是高铁能够获得社会支持的经济基础的一部分。在这个背景下，高铁研发的投入也是相当巨大的。如南车集团在2010年投入高铁研发的资金就是相当巨大的。中国南车集团募集资金总额为65.4亿元，当年使用金额为7.8128亿元，其中用于高铁的投入为2.35亿元（2010年报数据）。2010年非募集资金完成项目投资32.4亿元，其中350公里高速动车组产业化建设和高速列车系统集成国家工程实验室建设项目投资12.936亿元。北车集团同样投入了大量的研发资金，正是由于有了这些资金的保证，中国高铁才能快速从无到有地建立起来。按照中国国际金融有限公司（CICC）出具的《投资策略报告》（2010年3月23日）显示，中国高铁产业结构演化经历了如下几个阶段：技术输入、自主创新、国产化、技术输出与技术赶超阶段。目前正处于第三阶段，目标是通过技术输出，走国际化战略。按照高铁建设流程来说，它主要包括如下三个环节：第一阶段是工程施工阶段（工程承包、工程机械、桥梁隧道建设、轨道生产与铺设等），第二阶段是机车配套阶段（机车及车厢生产、零部件、机床、配套设备等），第三阶段是专用设备方面（包括信息技术系统、关键零部件、核心配套产品等）。在这三个环节上都存在巨大的创新空间，但是要实现这些创新却需要巨大的经济支持。现在我们从高速铁路投资的静态构成来看看资金的分布情况。[①] 见表3：

① 中国国际金融有限公司（CICC）：《投资策略报告》，2010.3。

表 3

高速铁路总投资各项构成	占总投资的比例	主要参与方
拆迁与征地费用	5% ~10%	地方政府、建筑企业
路基、桥涵、隧道建设	35% ~45%	建筑企业、设备企业等
轨道工程	5% ~15%	建筑企业、设备企业等
通信、信号及信息工程	3% ~8%	铁路信号制造商与安装企业
电力及电力牵引供电	3% ~8%	电力与电力设备企业
临时建筑物、过渡工程	3% ~8%	建筑企业与电力安装企业
其他费用	5% ~10%	
小　计	75% ~85%	

图表中用下划线显示的部分都是高铁建设中应该实行创新的地方，而要在这些环节实现创新，除了资金投入的必要支持外，还需要制度支撑条件的协助，否则就是投入了资金也无从实现创新。从这个资金分配比例中，如何保证创新投入不被侵占，真是一个不容易解决的问题。资金不是万能的，但是没有资金创新是万万不能的。

2. 制度因素

新制度学派经济学家道格拉斯·诺斯认为经济学意义上的制度“是一系列被制定出来的规则、守法程序和行为的道德伦理规范，旨在约束追求主体福利或效用最大化利益的个体行为”。诺斯认为一个效率较高的制度，即使没有先进的设备或技术，也可以刺激劳动者创造出更多的财富；但是再先进的设备和技术，如果存在于低效的制度环境中，也同样无法高效率地贡献于经济增长。作为自主创新系统的重要环境变量，制度是国家提供的最基本的公共物品，是整个社会经济最基础性的结构，在市场经济体制下，社会制度界定和约束人们之间以及市场主体之间的相互关系。高速铁路是一个超大、复杂的系统，它涉及建造过程与经营过程，这就在客观上促成了它的复杂性和多因性，已不是仅靠行政手段所能解决，需要建立系统的、专门的制度来予以调整与规范。制度包含正式制度和非正式制度，本文所指的制度是指国家层面的正式制度。

国家“十一五”规划明确要求“加快发展铁路”，“十二五”规划建议进一步提出“基本建成国家快速铁路网，发展高速铁路”。中国高铁准确把握路网完整统一和运输调度集中指挥的行业特点，充分发挥社会主义集中力量办大事的优势，统筹市场需求，统筹制定规划，统筹科技资源，统筹利用铁路内外的各方面科研力量和人力资源，形成强大合力，科技创新步伐明显加快。在铁路建设中，无论是工程管理部门，还是设计、施工、监理单位，都协调行动，组织起了强大的工程建设队伍；在技术装备制造中，无论是运营单位，还是制造企业、科研院所，都统一步调，形成了强大的研发制造体系。这种科学、高效的管理模式大大提高了我国高速铁路网建设的效率和效益。具体来说主要包含投融资制度、科技制度及现代企业制度。

要打破铁路建设投资单一化的局面，建立崭新的铁路建设投、融资制度。从解放后到 1983 年，财政投资是我国铁路固定资产的唯一资金来源，主要由中国人民银行根据国家投资计划和财政支出预算安排进行贷款。1983 年实行了“拨改贷”，旨在提高资金的使用效益。长期以来，国家对铁路的基建投资不足，铁路建设受到阻碍，运力紧张的局面随着经济社会发展呈现得越来越明显，铁路运输全面紧张，严重制约着国民经济的发展，成为社会发展的主要瓶颈之一。进入 21 世纪，制度变迁引发了我国全方位的转型，经济体制范式逐渐发生了改变，即从传统计划经济向市场经济过渡、封闭经济向开放经济过渡、传统经济向新经济过渡。随着国家政策的放开，铁路作为一种特殊的垄断产业也面临诸多机遇与挑战，此时，一些民用资金及外资也积极投入我国基础设施的建设当中来。这无疑拓宽了高速铁路筹资的渠道，在利用外资、与地方合资修路等方面都有了新的进展。但大多数铁路企业资金仍然短缺，外部筹资仍然主要依靠国家贷款和银行贷款，较多地表现为政府行为，筹资渠道仍然单一。据 2004 年铁道统计公报显示：2004 年全年，全国铁路完成基本建设投资 516 亿元。其中，完成铁道部投资 477 亿元；完成地方政府及企业对国家铁路和合资铁路投资 25 亿元：完成地方铁路地方投资15亿元。从中不难算出铁道部投资（即国家投资）占到了92%，而非铁道部投资所占比重不到8%。这种特点就注定了中国铁路的特殊存在方式。

相比过去的普通铁路，高速铁路投资大，建设周期长，单靠传统的国家投资体制更是难以满足其需求。在建设资金高度紧张的形势下，向资本市场开放就是必然的选择，铁道部表态欢迎社会资本投资铁路建设，并出台相关政策，以最大程度地吸引各方投资。2005年5月，铁道部举办有史以来第一次大规模的铁路建设项目推介招商会，共推出43个铁路建设项目，项目金额达400亿元。2005年7月，铁道部副部长陆东福表示，对一切非公有资本实行国民待遇，对国外资本开放的领域同样也对国内非公有资本开放，欢迎非公有制经济参与铁路建设经营，并称投资回报率可达6%。2006年铁道部颁布《关于鼓励支持和引导非公有制经济参与铁路建设经营的实施意见》，铁道部宣布，铁路建设、运输、装备制造、多元化经营四大领域都将向非公有资本全面开放，凡是允许外资进入的领域，也允许国内非公有资本进入，并适当放宽限制条件。在这份文件中，干线铁路与支线铁路共同列入了开放范围。这意味着今后私人和外资可以合资建立铁路客运公司，被垄断了几十年的铁路将真正走入市场。这种模式其实是一种双赢模式，既解决了高铁建设急需的资金，又为社会闲置资本提供了流动空间。

武广高速铁路建设开创了向社会资本进行融资的先河。武广高速铁路北起湖北武昌，南抵广州，当时初步建设计划全长989公里，全线设车站25个，其中客运站11个，始发站包括武汉、新长沙和新广州站3站。建设总工期4年半，建成后满足开行时速200公里以上客车的需要，预计从武汉到广州将从12个小时缩短到4个小时。2005年4月初，中国铁路建设投资公司和客运专线公司筹备组公开《引资公告》，向国内外投资者抛出了一个180亿元的巨大绣球。当时有媒体评价："把铁路主干线投融资向社会资本开放，这在我国铁路基建及运营史上尚属首次。"《引资公告》承诺，将充分考虑其他投资人的合法权益和投资回报要求，并在运价、运量、沿线土地开发利用、税收等方面按照市场化运作需要，积极争取国家优惠政策和铁道部相应的优惠政策，旨在最大程度地吸收社会资本。最后，铁道部旗下中铁投资公司出资约 300 亿元，平安保险旗下的平安信托通过设立一个信托产品来筹集资金 80 亿元，其余为沿线地方政府的拆迁款入股，共同建设武广高速铁路。

2007 年 12 月，京沪高速铁路也成功融资，由中国平安牵头组建的保险团队集体出资 160 亿元人民币，入股京沪高速铁路项目，占总股份 13.93%，成为该项目第二大股东。中国平安旗下的平安资产管理公司受托出任资金受托管理人。具体见表 4。

表 4　京沪高速铁路投资分布表

序号	投资单位	金额（亿元）	%
1	中国铁路建设投资公司	647.07	56.267
2	平安资产管理有限责任公司	160.00	13.00
3	全国社保基金理事会	100.00	8.696
4	上海申铁投资有限公司	75.49	6.564
5	北京市基础设施投资有限公司	38.34	3.334
6	天津城市基础设施建设投资集团有限公司	31.63	2.751
7	南京铁路建设投资有限责任公司	21.89	1.903
8	山东省高速公路集团有限公司	18.57	1.615
9	河北省交通投资公司	6.80	0.591
10	安徽省投资集团有限公司	6.47	0.563
合计		1106.26	96.194

本着由封闭式融资渠道向开放式、市场化转化的基本思路，拟建立多元化、开放式、市场化的投融资制度。现铁道部已与三十多个省市自治区签订了加快铁路建设的战略合作协议。新线建设项目基本上都是与地方政府或战略投资者合资，广泛吸引各方面资金投资建设铁路，集全社会之力建高铁，逐渐实现了由国家公益投资模式向融资模式的转变，建立了适合本国国情的高速铁路投融资体制。

（2）建立了产学研合作的科技制度，开创了独特的高速铁路创新模式。在我国高速铁路发展历程中，科技部与铁道部整合了全国的科技资源，打破了部门、行业、院校、企业相互之间的体制壁垒，打造了高铁战略性产业的公共创新平台。确立了以市场为导向、企业为主体的产学研合作的科技经济一体化模式，开创了一条包括原始创新、集成创新和“引进、消化、吸收、再创新”的独特的全面自主创新之路。企业、高等院校和科研院所通过自主协商、利益共享、风险平摊的原则，为满足市场需求和实现共同利益联合起来，按照市场经济机制，采取多种方式进行科研开发、充分调动各方积极性，以实现研究成果的产业化，促进高速铁路创新网络的建设。既降低了创新的风险与成本，又加快了成果转化效率，从基础研发到产业化生产，时间缩短了十几倍。

（3）改善了铁路运营管理模式，建立了现代企业制度。长期以来，我国铁路运输部门一直采用的是路局制管理模式，由铁道部、铁路局、铁路分局、站段构成的四级一体、政企合一的“纵向一体化”的管理体制和组织形式。改革开放以来，我国铁路从调整路局结构、放权让利到实行大包干经营承包责任制，在深化改革方面不断取得进展。特别是近年来，通过推行资产经营责任制，搞好铁道部机构改革、开展以提速调图为基础的客货营销、推进减员增效和生产布局调整等改革措施，由铁路运输行业逐步建立产权清晰、权责分明、管理科学的现代企业制度，使铁路这个庞大的传统行业保持了较好的势头。企业知识产权制度是促进自主创新的重要制度举措，并由此提升企业的无形资产的升值，即所谓的品牌效应。经济学界认为，一个合理的企业产权结构必须具备三个特点：明晰、多元化和可流通。①

早在2003年，铁道部就提出了主辅分离、运输主业减员、改革铁路投融资体制和推进专业运输公司的体制改革思路。当时的目标是将铁路系统从业人员从248万人精简到100万人。现在铁路主辅分离工作已

① 朱恒鹏：《中国高新技术企业的产权演变——以四通联想为例》，《经济管理文摘》2001年第18期，第12～19页。

取得重大进展，精简了运输企业；通过调整运输生产力布局，站段数量减少了30%左右；铁路信息化建设发展迅速，先后建设了运输组织指挥、客货营销、运输经营管理等信息系统，为铁路局直接管理站段提供了现代化的管理手段。铁道部用两年的时间通过实施主辅分离和运输生产力布局调整，为撤销铁路分局、实行铁路局直接管理站段的体制创造了条件。

2005年，铁道部下决心在全国范围内撤销了分局，铁道部出台了实行铁道部—铁路局—站段三级管理模式的改革方案。全国15个铁路局（含青藏公司）中设有分局的哈尔滨、沈阳、北京、郑州、济南、上海、广州、成都、兰州和乌鲁木齐10个铁路局撤销铁路分局。实施这一改革方案后，铁路局（集团公司）实行直接管理站段的管理体制。有关专家指出，铁路局直接管理站段，有利于提高组织管理效能，提高运输效率；有利于发挥铁路新技术装备的作用；有利于减少运营管理成本；有利于推进铁路运输企业建立现代企业制度，构建铁路新的管理体制；有利于铁路局更好地履行安全责任主体的职责，提高安全管理效率。

20世纪80年代以来，欧美企业经营管理模式有一种新动向，即："做你最强的业务，其余的业务交给其他专业企业来承担"。其实质是：一个企业以其最擅长的、最具市场竞争力的业务（或产品）作为核心经营点，而把生产过程中的若干环节转包（或转让）给外部最优秀的专业化企业。缩小经营范围及规模，精简机构及人员，形成"扁平式"的管理机构，从而达到提高业务质量及生产率，减低成本，充分发挥核心竞争力和增强对市场的应变能力。2003年1月，沈阳铁路局与中铁电气化集团签订合同，将秦沈线的牵引供电系统的运行、维修、管理工作外包给中铁电气化集团。按照铁道部规定，秦沈线供电段定员为635人，而中铁电气化集团维管中心的定员仅220人，减少了约2/3同时，沈阳局还节省了购置维修设备的大量支出。

综上，在制度基础支撑条件方面，国家出台了一系列政策，这对于高铁的发展起到了极大的推动作用。但是我们要清晰地看到，铁道部本身是一个非常特殊的系统，在组织架构上，它是标准的集权式政治架构，拥有自己的公检法系统，同时，它又要面对市场经济的挑战，这是两套不同系统之间的转换问题，有些内容甚至是不可通约的。这就导致高铁建设的制度支撑条件是矛盾和脆弱的：既面临经济发展的迫切需要，又有防止其垄断地位被竞争对手挑战的担心。因此，高铁创新的下一步重点就是微观领域的制度创新。

3. 人力资源因素

从经济学的角度来看，为了创造物质财富而投入生产活动中的一切要素统称为资源，其中包含物质资源和人力资源。人力资源指的是在生产过程中作为生产要素而投入的劳动人口。人力资源的核心是劳动力，即人具有的能力。人类社会发展到今天，人们逐渐认识到，社会经济活动中的一切竞争归根到底是人力资源特别是人才的竞争。经济增长的源泉和动力应归结为人力资本内在的积累与增长。中国庞大的人口本身就是一个巨大的人力资源宝库。改革开放后，我国采取了各项行之有效的举措，将人力资源的开发及管理、人才的培养提升至战略地位。同时，在加入世界贸易组织和世界知识经济开始萌芽的条件下，我国经济也正在从货币资本主导型（资源主导型）转向人力资本主导型（技术主导型）。

（1）教育体制进行了深化改革

a. 增加教育经费投入，加大人力资源投资力度。我国政府部门逐年增加教育经费投入，同时大力吸收企业、民间、国外、基金会等多种渠道的资金，并鼓励个人对教育的投资，调动社会各方面的办学积极性。舒尔茨在他的一份研究报告中指出：不同文化程度的人，在智力劳动方面的能力比例是大学：中学：小学＝25：7：1。联合国一份研究报告也说，不同文化水平的人，其提高劳动生产率的能力小学为43%，中学为108%，大学为300%。这些研究材料都说明劳动者的科学文化素质越高，劳动生产能力就越大。而我国人力资源虽数量庞大，但素质差，直接影响这部分资源的效率。间接地也决定了中国产业结构转型的艰难。

b. 职业教育的繁荣发展。进入 21 世纪初，我国的高等教育已实现由精英教育（低于 10%）向大众教育（高于 50%）的转变；在企业的治理结构当中，通常把人力资本作为重要的资源要素来安排。职业教育正在成为面向全社会、面向人人的教育，以就业为导向、以服务为宗旨，推动职业教育从计划培养向市场驱动的转变、从政府直接管理向宏观引导的转变、从传统的升学导向向就业导向转变，推动了校企合作、工学结合的职业教育和培训体系。职业教育是面向人人的教育。它不仅在国家经济层面发挥了重要作用，对每一个孩子、每一个家庭来说也具有重要意义。近年来，我国职业教育迅猛发展，培养了一大批高技能人才，每年有 1000 万名左右接受过职业教育的技能型人才进入劳动力市场。经过多年发展，高职和中职分别占据了高等教育和高中阶段教育的半壁江山。

职业教育的繁荣发展为我国制造业提供了成千上万的高技能人才。高铁建设不仅需要高端的研究型人才，还需要更多的这类高技能人才。一列动车组就有 5 万根导线，10 万个接点，全部要用手工连接。如有一根线接错，就可能出现车毁人亡的大事故。这看似简单的活儿就好比神经外科医生做手术，如果有一根神经出现问题，就会造成病人残疾，需要有技艺精湛的操作能手才能顺利完成。

c. 高等教育理念的转变。我国 21 世纪的高等教育融入了新的知识观、新的社会服务观及新的全面发展教育观等新的理念。这些新理念的融入为我国高铁事业的发展培育了富有创新精神的人才，营造了创新氛围。

新的知识创新观：大学被看成是国家创新体系和地区创新体系中的重要智力高地角色。大学科学研究呈现出新的特点：一是大学研究的出发点是教学。科学研究进入大学之初，主要是作为一种新的教育方法，所谓“通过研究进行教学”，这种科学教育的目的，也就是教育人去进行创造性的思维，去进行符合道德原则的行为。在当今，科学研究与教学相结合，毫无疑问是培养人才的一种重要方法，尤其是在开发和培育受教育者的创造力方面。二是大学的研究一般以自由探索为主，基本上是基础性研究，不像国家的科研机构那样受国家或政府目标的约束，也不像企业的科研机构那样注重经济效益。而现在大学则更多地承担了一些政府、企业的科学研究和开发的工作，并且这部分工作在大学科学研究中的比例呈上升的趋势。三是科学规范上的变化。一个拥有持续创新能力和大量高素质人力资源的国家将具备创新的巨大潜力。我国在加速工业化的同时，也在逐步建立全面的国家创新体系。

新的社会服务观：随着研究型大学带来的越来越多的新成果，并带动经济增长，而这些成果随着科技成果转化机制的完善，逐渐成为新公司、新工作的来源，大学作为进行这种研究的重要阵地，正被引向与公司和政府之间保持更加密切的关系，逐步形成了产学研的合作体制。

新的全面发展教育观：即科学教育、技能培训同人文教育的均衡全面发展；人与社会的协调发展；教育与生产劳动相结合。

我国教育体制的深化改革改变了过去单一人才的培养模式，变应试教育为素质教育，指导思想从升学变就业，形成了自上至下多层次的人才结构培养模式。为我国高铁的研究、开发、制造及施工提供了丰富的人力资源。

(2) 注重创新团队的培养

现代社会分工越来越细，日趋精益化。要获得竞争优势，就必须拥有一支强有力的团队。团队工作需要的是一种集体主义精神，是个体与群体在目标一致基础上的融合。其主要特征是完成工作任务有赖于整个团队成员的协作努力，工作成绩的好坏不是由一个人决定。成员之间提倡友爱、尊重和信任，通过团队成员思想心态的高度整合，行动上的默契和互补，促进了工作协同，减少了内耗，从而形成了整体大于部分之和的裂变效应（即 1+1>2）。团队工作既是一种状态或结果，更是一种过程。团队工作的这种因果含糊性和社会复杂性，决定了团队工作只可

“家产”，不可移植或模仿。

高速铁路技术复杂，涉及多个学科领域，且之前我国呈现一片空白，基础薄弱。其任务之重、难度之大更需要创新团队的合力攻关才能完成。2004 年至 2005 年，中国南车青岛四方、中国北车长客股份和唐车公司组建高速动车组创新团队，按照国务院提出的总体要求“引进先进技术，联合生产设计，打造中国品牌”，即引进少量原装、国内散件组装和国内生产的项目运作模式，先后从加拿大庞巴迪、日本川崎重工、法国阿尔斯通和德国西门子引进技术，联合设计生产高速动车组。学习再创新，闭门变开门，指头变拳头。此后六年里我国的高速列车技术连续迈上了三个台阶，实现具有世界先进水平的客运动车组的国产化。

第一个台阶，通过引进—消化—吸收再创新，建立时速 200 ~ 250 公里的动车组技术平台和制造体系，批量生产的动车组运用于第六次大提速。在这一台阶，我国系统掌握了动车组的九大关键技术。

第二个台阶，自主研制时速 350 公里的动车组，运用于京津、武广、郑西高铁。在这一台阶里，铁路部门展开了系统的创新，在轮轨动力学、气动力学控制、车体结构等制约速度提升的关键技术上实现了重大突破。

第三个台阶，在大量科学研究实验和运营经验积累的基础上，再展开了一系列技术创新。2008 年 2 月 26 日，铁道部和科技部签署了《中国高速列车自主创新联合行动计划》，共同研制成功了时速 380 公里的新一代高速列车，用于京沪高铁。其最高运营速度比德国、法国的高速列车快 60 公里，比日本新干线快 80 公里，节能环保和综合舒适性也高人一筹。在这一台阶里，我国铁路在流线型车头、气密强度与气密性、振动模态等十大关键技术上取得了重大突破。

动车组是尖端技术的高度集成，涉及动车组总成、车体、转向架、牵引变压器、牵引变流器等九大关键技术以及十项配套技术，涉及五万个零部件，短时间内消化吸收如此纷繁复杂的技术，谈何容易！其中每一个看似不起眼的部件，每一项细微的技术，都凝聚着引进—消化—吸收再创新的艰辛与付出。学术界对高铁有这样一个共识：时速每提升30～50公里都是一个新的技术平台，需要进行一系列的技术创新。我国高铁在时速350公里、380公里技术等级上，攻克了一系列世界性的技术难题，如长时间高速运行的安全性、可靠性和稳定性问题，频繁进出隧道问题等。这些问题是世界各国高铁建设还未遇到、没有解决的。我们不但都解决了，而且在实际运营中应用了这些技术。

高速列车组技术的研发汇集了国内铁路装备设计制造企业、科研院所、高等院校等单位的精英人才，据了解，中国高速列车项目，共有国内一流重点高校25所，一流科研院所11家，国家级实验室和工程研究中心51家参加研发，有63名院士、500余名教授、200余名研究员和上万名工程技术人员参加研发生产。中国南车青岛四方机车车辆公司、中国北车长春轨道客车有限公司、中国北车唐山轨道客车有限公司等装备生产企业数十万人参与生产制造我国高速列车。在支持中国高铁事业快速发展的诸多背景因素中，高校的作用尤为突出，一则高校提供了高铁所需的先进技术与研发能力，二则高校为高铁的研发提供了大量高端人力资源。据一份资料介绍，在中国高铁建设中有十余所重点高校功不可没。以“中国高速列车自主创新联合行动计划”为背景的“十一五”国家科技支撑计划“中国高速列车关键技术及装备研制”重大项目自启动以来，高校在其中发挥了重要作用。该项目涵盖了包括高速列车共性基础技术、车体技术、牵引传动与制动、网络控制、牵引供电技术、运输组织方案等铁路系统所有技术领域；共分十个专项课题，国家拨款10亿元，自筹20亿元，合计达30亿元总共十项，分别是：

表5　十大联合攻关课题

序号	课　　题	国家拨款（万元）	自筹（万元）	总共（万元）	主持单位
1	共性基础及系统集成技术	30000	75000	105000	中国南车集团
2	高速列车转向架技术	3000	7000	10000	中国北车集团

续表

序号	课　　题	国家拨款（万元）	自筹（万元）	总共（万元）	主持单位
3	高速列车空气动力学	3000	6000	9000	中科院力学所
4	高速列车车体技术	3000	7000	10000	中国北车集团
5	高速列车牵引传动与制动系统	12000	25000	37000	铁道科学研究院
6	高速列车网络控制系统	18000	22000	40000	中科院软件所
7	高速列车关键材料及部件可靠性	5000	12000	17000	中国南车集团
8	高速列车运行控制系统技术	16000	33000	49000	北京交通大学
9	高速列车牵引供电技术	5000	10000	15000	中国中铁
10	高速列车运行组织方案	5000	3000	8000	北京交通大学
合计（亿）		10	20	30	

参与单位有北车、南车、中科院、铁科院、清华大学、北京交通大学、西南交通大学、中南大学、同济大学、中国通号集团、中铁电气化勘察设计研究院（中国中铁）、浙江大学、北京科技大学等①。从这份重大专项项目的参与单位，就可以看到高校在中国高铁事业中所具有的作用。

4. 文化因素

文化是一个民族的全部生活方式。文化由思想和行为的习惯模式组成，文化包括价值观、习俗、体制和人际关系、行为规范、政治组织、经济活动等。任何文化都首先是民族文化，其总是在特定的历史阶段和民族区域产生与演变，反映着该民族对世界的认知和感受，凝聚着该民族最深层的精神追求。共同的文化传统塑造了该民族成员共同的价值观念、心理倾向、精神结构以及行为模式，并最终形成了该民族的文化认同。故作为民族灵魂和标志的文化，既是民族生存和发展的根本力量，又是民族和国家认同的内在基础，还是民族凝聚力和创新力的原动力。中华民族自古就有以文化认同作为国家认同基础的传统。文化作为一种

① 哪些高校为中国高铁作出了贡献？http：//www. netbig. com/news/1405/？ newspage = 1（2011-10-19 查阅）。

软实力，是通过吸引和说服他人而实现自身目标的能力。制度、经济等硬实力是运用相关手段迫使他人追随你意志的能力。前者的力量在于“吸引”，后者的力量则在于“强制”。[①] 中国传统文化是中华民族五千年的精神积淀，源远流长、博大精深。五千多年的历史积淀，成就了中华民族优良的文化传统与民族性格，并深深融入民族血脉之中，成为中华民族共同的文化基因和精神记忆，也成为中华民族生存发展的强大精神支柱和共有精神家园。中华民族是个从来不缺精神的民族，在其历史丰碑上镌刻着大庆精神、“两弹一星”精神、抗洪精神、载人航天精神、抗震救灾精神等令人自豪的中华民族精神。中国高铁人继承了这些优秀的民族精神，不断勇攀科技高峰，争创世界一流。

概括起来，文化是一个动态的概念，是一个历史的发展过程。因此，文化既具有地域特征，又具有历史特征、民族特征和时代特征。在历史意义上，中国文化既包括源远流长的传统文化，也包括发生剧烈演变的近现代文化。

（1）传统文化有利于高铁发展的一面。科学界的精英——诺贝尔奖获得者在法国巴黎的一个会议上（1988 年 1 月），会议结束时发表的宣言中破天荒地宣布：“如果人类要在 21 世纪生存下去，必须回到两千五百年前，去吸取孔子的智慧。”[②] 孔子的儒家文化是中国文化的主体，和谐是儒家和中国传统文化最本质的追求，它不仅表现在政治理念，也表现在社会生活、文学艺术以及日常审美的方方面面。天地、阴阳、意境、形神构成了中国传统的哲学和美学范畴。“和”也成为这种文化的代名词。文化学奠基者汤恩比曾感慨地说：“人类已掌握了可以毁灭自己的高度技术文明手段，同时又处于极端对立的政治、意识形态的营垒。最重要的精神，就是回归中国文明的精髓——和谐。中国如果不能取代西方成为人类的主导，那么整个人类的前途是可悲的。”

---

① Nye, Joseph. “Propaganda Isn't the Way: Soft Power”, *International Herald Tribune*, January 10, 2003.

② 周桂钿：《中国传统哲学》，北京师范大学出版社，2000，第 71 页。

在科技迅速发展所带来的“资源贫乏”“环境污染”等累计后果日显突出的今天，人们越加感到和谐发展的重要性与紧迫性，于是有了可持续发展的科学理念，这与我国儒家思想的“天人合一”不谋而合。“天人合一”思想，是中国哲学的一个根本观点。具体表现为人与自然协调统一，主体与客体之间相融相通。所谓“天行健，君子当自强不息”，也是阐明了人要通过不断地自我修养，达到人与自然协同进化。天人合一作为人类文化的深层价值观念，要求我们在处理人与自然关系时，把对周围自然、环境本性的把握建立在对生态平衡规律的认识基础上，强调人与自然的和谐、协调和非工具性关系，从而建立起人同自然之多维价值的全面联系。这就要求现代人必须改变传统发展观，按照可持续发展战略的要求，坚持经济、社会、环境和资源相互协调，将自然与社会、物质与精神、科技与文化、功利与审美诸方面统一起来，综合考虑，协同发展。只有将自然文化、人文文化和科学文化整合为一，使得人与自然生态共荣、和谐发展，全人类的可持续发展战略才能得以顺利实施。

高速铁路所具有的“占用土地少，节约资源”“能源消耗少，绿色环保”等特点是其他任何一种交通运输方式所不能及的。这更好地符合了当今可持续发展观的要求。如京沪高铁有五分之四以桥代路。京津、武广、郑西、沪宁、沪杭等14条高铁以桥代路的比例在70%以上，每公里可节约土地44亩，仅一条京沪高铁节约土地就在万亩以上。

（2）现代文化范式的转型有利于高速铁路的发展。

a. 人们的生活方式从古典形态向现代形态转型。生活方式是人类生存活动的历史结构，是文化的一种表现形式。古典形态的生活方式消费水平低下，仅满足于最低限度的生存需要，重积累、抑消费、崇尚俭朴。现代形态的生活方式中，人的物质需求被极大地刺激起来，消费不再限于维持生存，而是带有更全面、丰富、个性化的特征，成为物质享受。消费不再被压抑而得到鼓励，以刺激生产。在精神生活领域，古典形态是理性抑制感性、集体规范抑制个体自由，意识形态强行统一着人的意识。而现代形态下由于物质需求被更大程度上的满足，人们的精神需求突出发展，精神上不再紧紧依附于物质需求，而是日益转向审美活动和消遣活动，并更带有独特的个性特征。这种转型体现于人的能力需求的发展以及人的本质力量和价值的提高，是由个性的不充分发展向个性的充分发展的转型。古典生活方式中人们的生活节奏缓慢，时效观念淡薄，这标志着人创造和占有自己的价值水平很低。现代生活方式中，人们的生活节奏加快，时效观念增强，标志着人们创造和占有自身价值的能力增强。

高铁 200～300 公里，甚至 400 公里的运行时速及每几分钟的追踪间隔时间很好地展示了现代形态的这种快节奏生活方式，突破了时间和空间维度的制约。武广高铁的开通将原有的 11 小时旅程缩短为 3 小时，有些年轻夫妇大年三十在武汉的婆家吃完年夜饭后，又赶到广州的娘家陪父母观看春节晚会，充分照顾到了双方的父母。“早餐热干面，午餐白切鸡”，“才饮‘珠江水’，又食武昌鱼”，这是媒体对武广高铁的评价。“南京人下班后去上海听一场音乐会，无锡人到南京秦淮河赏夜景……”这是长三角地区人们生活真真切切的变化。高铁的这种“同城效应”带给人们的不仅仅是时空的变化，更重要的是生活理念和生活方式的改变，这不但引起量的重大变化，而且引起了质的重大变化。借助于高铁这种交通运输方式的革命性进步，东部沿海城市的快节奏生活方式将更快地进入中西部地区。在时空距离拉近的同时，发达地区与落后地区之间的观念碰撞和交融将不可避免地发生，人口的自由迁徙流转速度将不断加快，许多地方的旧有生活节奏将“被迫”与东部大都市的快节奏接轨。中国文化中对于器物的追求，造就了中国人对于新奇事物的接受，这是一种文化习惯使然；同时，当新的技术发展了，又反过来推动文化的变迁，从这个意义上说，高铁的开通，对于中国文化的转型也将起到重要作用。

此外，在不断推进现代化社会建设的前提下，我国城镇化进程不断提高，工业和经济都集中到一个一个彼此间隔又相互密切联系的专业城市中，这就要求我国铁路建设要将各个分散的经济热点联系起来，这种联系一是指物资的运输，二是指城市间人员的流动。初步测算，到 2020 年，全国铁路旅客、货物运输需求将分别达 40 亿人、40 亿吨，年均增长速度分别为 8%、4%。高速铁路运输能力大，是其他交通方式所不及的，很好地满足了我国的这种现实需求。

b. 健康、绿色的消费理念深入人心。随着社会文明程度的提高，现代的生活方式越来越显示其承载社会文明、展示社会文明，提升社会文明的重要价值，这一价值意义将进一步促进人们价值观念、伦理道德、知识结构的变化，进一步认同科学、文明的生活方式。人们更加自觉地崇尚健康、绿色的消费方式。《21 世纪议程》中有一条重要内容是改变消费方式。消费方式的改变主要表现在三个方面：一是实行可持续性消费；使人类的消费与资源相适应，协调发展。二是实行绿色消费，无公害食品、绿色食品、有机食品以及一切绿色消费品备受青睐，有绿色环保标志的产品身价倍增；三是人们更加重视生活环境。环境观念、可持续消费观念及绿色消费观念已成为宏观上引导消费的观念。随着人们环保意识的逐渐提高，届时人们出远门时，会首选绿色环保的高铁，就像今天主动弃车而步行上班一样。

（3）人格形态从依附型向自主型转变。在市场经济的建设和发展过程中，只有当人具有独立自主的意识、人格和能力，能够主宰自己的经济活动时，他才能充分发挥其积极性、主动性和创造性。因此，市场经济本身要求人必须完全从对政府和对长官意志的依附关系中解放出来，独立自主地走向市场。人的行为方式是由生产方式所决定的。市场经济是现代化的经济运行机制，必然客观要求人的行为方式的现代化以及人格形态的转型。依附型人格是自然经济、统制经济的产物。现代市场经济要求人格完全独立，依靠自己的独立思维和个性进入市场，竞争意识、创新意识、开放意识、进取精神是现代行为方式的意识主导。市场经济是竞争经济，在竞争中，每个个体必须以其独特的优势取胜。市场经济同样是突出个体主体性的经济，因而必然要求独立、平等、自由的人格。真正的市场经济必须摒弃出身门第、亲属关系、等级特权观念，并应提倡自我奋斗，宽容和理解新生事物。市场经济中形成的这种自主型人格营造了自由、宽容、冒险、进取、理解及创新的良好氛围，有助于高速铁路这项新生事物的成长及发展。

（4）中国高铁成了文化传播的使者。任何新生事物的诞生，都必定孕育出一种崭新的精神和文化。铺展在神州大地上的高速铁路也不例外，其辐射和散发出的文化蕴含，正以神奇的力量进入社会机体和公众精神细胞的微小缝隙，构筑了一个多维的文化空间。中国高铁，未来800多座现代化的高铁客站将是800多颗闪光的珍珠。一站一风景，一站一特色。独具匠心的设计，人与自然的和谐，让每一个车站都像雕刻在中华大地上的一件精美的艺术品，都像镶嵌于文明古国中的一颗璀璨的文化明珠。现在的新客站，遵循“功能性、系统性、先进性、文化性、经济性”的“五性”原则，满足当前，着眼长远，深度融合地域文化，打造传世精品工程。客运服务实现数字化，购票、引导、广播、查询、监控等每一个细节都融入先进的环境和人文理念。著名诗人林莽说，崭新的高铁车站不是到达一个城市的终点，而是进入一个城市的起点。北京南站整体造型是由天坛变幻而来，融合了传统和现代文化元素；广州南站“芭蕉叶”的造型，体现了鲜明的岭南文化特色；武汉站外形如九只飞翔的黄鹤，寓意九省通衢……作为大众化的交通工具，高铁在为人们提供便捷交通的同时，促进着现代文化与传统文化的交融与对话，推动着人们观念加速更新。

高铁无形之中拓展了人们的文化视野，促进地域文化的交融与互补。一条高铁，让北京人拥有了海滨，让天津人拥有了故宫和北海；一条高铁，让华山有了河南的烩面，让洛阳有了陕西的“羊肉泡馍”；一条高铁，让上海有了西湖，让杭州有了黄浦江……武广高铁的开通不仅促进了荆楚文化、湖湘文化、南粤文化兼收并蓄，同时让我们在武汉的汉正街听到了越来越多的纯正的粤语，让我们在长沙的岳麓山和橘子洲头看到了越来越多湖北和广东的游客。郑西高铁推动中原文化与三秦文化繁荣兴旺，沪杭高铁更让海派文化与吴越文化“零距离”交融……

中国高铁，不仅催生了文化融合，迸发了文化活力，激发了文化创造力，而且推动着中国文化的大繁荣、大发展，让中华民族的精神家园更有魅力、生机与创造力。

上面论述了创新对于文化的一种推动作用，之所以强调这点，是因为，作为创新基础条件的文化是一个不好把握的概念，它们之间如何发生作用，并不是很清楚的事情。人们之所以接受创新，是因为能够给公众带来新的生活方式以及新的观念，并为个体带来荣誉感以及成就感，对于进步的渴望是每个民族都认同的事情，从这个意义上说，创新对于打破文化的僵化具有重要作用。但是，任何文化都具有自身的惰性，它通过多种方式与渠道影响个体与集体的行为，对此已经有很多研究，这里不再赘述。对于中国文化来说，有一点是应该特别强调的，恰恰是这点直接影响了中国的很多创新行为，那就是中国文化是一个高度同质性的文化。由于五千年的历史从来没有中断过，因此，中国文化的同质性已经是中国文化的显著标志。但是现在的研究已经证明：同质性越高的文化创新能力越弱。因此，应该鼓励异质性文化的存在。正如柏林科学技术研究院的专家指出：“人们发现异质性的研发团队比同质性的研发团队更为成功。企业在招募研究人员组成研发队伍时应该强调多学科和多国背景的重要性。”[①] 中国所谓的裙带关系就是典型的同质性文化的显现。

5. 舆论因素

舆论是一种社会合意，它是社会或社会群对近期发生的为人们普遍关心的社会问题的共见。具体的舆论形态和内容千姿百态、多种多样，但有一点是相同的，那就是它们具有共同的主体，即公众。公众借由表达自己的观点和看法，从而一定程度上影响社会事务的发展方向和速度。公众趋于认同的态度会产生正向舆论，对事务的发展起到积极推进

① 〔德〕柏林科学技术研究院：《文化 VS 技术创新》，吴金希等译，知识出版社，2006，第370页。

的作用；公众趋于排斥的态度会产生负向舆论，对事务的发展起到消极阻滞的作用。随着大众媒体的广泛传播尤其是网络的广泛应用，公众有了更加自由、更加便捷、更加快速、更加开放的表达意愿的良好平台。同时，随着社会民主化程度的逐步提高，公众舆论也越来越被重视，发挥的作用也日趋重大。一般来说，新生事物是最容易引发舆论的焦点领域。中国高铁作为一项崭新的事物，十年间从无到有，从落后到先进，舆论在其兴起与创新过程中起到了不可或缺的作用。

（1）充分发挥舆论导向作用，变被动为主动。回首2003年秦沈专线的开通到如今十余年，我们不难发现，其间高铁新闻层出不穷。中国目前已开始运营的、或是正在建的、又或将要建的高速铁路，似乎都家喻户晓，至少人们都比较关注。今天，无论是报纸、电视、广播、网络等，只要我们可触及的这些大众传达媒，时常能够见到有关高铁的林林总总的消息。几十年前，人们还不知高铁为何物，而今天，人们常说："坐高铁吧，快，省时间，又舒适。"这就是我们中国舆论中的高铁。我国政府通过各种途径对高铁及时准确的宣传报道让人们首先开始了解高铁，进而关注高铁。一方面对公众起到了导向作用，另一方面满足了人们的知情意愿，对于人们接受高铁作了预先的演练。如合肥市规划局从2011年1月1日起，把合肥高铁南站片区的六套规划设计方案向社会公布，公开征集市民意见，收集起来的这些意见和建议被整理、汇总后，将交给方案设计单位，进行进一步修改和完善。这一举措为日后合肥高铁南站的建设赢得了充分的主动权。2010年4月8日，全国铁道团委与中少在线合作开设了我国首个以少年儿童为对象的高铁宣传网站。网站的开通，拓宽了铁路与社会进行交流的平台，搭建了少年儿童与铁路间的感情交流桥梁。少年儿童时期是人生的起始阶段，培养少年儿童对于高铁知识的热爱，进而喜欢科技的激情效果显著、作用长远。

（2）高铁的平民化赢得了公众的认同。随着我国高铁建设的全面铺开，《中长期高速铁路网规划》的出台，在不远的将来，我们坐高铁就像坐公交车一样方便。同时，我国高铁票价要相对低于其他国家的高铁票价。高铁不再是精英或富人们独享的专利，而将成为一种大众化的交通工具。中国高铁的意义将远远超越当下经济发展的功用价值和现实利益，远远超越铁路的本身。所有这些关于高铁的美好蓝图，都是通过舆论渠道展现的，它对于人们快速接受高铁这样的新生事物起到了巨大的作用。由于舆论载体的日益多元化，如传统的广播、电视、报纸之外，现在又有了网络，而且网络在舆论中的作用是任何其他媒体都没有办法相比的，它的普及性，注定了它影响的广泛性，目前我国已经拥有了四亿网络用户，我们可以肯定地说，舆论在中国高铁创新中的作用将越来越大。

（3）舆论在高铁创新中作用的两面性。舆论既能让社会快速了解某一新生事物，也能帮助创新者获知真实的市场信息，从而有针对性地调整创新战略。这些因素都是舆论对于创新的积极影响。但是舆论对于创新又具有巨大的反面作用，一旦一些关于创新的不实信息通过各种媒体广泛传播，那么，舆论将极大地影响创新进程，甚至会使新生的创新产品在没有被社会完全接受的情况下就夭折了。由于舆论具有一种盲目性，会引导人们非理性思维，因此，创新过程需要合理利用舆论的功能。高铁对于中国来说还是一项比较新的事业，它的很多方面还没有完全展现出来。此时，任何一项负面消息一旦被放大，都将威胁到高铁事业的总体走向，尤其是在我们这样的一个高度政治化的国家，舆论往往能够影响政治的决策，而这些决策直接决定了高铁的发展还是下马。因此，对于中国年轻的高铁事业来说，还需要加强对于舆论的抗干扰性，否则创新的进程将会被很多外在因素影响。再加上，我国的新闻管制，舆论更是对创新有着非常难以预测的不确定性后果。

四　技术迁移的程度、判据与创新

高铁技术对于中国来说还是一个全新的领域。从蒸汽机、内燃机再到电动机车就是百年间中国铁路所走过的道路，下一步该发展什么样的铁路交通也是当下我国铁路管理部门面临的一个紧迫任务，综观世界铁路的发展史，可以发现，开发高速铁路就是当下世界各国的热点。研发与应用高铁是科技发展的必然。再者，铁路部门自身在多元化交通格局的竞争下，如何谋得生存与发展也必须进行创新，因此，选择高铁是时代发展的一个必然选择。虽然我们早在20世纪90年代中期就曾引进与仿制过高铁（以广深线上的“蓝箭”为代表），但是一直没有取得多少实质性的理论突破。21世纪开始中国铁路主管部门又一次开始尝试进行高铁的自主创新（以“中华之星”为代表），由于各种原因，这次努力又一次无疾而终。第六次全国铁路提速，为铁路事业的转型提供了契机，由此中国铁路开始进入高铁的引进时代。学术界把这种情况称为“技术迁移”。技术迁移的方向一般为：从技术梯度高的地方向技术梯度低的地方迁移，这是有梯度差存在造成的必然结果。这里需要强调的一点是：这里的技术是指广义技术，即包括单纯技术性的内容，还包括非技术性的内容。比如我们常见的引进先进的管理经验等，就是典型的非技术性技术的迁移。在从高梯度到低梯度的技术转移中，存在许多不确定性，这也就是技术迁移中经常遭遇的困难。

技术迁移中遭遇的最显著矛盾就是：技术出口方（跨国公司或者政府）与技术进口方之间（发展中国家）的矛盾。这里的矛盾粗略可以分为三类：技术本身的矛盾、经济矛盾与文化矛盾（新技术往往打破落后的传统文化）。正是由于存在这些矛盾，技术迁移的过程与效率在真实世界里就显得比较复杂。高铁技术作为一种集成的高技术系统，在中国的特殊背景下的迁移路径（出口与进口之间）自然是很复杂与曲折的。首先遭遇的是西方主要高铁技术拥有者对于技术使用权的限制与垄断，其次是昂贵的交易价格（讨价还价的空间有限）。最后是技术引进方的社会文化对于技术的接受程度。基于这种背景分析，我们可以简单回顾一下中国高铁技术在引进与发展过程中遭遇的矛盾，然后解释其在后来的运行中出现的问题就显得更有说服力。下面我们依据技术迁移的方向，从外到内来分析一下高铁技术迁移中遭遇的问题。

在技术迁移中我们首先遭遇到的是源于技术本身的问题。这里的技术本身问题包括两方面内容：其一，是指高铁技术由于自身的复杂性而存在的不完善性；其二，技术输出国与技术输入国之间存在的基础条件的差距带来的技术衍生问题（如技术支持力量、相关产品的制造水平以及输入国对于技术的熟悉度等）。从这里可以看出，技术本身问题是一个发展问题，没有止境，只能是一个逐渐完善的过程，关键是第二点。对于我国来讲，高铁技术还是一个相当新的领域，支撑高铁创新的各种条件都不是很完备，这就使得高铁技术一旦运行起来，其潜在的风险会快速增加，而且很多问题是在技术输出国从来没有遇见过的。同时，在这个环节上我们还存在一个先天缺陷：即创新代理人的角色在中国的市场环境下出现失灵。按照美国技术政策专家埃弗雷特·罗杰斯的观点："所有这些创新代理人都是扩散系统的源头与客户沟通过程中最重要的一环。创新代理人的主要任务就是使创新思想顺利地从创新机构传播到相应的客户。只有该创新符合客户的潜在需求时，这种沟通才是有效的。所以，创新代理人要扮演好连接者的角色的话，就必须及时地从客户那里得到反馈信息，并把反馈信息传达到创新机构。"[①] 按照罗杰斯的初步分类，创新代理人在技术扩散中的作用主要有七个，分别是：1. 帮助客户发现创新的需要；2. 与客户建立信息交流关系；3. 问题诊断；4. 激发客户对创新的意愿，为了帮助客户解决问题，达到目标，创新代理人可以同客户探讨多种行动方案；5. 将客户的意愿转化为行动；6. 防止创新间断，确保创新的顺利实施；7. 确立最终关系，达到最终目标。[②] 如果我们回忆一下中国在引进高铁过程中存在的高铁与磁悬浮方案选择之间的争议时，不难发现各类创新代理人的身影。由于中国的特殊政治架构以及市场环境，创新代理人在中国的技术迁移中的功能被严重削弱了。他们变相地沦落为比较单纯的技术推销商，而很少考虑中国的国情与技术支撑环境。创新代理人只要找准了决策制定者

① 埃弗雷特·M. 罗杰斯：《创新的扩散》，辛欣译，中央编译出版社，2002，第 323 页。

② 埃弗雷特·M. 罗杰斯：《创新的扩散》，辛欣译，中央编译出版社，2002，第 324～325 页。

就可以拿到合同，这样一来创新代理人的职能开始转化，导致一项技术创新的内涵被缩减了。这个环节也导致了后来发现的诸多贪腐问题。更为严重的是创新代理人把本应划在合同中的技术扩散内容缩减，导致技术引进成本快速增加，造成国有资产的浪费与损失。在高铁技术引进过程中还存在一个问题就是所谓的扩散障碍问题。在中国高铁引进过程中的主要问题就是同质性问题，换言之，决定高铁项目引进的决策者几乎都是精英决策模式的结果，他们很少考虑到中国多层次群体的需求，导致创新只能在水平层面扩散，而无法达到垂直层面的扩散——我们知道一项技术的创新只有达到了垂直扩散，它的效用才能真正体现出来。由于缺少对中国的整体真实消费水平的垂直考察，导致高铁后来的运行中出现了有效需求不足的局面，很多人嫌高铁票价太贵，导致巨大投资的回收期变得无限漫长，这是很不经济的行为，从而也影响了高铁技术的扩散以及社会的认同度。

在高铁技术引进过程中存在的第二个矛盾就是经济矛盾。客观地说，我国还是一个发展中国家，经济基础并不雄厚，高铁技术能够在中国实现大跃进式的发展，完全得益于政治制度决定的决策模式：集中力量办大事，从上到下的权力传导模式。但是即便这样，资金的压力也是很大的，如何解决这种硬性经济瓶颈，除了国家的大力支持外，也希望引进的技术能够物美价廉，以及工程施工中的压低预算，降低成本。由于中国高铁决策层面的技术谈判水平有限，无法逼迫技术输出国降低价格。为了解决这个问题，决策者采用了政治经济的混合模式，从政治角度来说，把主要的技术输出国都兼顾到，从而实现政治上的怀柔目的；在经济层面，使多个技术输出国面对同一个客户，也形成了卖方的竞争，以此弥补谈判水平有限的缺陷，所以我们看到中国的高铁系统涵盖了世界上的主要高铁国家的技术范式：CRH1（原型是加拿大庞巴迪公司的技术），CRH2（原型是日本川崎重工的技术），CRH3（原型是德国西门子公司的技术），CRH5（原型是法国阿尔斯通公司的技术）。这种模式的好处就是部分形成了卖方竞争，有利于降低引进成本，存在的问题是中国高铁网络的系统兼容问题。在现实中就会出现，信号、车载系统的指挥调度问题，稍微不慎就出酿成重大事故（2011-7-23追尾事故就是证明)。

高铁技术带来的经济问题也是很严重的，巨额投资面对高票价导致的支付能力严重不足的局面，直接影响了高铁的投资回收期问题，以及相应的铁路建设资金的债务偿还风险。另一个更为严重的问题是，由于高铁投资巨大，票价较高，制约了运力的有效提高，这种境况直接制约了缓解中国铁路长期面临的运力紧张的情况。换言之，乘车难的问题并没有通过高铁工程得到真正的解决，同时有经济效益不是很显著，造成了资金的紧张局面，也间接影响了铁路事业的其他方面的发展。

随着“7·23动车追尾事故”的发生，如何评价高铁技术就是当下的一个急需面对的问题。客观地说，高铁技术的引进，国家和相关部门进行了大量的研发，并组织力量进行了相应的消化吸收与改进的工作，这项工程从长远来讲对于中国铁路事业的发展来说意义重大。我们不能因为一个偶然的事故就完全否定高铁本身，发展高铁也是未来铁路事业的主要方向。“7·23事故”完全是一个人为的责任事故，换言之，它是完全可以避免的，因此不能就此否定高铁本身。创新与安全是两个完全不同的问题，不能混淆在一起。再先进的技术如果运用不当也会出现风险，落后的技术也并不代表安全。高铁技术本身对于中国铁路事业来说是一项创新活动，虽然目前的创新程度还有待提高，但它是一种意义重大的提升铁路技术的活动。而造成风险的原因则是多方面的，它不仅与技术本身有关，还与技术运行的条件有关，与相关的支撑条件有关。当下出现的否定高铁的认识是错误的。正如技术政策专家丹尼斯·古莱特所说：“没有任何一个国家能在技术问题上完全满足它的愿望，其中一个主要原因是在寻求更大的自主权和获得先进技术的愿望之间存在着某种固有的矛盾。不愿花太多的钱购买技术会使一些技术提供商不再与你打交道。重要的是要将科技政策直接地与整个计划目标联系起来，并且保证为吸引或者控制技术而采取的措施应与整个社会的广泛目标相一致而且帮助实现该目标。”① “7·23 事故”后出现的一些安全防范措施可以理解，也是必要的，但不能以此为借口，否定高铁技术，比如目前倾向于要求降低高铁运行速度，这实在不是一个明智的举措。为了所谓的安全而把奔驰车的速度降低到牛车的速度，这是资源的浪费。我们需要做的是提升高铁的技术支撑系统的水平，把技术性创新与非技术性创新结合起来。只有这样高铁才能真正对得起它的投资以及它所标榜的创新。

五 从“7·23”追尾事故看高铁的创新、风险与安全

2011 年 7 月 23 日晚上 20 点 34 分，北京到福州的 D301 与杭州到福州的 D3115 发生追尾。两车方向一致，行至在双屿路段下岙路时，D3115 遭到雷击后失去动力临时停车，造成 D301 追尾，D301 列车第 1 至第 4 位车厢脱轨，D3115 列车第 15 和第 16 位车厢脱轨，造成 40 名旅客死亡，数百人受伤的重大交通安全事故。此次事故也引发了国内外各界对于中国快速兴起的高铁热的担忧，它已经不仅仅是一次重大人员伤亡事故，而是引发了一些与创新有关的深层次问题。因此，全球化的今天，对于创新的风险与安全问题的考量就是一项创新能否真正成功的关键之处。基于这种考虑，利用已经公开的各种资料，通过对本次事故原因进行简单分析，力图把与创新的接受性有关的风险与安全问题专门列出来，探讨其内在合理的匹配机制，在当下就显得尤为有必要。

1. “7·23”动车追尾事故的原因浅议

客观地说，铁道部在此次事件的处理中暴露出很多问题，仅就管理职能来说，明显缺乏有效的针对重大事故的应急与救助预案，导致在事故的处理过程中，仓皇无措，疏漏百出。仅仅把本次事故的原因归诸恶劣天气下的雷击事件显然是不能让公众满意的。世界各国有很多高铁在运行，也会经常遇到雷雨天，怎么就没有因为雷击事件造成如此大的事

① 丹尼斯·古莱特：《靠不住的承诺——技术迁移中的价值冲突》，邾立志译，社会科学文献出版社，2004，第 232 页。

故？雷击现象对于高铁来说是一个常规问题，换言之，不是不可以解决的技术难题，而是已经有了成功的解决办法的问题，而这方面我们还存在明显的不足。

虽然发生事故的 D301 与 D3115 都是动车，还不是真正意义上的高铁，但也接近了高铁，这两列动车都具备 250 公里/小时的行驶能力，因此也就完全可以当作高铁事例来进行分析。据报道，此次事故的直接原因是雷击导致前列车 D3115 失去动力，停留在铁路上，紧接着信号系统出现问题，导致后车 D301 没有接到前方有车的信号，最终酿成悲剧事件。此间暴露出的问题远远不是雷击所能完全解释的，所有规避风险的措施几乎同时失灵，如果有一个还能正常运转的话，这个事故也就能有效避免了。

在分析这起事故原因之前，先根据资料对这两辆动车做一个简单介绍。①

D3115 动车原型为日本新干线的 E2 系 1000 番台，也是继台湾高铁的 700T 型后，第二款自日本出口的新干线列车。供中国使用的 CRH2 型均使用与 E2 系相同的牵引电动机。另外，所有 CRH2 型的座椅均可以回转。该轴中国南车集团四方机车车辆股份公司联合日本川崎重工生产。CRH2A 为 8 节车厢编组座车动车组，200 公里级别（营运速度 200 公里/小时，最高速度 250 公里/小时）。CRH2B 为 16 节大编组座车动车组。CRH2C 为 8 节车厢编组座车动车组，300 公里级别，作为京津城际高速铁路用车，标称时速 300 公里，最高营运时速 350 公里。本次事故中的车型是 CRH2B 型，有 16 节车厢，由于当时受到雷击，以 20 公里/小时的速度缓缓滑行。

D301 动车原型为由庞巴迪为瑞典制造的 Regina C2008。中外合资企业青岛四方-庞巴迪-鲍尔铁路运输设备有限公司（简称 BSP）制造。车厢是目前国内最先进的，有 16 节，其中 10 节有动力。CRH1B 型动

① http: //msn. ynet. com/5. 61/1107/5972036. html.

车组与既有上线的 CRH1A 车相比速度更快，时速达 250 公里。CRH1B 车型的第一列是 2009 年 3 月 5 日下线的。据报道事故发生时，D301 正以 118 公里/小时的速度运行。

根据上文介绍可知，这两种型号的动车已经是相对比较成熟的车型，谈不上什么机密问题，因此，事故发生后，匆忙挖坑掩埋车头是非常令人费解的事情。由此可以推测，铁道部几乎没有什么像样的对于重大事故的成熟应急预案准备。以往的事故发生后，大多是通过封锁消息、封闭现场等办法，快速让这个消息淡化，通过这种方式，很多次事故也都平稳度过。当此次事故发生时，仍然习惯性地沿袭了以往的处理方式，但是在公众媒体的曝光下，事故处理的草率以及粗糙一下子全暴露出来了，这才是铁道部在处理此次事故时顾此失彼的深层原因，也只有通过这种无限追问，未来才有可能建设真正的应急预案。

按照中国高铁总设计师何华武的观点："高速铁路信号系统是保障列车运行安全、提高运输正点、效率的关键技术设备。主要由调度集中、列车运行控制、车站联锁、集中检测等子系统组成。"① 按照何华武教授的总结，调度集中（CTC）是一种列车运行方式。列车在规定的区段进入车站股道和通过闭塞区间。CTC 系统由调度中心设备、车站设备和线管网络设备组成。CTC 系统采用双硬件、双网络的冗余结构。这点非常重要，换言之，一次雷电原则上是不能完全摧毁调度集中模式的运行的。这里还需要补充一个关键概念，即闭塞区间："一般来说，每两列动车之间有 7000～8000 米的距离，专业上称'闭塞分区'，两个相邻站之间（铁路术语叫区间）有多个信号机。每两个信号机柱之间的空间，铁路上把它看作是封闭的空间，叫闭塞区间。按照规定，两个信号机之间的这个空间，绝对不允许同时存在两辆列车。"② 这种管理方法是我国长期使用的方法，也是行之有效的，而此次事故中，一个闭塞区间内竟然出现了两列列车，而且多方毫不知情，这实在是难以理解的

① 何华武：《创新的中国高速铁路技术》（下），《铁道建筑技术》2007 年第 6 期。

② http：//blog. sina. com. cn/s/blog_ 5fd197a00100tn4w. html.

事情。由于新设计的高速客运专线行车最小间隔达到3分钟一辆，换言之，一小时内将有20辆列车通过。如此高密度的列车运行，调度系统应该是整个行车系统中非常关键的环节。它出现问题是一个值得深入追问的问题。

列车安全运行的第二个重要保障是列车运行控制系统。按照何华武的总结：高速铁路行车以速度信号代替传统的色灯信号，以车载信号作为行车凭证，为防止司机失误影响行车安全，地面传送到车载设备的信号直接转变为对列车制动系统的控制，称为列车运行控制系统。主要有地面设备和车载设备组成。主要功能是超速防护、临时限速，防止列车冒进、错误出发、错误退行。它的运行的基本要求是：列控系统技术平台的确立必须做到有利于路网的同一性，有利于调度的集中统一管理。[①] 我国300～350公里/小时铁路确定CTCS-3列控系统作为全路统一技术平台，并兼容CTCS-2列控系统，实现动车组上下线运行。本次事故中的两列列车都是采用CTCS-2列控系统。CTCS-3系统采用GSM-R无线通信传输列控信息，主要由车载ATP、无线闭塞中心RBC、微机联锁、调度集中CTC、应答器、ZPW-2000轨道电路构成。CTCS-2与CTCS-3的构造基本相同，后者可以看作是前者的升级版本。从这个列控系统的构成可以看出，如果各部分正常运转是完全可以避免事故发生的。这里还有两个细节需要关注：即车载的ATP系统和GSM-R无线通信系统。恰恰是这两个系统能够在自动与手动的情况下完成风险的规避，可惜的是，在此次事故中，这两者都没有发挥应有的作用。

目前争议最大的是车载系统ATP的状况。所谓的ATP系统：列车自动防护系统，其英文名称为“Train Automatic Protect System”。在城市轨道交通的信号控制系统中，列车自动防护系统是信号控制系统非常重要的组成部分，它为列车提供安全保障，有效降低列车驾驶员的劳动强度，提高行车作业效率。据介绍，列车自动防护系统主要有七项功能，

① 何华武：《创新的中国高速铁路技术》（下），《铁道建筑技术》2007年第6期。

分别是：1. 防止运营列车超速运行；2. 接收和处理来自地面的信息（这点在本次事故中非常重要，它的运作模式是：列车运行在轨道上，地面轨道电路或地面的其他设备，将列车运行所需的信息发送出去，安装在列车车体上的列车自动防护系统设备会实时接收这些信息，并对这些信息进行实时分析和处理，以及时对列车的运行状态和运行速度进行控制，通常这些信息中包含有列车允许运行的最大速度值、线路位置等）；3. 防止列车相撞；4. 列车安全停靠站台；5. 列车车门控制；6. 空转、打滑防护；7. 防止溜车。[①] 目前铁道部公布的信息是，前车D3115 列车的 ATP 遭雷击失灵，得到调度指令，缓慢滑行，而后车则是接收错误信号继续前行，结果导致两车的追尾事故。作为高速列车最为重要的安全保障系统如此脆弱，真是令人费解的事情，CTC 与 ATP 同时失灵，真的是小概率事件。通常来说：ATP 是通过前车发射的信号判断当前列车速度的智能设备，而 LKJ 则是通过接收轨道电路的地面色灯信号机的信号来实现对列车的安全控制。看来动车 D301 即便按照最原始的 LKJ 运行也在劫难逃了，因为信号灯一路绿灯。对此，也可以深入挖掘一下，这样才能为以后改进提供一种解决策略。

据网上一些报道，中国高速铁路系统的车载 ATP 系统并没有实现技术上的完全消化与升级，它的骨子里面仍是落伍的 LKJ 系统，适合于160 公里/小时以下速度的列车使用，当下的所谓的高科技 ATP 只是冒充 ATP 而已。[②] 但是即便是落后的 LKJ 系统，它的设计也是很合理的，即如果轨道电路和色灯信号机出现故障，后车 D301 的色灯应该是黄色、红色或者白色，怎么可能都是绿色灯呢？这种事件的概率真是小之又小，但偏偏发生了！

据资料介绍中国高铁系统运行的 CTC 与 ATP 系统，以及色灯信号系统，再到完整的列控系统 CTCS-3（2）等，都是中国铁路通信信号

---

① http：//bbs. m4. cn/forum. php？ mod = viewthread&tid = 3139759&extra = &authorid = 194148&page = 1.

② http：//blog. sciencenet. cn/home. php？ mod = space&uid = 401290&do = blog&id = 469917.

集团公司的产品。其中为事故动车提供车载自动防护系统（ATP）的供应商是和利时公司。中国铁路通信信号集团公司（英文 China Railway Signal&Communition Corp，缩写 CRSC），简称中国通号，是国务院国有资产监督管理委员会直接监管的大型中央企业。该企业在 2009 年的责任报告中称："集团承担的国家科技支撑项目'高速列车运行控制系统技术及装备研制'于 2009 年正式启动，项目的目标是研制具有完全自主知识产权的、满足京沪高速铁路需求的列车控制系统，目前该项目整体进展顺利。C3 列控系统实验室、GSM-R 系统实验室、城轨 ATC 系统实验室、C2 专项实验室、CTC 专项实验室、TDCS 专项实验室、GSM 专项实验室、联锁专项实验室、数字视频仿真测试实验室、应答器开发与测试专项实验室等一批试验平台得以建设完成。初步形成了具有自主知识产权、较完整配套的系统技术和产品体系。"[①] 由于中国行政部门的条块化分割，导致业务领域也是高度垄断的，科技活动也基本是锁定在这种模式下。由于垄断，它的业务水平肯定不是最高的，我们从中国通号公司的主页看不到任何有用的研发力量信息，让人无法判断他们的真实技术水平，这也是很多国有垄断企业的通病，由此也形成了中国科研的割据状态。基于这种现实，我们不难推测为何生产信号设备的北京全路通信信号研究设计院的产品会出现"设计上存在严重缺陷"的问题。（上海铁路局局长安路生，"7·28"讲话）按照今天的科技水平来说，信号设备的技术含量不是很高，至少不存在很多技术难题，出现如此低级故障实在说不过去。根据北京全路通信信号研究设计院有限公司的主页介绍：北京全路通信信号研究设计院（英文缩写：CRSCD）成立于 1953 年，是由国务院国资委管理的中央企业中国铁路通信信号集团公司下属的二级国有独资企业。经过 57 年的发展，已成为中国轨道交通安全控制和信息技术领域的领先企业。这么历史悠久的一个专攻铁路信号的企业会出现如此低级的错误，令人不可思议。另外，从该公司

① 2009 年旅行社会责任报告，http://www.crsc.cn/shzr/zrbg/zrbg2010.html。

的主页上也看不到该公司的科技创新能力的稍微详细一点的说明与介绍。这几乎成为国有垄断企业的一个通病，占领了这个位置，就理所当然地认为代表了全行业的最高水平。

再有一个最后的救急方式，即 GSM-R 无线通信系统。前面动车 D3115 出现故障后，可以马上用 GSM-R 无线通信系统与前方车站联系，然后调度再通知后车 D301 减速，这样也可以有效规避追尾事故的发生，不知何故这个功能也无缘无故地失灵了。所以，7·23 列车追尾事故是一件在理论上几乎不可能发生的事件，令人匪夷所思的是它却突破层层防护设施真的发生了。在一个仪器高度灵敏（吸一支香烟，就可以导致停车），调度室时刻可以看到列车位置的情况下，发生列车的追尾事故肯定已经不是简单的天灾说可以解释的事情。

综上，我们可以给“7·23 事故”原因一个粗糙的判断：这是一起由雷击事件作为导火索，加上调度系统失灵与信号系统技术不过关，多因素共同作用的结果，在事故责任的分摊中，雷击事件仅占很小部分，主要问题还是调度指挥与动车信息系统（列控系统的子系统）的共同失灵。换言之，事故的主要原因不在于天灾，而是人祸。

2. 高铁的创新、风险与安全

可以说，自 2007 年第六次铁路大提速以来，我国高铁行业才开始真正开速发展起来。高铁本身是一项技术高度复杂的技术综合体，它的安全有效运行需要相关环节都能在技术、管理上有与之匹配的相应的技术提高与进步才能实现。从这个意义上说，中国高铁事业的快速发展，相关的支撑领域还没有跟上，这种配套系统不支持的现象，才是创新活动最为尴尬的处境。结合本次事故的案例，我们可以引申出一些有关创新的风险与安全问题。

中国高铁事业的创新路径走的完全是一种顶层设计的路线，这也与中国的政治架构有直接的关系，因此，这种创新不可避免地受到政治因素的过多干预。这点不同于西方市场经济国家的创新运作模式。在西方市场需求拉动是创新的主要力量，而在中国这是创新的次要因素。这种差异决定了中国创新更追求政治取向而非经济取向，它的优缺点很明显，这里不再赘述。根据当代创新研究的一种共识是：创新要获得成功，需要最大程度上降低风险，最大程度上保证安全，由此才能获得社会的认同，进而实现盈利。按照德国社会学家贝克的说法，我们已经进入风险社会。针对风险社会的特点，降低创新过程中的风险就成为创新能否成功的关键。对于这次的严重事故，我们要避免两种错误倾向：其一，因噎废食，彻底否定高铁，这不是一个成熟社会应该有的选项；其二，管理部门对于事故采取不负责任的瞒报与隐瞒，在指导原则上仍然是我行我素，导致事故的深层原因仍然没有得到解决，从而也为未来的发展留下隐患，并造成管理部门与社会的对立与严重的不信任的蔓延。

客观地说，中国高铁在技术上是有创新的，这是不容否定的。由于中国发展高铁采用的是一种卖方竞争的机制，希望通过这种方式打破技术垄断。但是效果并不好。换言之，目前在中国高速铁路上运行的高铁几乎涵盖了世界上的主要高铁生产商的产品：如日本川崎公司（CRH2）、法国的阿尔斯通公司（CRH5）、德国西门子公司（CRH3）、加拿大庞巴迪公司（CRH1）。不同型号的列车采用不同的列控系统，如何把它们整合起来，使其完全兼容就是一个很大的技术问题，本次事故中的两列动车就是日本模式与加拿大列控模式的整合问题，所以中国目前的 CTCS-2 列控系统还有待完善。

一个成功的创新还需要时间和必要的支撑条件。由于我国高铁的盲目跨越式发展，导致各环节严重不匹配，既有先进的硬件（动车），又有落后的管理组织方式，以及脆弱的控制系统。为了解决这些问题，我们应该给创新留出必要的消化吸收时间，所谓“磨刀不误砍柴工”就是说的这个道理。日本新干线从 200 公里/小时提速到 300 公里/小时，用了接近四十年时间，反过来看看我们用了几年时间，其间存在的差距不难明白。另外，笔者对于高铁创新的各个生产商（南车集团与北车集团）的年报材料进行了认真的分析与阅读，发现一个问题，即中国高铁创新的支撑条件还存在严重不足，抛开软支撑不谈，在硬支撑方面也存在严重不足，主要不足有两个方面：其一，研发投入不足，消化吸收就更不足了，这已成为中国创新的通病；其二，人力资源不足，真正有能力进行创新的力量不足。

在中国这样的一个发展中国家搞创新，本身就是很有难度的事情。因此，必须调动所有的智力资源进行创新，这就要求打破行业垄断，只有这样才能形成真正的竞争，才能最大程度上发挥我们的智力资源的优势，以此解决创新中存在的技术难题。比如说高铁的列控系统西方国家就不会卖给我们，我们只能依靠自身的力量来解决这个问题，这就要求调动全国的相关力量，单凭一家的技术力量是难以保质保量地完成任务的。而行政垄断这个问题在中国当下又是无解的。可以说未来三五年之内，列控系统仍是中国高铁创新面临的主要难题。

在高铁创新的文化与舆论支撑基础条件中，要形成安全认同，而不是政治认同。中国几乎所有企业活动都被政治文化绑架，这是很糟糕的事情，如各种违背科学规律的献礼工程等。历史证明，所谓的政治任务大多是违背科学规律的，这也是中国必须改掉的特色之一。

最后，再提出一点隐忧之处。中国高铁建设的速度太快了，很多工程质量问题令人担忧，而高铁的安全运行对于轨道桥梁等的质量要求极高，而中国的施工方式让人担心。笔者多年前曾提出过一个工程质量与转包次数之间的经验公式：$Q=Q_0(1-f\%)^n$（这个公式仅是个人的一种主观经验，缺乏实证数据），大概意思是这样的：产品质量 Q 与转包次数 n 以及转包收费率有关系。举例说，一个工程被转包 3 次，每次转包费为 10%，那么最后的工程质量 $Q=Q_0(1-10\%)^3$，通过计算可知，最后工程质量 $Q=0.73Q_0$，也就是相当于理论质量的 73%，这样一来，也就把设计中的安全余量完全吃掉了，之所以会出现豆腐渣工程，就是因为转包次数太多，导致最后用于工程的经费已经严重不够，只好通过偷工减料来弥补正常利润的损失。在中国目前的架构下，所谓的招投标就是一种设租游戏而已。这种工程隐患大多要潜伏五年以上，除非遇到特殊地质事件才会显现出来，这是非常令人担忧的事情。

创新、风险与安全三者之间是无法完全割裂的复杂关系：增加安全度本身就是一种创新；实现有效地降低风险也是一种创新。而风险本身又恰恰是创新活动的特点所在，没有风险的活动也就不是创新了。基于上述分析，中国高铁在未来数年间提高安全性、降低风险就是创新活动的主要任务。一条健康、安全的高铁是中国社会发展所需要的。如果稍微仔细一点，也就不会发生“7·23”事故。经过这次事故，高铁不但不应该萎缩，而应该是让各环节耐下心来，多花些时间消化吸收技术，加大研发投入，在各个关键环节上引进人才。基于此，也才能避免类似的低级失误造成的事故。

六　结语

1. 经验总结

我国高速铁路从无到有，从落后到先进，从输入到输出的近十年发展期间，按照“先进、成熟、经济、适用、可靠”的技术方针，瞄准世界高速铁路最先进技术，通过原始创新、集成创新和引进消化吸收再创新，取得了一系列重大技术创新成果，系统掌握了集设计施工、装备制造、列车控制、系统集成、运营管理于一体的高速铁路成套技术，初步形成了具有自主知识产权和世界先进水平的高速铁路技术体系。[①] 我国高铁技术在发展过程中取得了如下一些成就：

（1）工程建造技术达到世界先进水平。针对我国复杂多样的地质及气候条件，攻克了湿陷性黄土和软土地区沉降变形控制难题，掌握了复杂地质条件下高速铁路地基处理和路基填筑技术；系统掌握了常用跨度简支箱梁的制造、运输、架设成套技术，攻克了跨大江大河和高架站桥等复杂桥梁建设难题，建成武汉天兴洲、南京大胜关长江大桥、济南黄河大桥等世界一流的新型结构大跨度桥梁；攻克了大断面复杂隧道建设技术难题，建成复杂地质山区高速铁路长大隧道群和水下铁路隧道，

---

① http：//news. sohu. com/20101026/n276490379. shtml.

首次实现了高速列车在隧道内以时速350公里交会；系统掌握了高速铁路有砟、无砟轨道成套技术，自主研制了满足时速350公里要求的高速道岔，掌握了百米钢轨制造、运输、铺设、焊接成套技术，攻克了长大桥梁无缝线路技术难题；构建了高速铁路牵引供电系统设计、施工、检测技术平台，研发了大容量供电、大张力接触网、高速接触网检测、远程监控等成套装备，攻克了高速列车重联运行接触网关键技术难题。

（2）高速列车技术达到世界先进水平。系统掌握了时速200～250公里动车组核心技术，全面构建了设计制造体系。在此基础上，攻克了制约速度提升的技术难题，在高速列车基础理论、关键技术、制造工艺、试验评估等方面实现了系统集成创新，成功搭建了时速350公里动车组技术平台，国产时速350公里动车组大批量投入运营，在京津、武广、郑西高速铁路上表现出良好的运行品质。为适应京沪高速铁路运营需要，成功完成了时速380公里新一代高速列车的设计生产，并投入了沪杭高铁运营。“和谐号”动车组以运营速度高、运量大、节能环保、平稳舒适等特点，跻身世界一流行列。

（3）列车控制技术达到世界先进水平。系统掌握了满足时速250公里的CTCS-2级列车运行控制技术，成功应用于既有线第六次大面积提速和新建的时速250公里高速铁路。研发了具有世界领先水平的CTCS-3级列车运行控制系统，基于无线通信网络系统实现地面与动车组控车信息的双向实时传输，满足动车组列车时速350公里、最小追踪间隔3分钟的安全运行要求，适应我国高速铁路高速度、高密度及不同速度等级动车组跨线运行的特点，成功应用于武广、郑西、沪宁、沪杭等高速铁路。

（4）客站建设技术达到世界先进水平。按照“功能性、系统性、先进性、文化性、经济性”客站建设的新理念，广泛采用大跨度钢架结构、悬垂结构无柱雨棚设施以及冷热电三联供、智能化分级光控系统等先进技术，成为与城轨、地铁、公交乃至航空港等多种交通方式紧密衔接的综合交通枢纽。北京南、天津、上海南、上海虹桥等150多座现代化铁路新客站已投入运用。

（5）系统集成技术达到世界先进水平。系统掌握了高速铁路总体设计、接口管理、联调联试等关键技术，实现了高速铁路工务工程、动车组、牵引供电、通信信号、运营调度、客运服务等各子系统的集成，使整体系统功能达到最优。在不同速度等级列车混合运行、高速线与既有线互联互通、地车安全信息连续传输、轨道电路对无砟轨道适应性等方面实现重大技术创新，形成了先进完善的高速铁路系统集成技术体系。

（6）运营维护技术达到世界先进水平。研发了现代化高速综合检测列车，实现了基础设施检测监测的自动化和养护维修的机械化。开发了安全防灾预警技术，实现了对雨雪等灾害的实时监测和自动应急处理。开发并广泛采用调度集中系统，全面实现了运输调度集中统一指挥。研制了适应大客流量、响应时间快、系统安全性高的综合客运服务系统，较好地满足旅客自助化、个性化、多样化的服务需求。积极开展高速铁路减振降噪、节能环保等技术攻关，大量采用新材料、新能源及现代信息技术，使高速铁路在节能环保方面的优势得到充分发挥。

2010 年 12 月 7 ~ 9 日，以“高速铁路承载绿色交通新使命”为主题的第七届世界高速铁路大会在北京隆重举行，取得圆满成功。这是当今世界高铁大会规模最大的一次盛会。中国铁道部与国际铁路联盟共同主办了这次世界高速铁路领域最高规格的会议。世界高速铁路大会是由国际铁路联盟于 1992 年发起并组织举办的全球性会议，旨在展示和交流世界高速铁路发展水平与成就。此前举办的六届会议均在欧洲发达国家召开，本届大会是首次在欧洲以外的国家而且是在一个发展中国家举办。这充分说明中国高铁取得的卓越成绩引起了世界的关注，也反映了中国高铁在国际上的地位。

2. 不足之处

虽然中国高速铁路创新取得了令人瞩目的成绩，但在整个创新过程中也暴露了不少问题，无论是其硬性支撑条件，还是软性支撑条件仍有待改进。客观地说，随着铁道部长刘志军的落马，高铁创新过程中存在的问题开始逐渐显露出来。根据现有的资料可以发现中国高铁的创新之路是存在很多问题的，归结起来主要有如下四点：

（1）政治因素对于自主创新的各环节干扰因素巨大。西方发达市场经济国家，创新都是企业的自主行为，企业以追求利润为导向，通过创新为社会提供优质的服务，吸引顾客，由此赚得创新的回报。而我国的创新行为是由政府主导的，导致创新动力不足，这也是我国高铁的创新水平一直徘徊在二阶创新的主要根源，未来的方向应该是去政治化，把创新活动归于市场，由市场的竞争机制保证创新从二阶向一阶迈进。此间的教训是由于政治的干扰，推行的所谓“市场换技术”被证明是失败的。所以中国高铁的发展被市场的出让绑架了。至今在高铁的控制系统以及主要的零部件上，我们仍然要依赖国外企业，这就是政治干预的恶果。

（2）创新的支持力度有待大幅提高。我们的高铁建设的钱大多用于修建线路与购买设备环节，很少有用于技术消化、吸收的费用，发达国家这部分投入比例大多在 1∶5～7 的水平，我们的现实是 1∶0.15，这也是影响我们从二阶创新向一阶创新的主要障碍。只要检查一下这几年中国南车、北车集团等诸多与高铁相关的企业用于创新与研发的经费占当年营业收入的比例就可以粗略知道这个问题。学习也是需要成本的，这是必须付出的代价。

（3）通过对我国主要铁路研究所与车辆厂的考察可以初步了解，我国高铁技术创新的人才储备还处于严重短缺状态。很多创新应该来自于基层，因为他们最容易发现问题，可是由于基层技术人才的短缺，导致这个最容易发现问题的创新领域往往成为创新的空白。

（4）在从二阶创新向一阶创新迈进过程中，作为创新软支撑的文化因素在这里起到了非常重要的作用，它能培养个体或团队的执行力、自由度与知识管理能力，而这些能力直接决定了创新的层次问题。从这个意义上说，构建研究团队的创新文化对于中国科研人员来讲就具有更为重要的作用。

（5）在舆论对于创新的作用中，我们过于喜欢操纵舆论，从而使舆论失去了反映真实市场需求的功能，同时也把舆论最宝贵的反馈功能屏蔽掉了，这些都是不利于创新的。一旦挣脱控制，舆论往往会成为脱缰野马，不但不能帮助创新，反而有可能会扼杀创新。对于这个环节我们的高铁创新实践根本没有给予应有的关注。

（6）对于一个成熟的高铁技术来说，除了关注建设支出的技术性创新之外，更应该关注高铁正常运行的非技术性创新要素，而这点我们现在还没有充分意识到，不过很快就会显现出来。举例说，高铁系统的定价系统的创新，就是高铁健康发展的首要非技术性创新环节。如果票价设置不合理，将会直接影响高铁的上座率，没有上座率，高铁建设的巨大投入将无法按期收回投资。以新开通的京沪高铁为例，票价的设置就极为不合理：时速 300 公里动车票价是：二等座 555 元（约 90 美元），一等座 935 元（约 140 美元），商务座 1750 元（约 270 美元）；时速 250 公里动车的价格如下：二等座 410 元（约 61 美元），一等座 650 元（约 100 美元），商务座 1220 元（约 190 美元）。2010 年我国人均 GDP 刚刚达到 3000 美元，坐一次 300 公里的动车最便宜的要花 90 美元，这个价位普通公众如何消费得起？现在网上报道高铁的实际上座率刚刚接近 50%（铁道部提供的上座率达到 107%，已经被众多人质疑，根本不能成立），巨大的座位空置率不但是一种浪费，也说明高铁的定价是不合理的。据资料介绍，铁道部为了修建高铁已经债台高筑，到 2012 年负债将达 2 万亿元，到 2015 年，每年将偿付的利息将达到 1000 亿元，如果不能改变这种定价机制，铁道部作为企业是会破产的，最新报道显示，2011 年铁道部的负债率已经达到 70%，这是很危险的事情。

附录：

京沪高速铁路简介

2011 年 6 月 30 日 15 时，CRH380 新一代高速列车 G1 次启动首秀之旅，从北京南站驶往上海虹桥站。世界最长、标准最高的高铁——京沪高速铁路通车运营。同一时刻，CRH380 新一代高速列车 G2 次从上海虹桥站首发对开，中国环渤海和长江三角洲两个世界级经济圈结成“一日生活圈”。17 时 34 分，G1 次与 G2 次首发列车擦肩而过，恍如时空穿梭，有旅客高喊：“让高铁再飞一会儿!”

京沪高速铁路于 2008 年 4 月 18 日开工，从北京南站出发终止于上海虹桥站，总长度 1318 公里，总投资约 2209 亿元，平均每公里的造价为 1.676 亿元。全线纵贯北京、天津、上海三大直辖市和河北、山东、安徽、江苏四省。2010 年 11 月 15 日铺轨完成。2011 年 5 月 11 日，京沪高铁开始进入运行试验阶段。6 月 9 日中国专家组表示，京沪高速铁路各项指标均达到世界先进水平，完全具备开通运营条件。9 日到 19 日京沪高铁全线试运行。历时 38 个月建成的京沪高铁，将 10 小时的旅程浓缩为 4 小时 48 分钟。京沪 1318 公里的距离，乘火车“朝发夕回”在人类历史上是第一次。与共和国同龄的钱先生，乘坐 G1 次列车赴上海，要在党的 90 岁生日这天参观中共一大会址。而来自上海的黄女士则坐上 G2 次列车带外孙女赶往北京，观看七一当天天安门广场的升旗仪式。

京沪高铁串起的京、津、冀、鲁、皖、苏、沪 7 省市，拥有全国 1/4 人口和占全国 4 成的 GDP，是中国经济最活跃和最具潜力的地区。京沪高铁通车运营后，预计每年双向客运量可达 1.6 亿人，既有京沪线年增加货运能力约 5000 万吨。据介绍，整个工程水泥使用量 2700 多万吨、钢材 470 多万吨、混凝土 6000 多万方、钢轨 37.6 万吨、道砟 250 万方。全线累计用工 3.1516 亿工天，高峰期用工人数达 17.47 万人，为沿线地区带来了二百余万个就业岗位。

新一代高速列车零部件数量近十万个，生产这些零部件涉及的核心层企业近百家，紧密层企业达五百余家，覆盖二十多个省区市，形成了一个庞大的高新技术研发制造产业链。可以预见，借助京沪高铁优势，沿线产业的集中度、经营的集约化程度将进一步提高。据专家测算，按照铁路投资与相关产业最高拉动效应 1∶10 比例计算，京沪高铁建设头两年拉动内需高达近1.2万亿元。京沪高铁开通运营后将使沿线地区GDP的增长率提高19%至21%。国家发展和改革委员会宏观经济研究所教授常修泽说：“舞动两大经济圈的京沪高铁，会逐渐形成一个全新的‘京沪走廊经济带’，加速地域经济文化融合发展。”

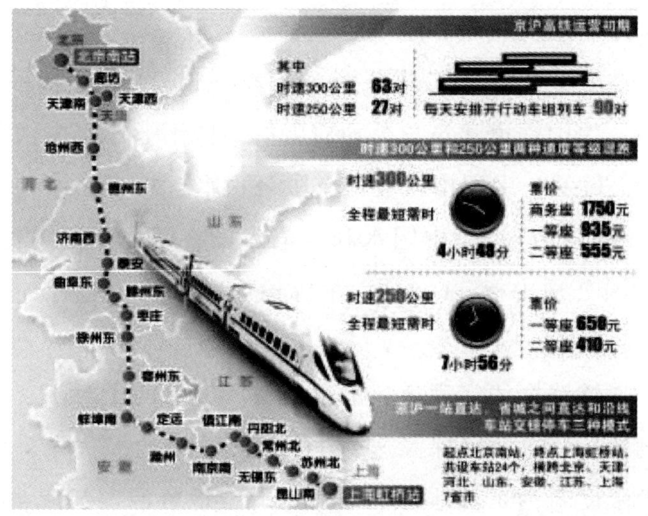

1. 京沪高速铁路工程概况

2008年4月18日9时5分，温家宝总理在京沪高速铁路开工典礼上宣布，历经十几年讨论、总投资2209.4亿元的京沪高速铁路全线开工，并为京沪高速铁路奠基。京沪高速铁路是《中长期铁路网规划》中投资规模最大、技术含量最高的一项工程，也是我国第一条具有世界先进水平的高速铁路，正线全长约1318公里，与既有京沪铁路的走向大体并行，全线为新建双线，设计时速标准为380公里，共设置24个客运车站。

桥梁长度约1140公里，占正线长度86.5%；隧道长度约16公里，占正线长度1.2%；路基长度162公里，占正线长度12.3%；全线铺设无砟正线约1268公里，占线路长度的96.2%；有砟轨道正线约50公里，占线路长度的3.8%。全线用地总计5000平方公里（不包括北京南站、北京动车段、大胜关桥及相关工程）。京沪高速铁路将全线铺设无缝线路和无碴轨道。铁路线路、牵引供电、通信信号等基础设施，采取多种减振、降噪、低能耗、少电磁干扰的环保措施。全线实行防灾安全实时监控，运用具有世界先进水平的动力分散型电动车组，由集行车控制、调度指挥、信息管理和设备监测于一体的综合自动化系统统一指挥，以确保实现高速度、高密度、高舒适性、大能力、强兼容、高正点率、高安全性的现代化旅客运输。

京沪高铁土建工程施工共分六个标段（以 TJ 作为标段名称），这六个标段中，中国铁道建筑总公司旗下的中铁十七局、中铁十二局分别中标 TJ-1 与 TJ-4；中国中铁股份有限公司旗下的中铁一局、中铁三局分别中标 TJ-2 与 TJ-5；中国水利水电建设集团中标 TJ-3；中国交通建设股份有限公司中标 TJ-6。六个标段施工总报价合计约为 837 亿人民币。

京沪高速铁路全线实现道口的全立交和线路的全封闭。既方便沿线群众、车辆通行，又可确保高速列车运行安全。全线优先采用以桥代路方式，最大限度节约东部地区十分宝贵的土地资源。2011 年 6 月 9 日，中国国内 30 名工程界知名院士、专家乘坐和谐号 CRH380 型动车组列车。专家组表示京沪高速铁路各项指标均达到世界先进水平，完全具备开通运营条件。9 日起至本月 19 日京沪高铁全线试运行，7 月 1 日正式开通运营。

京沪高速铁路主要数据：

开始运营时间：2011 年 6 月 30 日 15：00

运行时间：全程预计 4 小时 50 分钟，实际 5 小时 7 分钟。国务院总理温家宝出席 6 月 30 日的通车运营仪式并乘首发列车考察运营情况。

正线里程：1318 公里

运输能力：年单向输送乘客 8000 余万人

概算投资：2209.4 亿元

设计时速：380 公里

运营时速：初期为300公里和250公里两种

客运车站：北京南站、廊坊站、天津西站、天津南站、沧州西站、德州东站、济南西站、泰安站、曲阜东站、滕州东站、枣庄站、徐州东站、宿州东站、蚌埠南站、定远站、滁州站、南京南站、镇江西站、丹阳北站、常州北站、无锡东站、苏州北站、昆山南站、上海虹桥站

线路类型：双线电气化，无砟轨道，无缝钢轨

最大坡度：20‰

最小曲线半径：7000m

线间距：5.0m

隧道净空面积：100㎡

到发线有效长度：650m

车体：CRH380A、CRH380B、CRH380AL、CRH380BL、CRH380C、CRH380CL

票价：时速300公里动车组列车从北京到上海全程票价二等座555元、一等座935元、商务座（包括观光座、一等包座）1750元；时速250公里动车组列车全程票价二等座410元、一等座650元。京沪高铁公司将根据市场需求变化，在运价政策范围内，对动车组列车实行票价浮动政策。

2. 重点工程

北京南站：位于北京市南二环、南三环之间，是集高速、城际、普速铁路、市郊铁路、地铁（2条）、公交车和社会车辆为一体的大型立体交通枢纽（5层），车站总建筑面积约24.5万平方米，雨棚面积约6万平方米。

济南黄河大桥：在王家庄桥位跨越黄河，为四线桥。桥位处主河槽

水面宽度约 290 米、两岸黄河大堤堤距约 930 米。大桥主桥长 5143 米，跨河主桥采用五跨连续钢桁柔性拱桥（112 + 168 + 168 + 168 + 112 米），6 个主墩，其中 3 号主墩基础采用24 根 Φ2. 5m 的钻孔桩基础，圆端形承台平面尺寸 36m×23. 2m，桩长 80m。

南京大胜关长江大桥：位于既有南京长江大桥上游 20 公里处，是京沪高速铁路和沪汉蓉铁路的越江通道，同时搭载双线地铁，为六线铁路桥。大桥全长 14. 789 公里，跨水面正桥长 1615 米，采用双孔通航的六跨连续钢桁拱桥（109+192+2×336+192+109）米，采用三桁承重结构，三个主墩基础采用 46 根 Φ3. 2m/Φ2. 8m 的钻孔桩基础，承台平面尺寸为 34m×76m，桩长 107～112m。

南京南站：位于南京市绕城公路以南，雨花台区的单家楼附近。南京南站占地约 1000 亩，建筑面积 40 万平方米，主站房面积 28. 15 万平方米；南京南站一共拥有 28 座站台 28 条股道到发线，京沪场 10 线，沪汉蓉 12 线，宁安 6 线。由于 28 线错综复杂，设计人员为此安排了三个车场、三座信号楼，分别迎候不同线路的列车。南京南站为高架车站，站台在二楼，市民按照“高进低出”的原则乘车，车站三楼为候车大厅，内有六个普通候车室、一个无障碍候车室、一个团体候车室、一个城际换乘候车室和两个贵宾候车室，还有六个商业区。南京南站地面层为换乘广场。广场中心区域有地铁 1 号线、3 号线和 6 号线的进出站口，市民在这里可实现铁路、公交、地铁、长途客车和机场大巴的“零距离”换乘。铁路和公路在南京南站“合二为一”，铁路南京南站和公路南京南站一起，共占地2平方公里左右。

丹昆特大桥：从丹阳到昆山试验段，全长164公里。常州至昆山段软土分布较广，除少数特殊跨度外，大量采用32米箱梁结构。

上海虹桥站：位于虹桥机场西侧，为高速、城际普速铁路和城市轨道交通（4条地铁线）、磁悬浮交通、道路交通以及航空港紧密衔接的现代化客运中心（立体5层）。车站总建筑面积约23万平方米，其中铁路站房约10万平方米，雨棚面积约11万平方米。

虹桥枢纽

3. 列车特点

2010年12月6日，车头细长、动感十足的京沪高铁主力车型CRH380A动车组一比一实体模型在京亮相。京沪高铁列车将全部实行16节车厢编组，定员1004人。中国北车集团有关负责人介绍，京沪高铁列车将设残疾人座位，其中VIP座椅可完全平躺。

a. 全车定员1004人

日前，在京沪高铁上中国南车集团青岛四方研发的CRH380A车组先导段跑出时速486.1公里，其“姊妹车”CRH380B动车是由中国北车集团唐山轨道客车公司制造的，成功创造了每小时487.3公里的世界铁路运营试验最高速度。

中国北车集团CRH380项目设计组总体设计师李瑞淳介绍，在京沪高铁先导段上，380B跑出了时速457公里。京沪高铁开通后，将主要使用380A和380B两种列车，标准时速380公里，全部采用16节大编组，定员1004人。全列车设一等座车厢3个，二等座车厢10个，动力车厢两个，9号车厢为餐车。

b. VIP 座椅可变小卧床

李瑞淳说，尤其值得关注的是，列车 3 号车厢为全 VIP 车厢，车厢内分布 24 个航空式可平躺座椅，舒适度与安全感明显优于国内航班的头等舱。轻触按钮，座椅就能缓缓放平到 180 度，变成一张小卧床。座椅扶手内折叠收藏着液晶电视和活动小桌板，右侧还专门配设阅读灯。

京沪高铁开通后，1318 公里的里程最快 4 小时直达市区，不受雾雪雷电等特殊天气影响，而且省去远距离奔赴机场的麻烦。

c. 观光区玻璃可“雾透”转换

在 5 号车厢首次设立残疾人座椅一个，车厢内的洗手间等均有残疾人设施。如果乘车残疾人较多，该车厢内座椅还可拆卸，用于安放轮椅。列车首尾两个头车紧靠驾驶室的位置是观光区，内设两个 VIP 座椅和三个沙发座位。

更神奇的是，观光区与列车驾驶室之间的隔断采用了电子雾化玻璃，动一下按钮，玻璃墙就能在全透明和半透明之间转换，旅客可以灵活操控，便于休息或欣赏沿途美景。

据悉，这两款新一代高速动车组均为京沪高铁列车主力车型，共计 100 列，全部由我国自主开发制造，整车国产化达到 85% 以上。目前，380A 列车已在武广、沪宁、郑西等高铁上应用。

4. 京沪高速铁路设计特点

a. 重视解决移动和固定设备的匹配兼容，具备本线旅客列车和跨线旅客列车共线运行条件，实现路网资源最大化。

b. 选线设计避免高填、深挖和长路堑等路基工程，并绕避不良地质条件地段。无法绕避时，采用桥涵通过或选用其他适宜的工程措施处置。线路基础设施和不易改建的建筑物和设备为远期发展预留条件。

c. 最小曲线半径、最大坡度、到发线有效长度、动车组类型、列车运行控制方式、运输调度方式、追踪列车最小间隔时分则根据行车速度、沿线地形地质条件、输送能力和用户需求等，经技术经济比选后确定。

d. 路基、桥涵、隧道、轨道等各类结构物的设计满足强度、刚度、稳定性、耐久性要求，并加强各结构物的协调和统一，使车、线、桥（或路基、隧道）的组合具有良好的动力特性，严格控制结构物的变形及工后沉降。

e. 车站的位置、布局、规模，参照沿线城市的经济、客运量、铁路运输组织、通过能力和技术作业需要，结合工程条件、城市规划等统筹研究确定。主要客站按照现代综合交通枢纽的建设理念，实现多种交通方式无缝衔接。

f. 认真执行国家节能、节水、节材等有关政策，因地制宜地利用太阳能、风能、地热能等可再生能源，提高能源、资源的利用效率，减少污染。坚持统筹规划，在满足运输生产和安全防护要求的基础上，节约集约用地，少占耕地。

g. 重视保护生态环境、自然景观和人文景观；重视水土保持，生态环境敏感区的保护、防灾减灾及污染防治工作。选线、选址绕避自然保护区、风景名胜区、饮用水源保护区、国家重点文物保护单位等环境敏感区；通过城市或居民集中地区时，采用适宜的速度值或降噪减振措施，满足国家环保标准和要求。路基边坡采用绿色植物与工程相结合的防护措施，兼顾美观与环保、水保等要求。

h. 桥、隧和路基上电缆槽、接触网、声屏障，综合接地线、通信、信号电缆过轨等设备，加强系统设计，充分考虑设施综合利用。

i. 按全封闭、全立交设计。设置防灾安全监控系统，根据需要对自然灾害和异物侵限等进行监测。

j. 统筹研究、科学论证工务工程、牵引供电、通信信号、信息系统、电动车组、运用维修各子系统的协调配合及系统优化和集成，实现高速度、高密度、高安全性。

综上，京沪高铁是我国投入最大、运行里程最长、技术最复杂的高速铁路项目，基本上可以代表我国高铁创新的整体水平。在这条线路上，从路桥建设、轨道铺设以及列车研发、列车控制系统的运行都体现了我国高铁的技术面貌，其中有很多方面是独特的，因此，否定中国高铁有创新内容的观点是不正确的，但是我们也要看到中国高铁的创新还存在很多不足，消化吸收与创新的时间准备还不足，还需要一些时日进行磨合与改进。但是中国高铁毕竟已经聚集了大量的人力、物力，已经积累了宝贵的经验，这些都是我们的创新所得。而且中国经济的发展也需要高铁，因此发展高铁是中国铁路建设的未来，这点毋庸置疑，它也代表了中国当下所需。从这个意义上说，客观地总结中国高铁创新的经验和教训就是我们急需完成的工作。

第六章
中石油的创新案例

第一节　中石油的历史与现状

中国石油天然气集团公司（China National Petroleum Corporation，英文缩写“CNPC”，中文简称“中国石油”）是国有重要骨干企业，是以油气业务、工程技术服务、石油工程建设、石油装备制造、金融服务、新能源开发等为主营业务的综合性国际能源公司，是中国主要的油气生产商和供应商之一，2012 年在世界 50 家大石油公司综合排名中位居第 4 位，在《财富》杂志全球 500 家大公司排名中位居第 6 位。公司实施资源战略、市场战略和国际化战略，目标是到 2020 年建设成为世界一流综合性国际能源公司。①

1950 年，刚刚成立不久的新中国设立燃料工业部，下设石油管理总局，负责新中国的石油工业生产。1955 年 7 月 30 日石油工业部成立。1957 年建成第一个石油基地——玉门油田。由此开始了新中国石油工业的新纪元。1958 年开发了青海油田，1959 年开发了大庆油田，1961 年开发了胜利油田，1964 年开发了大港油田，1969 年开发了江汉油田与辽河油田。正是这些油田的开放，满足了新中国对于石油的需求，也促成了中国新生工业体系的构建。此时在石油领域的最大创新成果就是

---

① 参见 http：//www. cnpc. com. cn/cn/gywm/jtjj/。

李四光等人的地壳理论，在这个理论指导下，成功地发现了很多大油田，并彻底摆脱了中国贫油论的陈腐观点。1970 年，石油、煤炭、化工三部合并，成立了燃料化学工业部。1976 年大庆油田首先突破原油产量 5000 万吨的大关，使大庆油田成为世界级的大油田。在这个过程中，中国找油理论得到了充分的发展与完善。这可以看作是重大理论创新对于一个产业部门发展的重大推动作用。1978 年经第五届全国人民代表大会第一次会议决定，撤销石油化学工业部，设立石油工业部。1982 年成立中国海洋石油总公司，1983 年成立石油化工总公司。1988 年撤销石油工业部，成立中国石油天然气总公司。九届人大一次会议审议批准的《国务院机构改革方案》决定对我国石油石化工业实施战略性改组，分别组建中国石油和中国石化两个特大型企业集团公司。1998 年 5 月 26 日，中国石油天然气总公司、中国石油化工总公司在京举行划转企业交接仪式。至此，本文要讨论的主角“中石油”才正式以独立的姿态出现在公众面前。也正是这一年，国务院改革原油、成品油价格形成机制，决定国内原油价格从 1999 年 6 月 1 日起与国际接轨，成品油从 6 月 5 日起执行新的价格，并实行新的价格机制和流通体制。把价格与国际接轨，暗示着中央开始真正把中石油作为一家应该按照市场规则运行的企业，而不再是政府机构，这就是当时改革的一种缩影。也是从这个意义上说，中石油未来的发展是需要进行改革创新的，否则它会以一种怪异的方式和身份存在于市场。时至今日，中石油出现的乱局均与当初改革不彻底有关，并导致中石油成为一种四不像的企业：即不像政府机构，也不像真正的企业，而是政府与企业的混合体，甚至类似国家资本主义模式的产物。在中石油发展过程中，对未来更富有意义的一件事是：根据国务院《关于调整国务院部门（单位）所属学校管理体制和布局结构的实施意见》的文件精神，集团公司所属的石油大学、大庆石油学院、江汉石油学院、西安石油学院等 8 所高等学校整体划归教育部或当地政府管理。这些专科性大学的存在恰恰是中石油创新的源泉，一旦从石油系统分离出来，它对于中国石油工业的发展到底产生了多大的影响，现在还无法准确说清楚，不过，在此之前，一旦中石油遇到各类理论难题，都可以很方便地指令这些石油大学为其提供智力支持，而一旦这些大学从石油系统中分离出来，再要解决生产中遇到的问题，可能就需要以项目委托的形式来完成了，甚至可以说，这次分离，导致石油系统的创新能力大幅下降。2000 年底，中油国际工程有限责任公司在北京成立，它的成立意味着中石油生产方式的改变。

2001 年 12 月 31 日，在与大学分离后，国家经贸委、财政部、国家税务总局和海关总署认定中国石油天然气集团公司技术中心为国家级技术中心。这是国家特大型企业集团中首家取得国家级认定的技术中心，可以被看作中石油自身的技术支撑系统。根据科技部网站提供的中石油科技信息（2003 年）可知：据统计，2003 年集团公司总部及所属企业共投入科技经费 36 亿多元，取得科技成果共两千多项。有五项成果获国家奖励，其中《苏丹 Muglad 盆地高效勘探的理论与实践》获国家科技进步一等奖，《桥式偏心分层开采配套工艺技术》获国家发明二等奖。50 项成果获集团公司技术创新奖，这些成果在推动集团公司生产建设发展、提高经济效益中发挥了重要作用，增强了集团公司核心竞争力。① 在此期间，它承担的国家项目包括：天然气 973 项目中天然气藏地震识别方法研究和技术开发，在含气储层地震信号衰减和多属性气层定量预测方面取得了进展，为提高气层识别率提供了途径。重点前陆盆地大中型气藏形成的控制因素与分布规律研究，在前陆盆地多期成藏主控因素分析、前陆盆地油气富集规律研究方面取得了重要进展，对我国中西部前陆盆地天然气的勘探具有重要的指导作用。松辽盆地以及渤海湾盆地北部复杂隐蔽油气藏地质评价和勘探开发关键技术研究。这些基本上可以代表中石油在成立之初的创新总体水平。真正的经营战略转变是 2003 年的事情，当时的总经理马富才在集团公司 2003 年工作会议上提出，全面建设具有国际竞争力的跨国企业集团的奋斗目标，提出在立

① 科技工作情况（中国石油天然气集团公司），http：//www. most. gov. cn/ztzl/qgkjgzhy/2004/bmjlclzb/200403/t20040304_ 20077. htm。

足国内发展的同时，大步向海外挺进，努力做到“两个转变”，即由国内石油公司向跨国石油公司转变，由单纯的“油气生产商”向具有复合功能的“油气供应商”转变。这里可以约略看到中石油未来工作重心的转移。暂且抛开油气供应商这种转变不谈，单就进军国际市场而言，我们几年来看到中石油在世界各地买油、与当地共同开发油气田的消息，具体结果，普通百姓是无法知晓的，只是我们目前的民用油价格比国外高，抛开其内在包含的高额税收外，其原油成本也一直是个谜。从这里丝毫看不到企业的创新行为，仅凭国家垄断的做法就可以获得超额利润。相反，中石油一直报怨国内炼油行业是亏损的，为何国外的炼油企业不亏损，而我们亏损呢？当然因素很多，但是创新不足显然是一个重要原因。

如果说，从 2003 年开始，中石油就开始有意开发国际石油市场，那么这种战略转向也是需要创新的，而且是更为重要的创新，即非技术性创新：开拓新的原油市场，以及新的制度模式，可惜这些本应有所作为的领域，都没有展示出实质性的进步。

中国石油天然气集团公司，作为中国超大型国有企业，它的主营业务主要包括如下几个方面：

（1）油气业务：勘探与生产、炼油与化工、销售、天然气与管道；

（2）工程技术服务：物探、钻井、测井、井下作业；

（3）石油工程建设：油气田地面工程、管道施工、炼化装置建设；

（4）石油装备制造：勘探设备、钻采装备、炼化设备、石油专用管、动力设备；

（5）金融服务：资金管理、金融保险；

（6）新能源开发：非常规油气资源、生物质能等可再生能源。

在这六项业务中前四个领域是传统创新领域，而后两个领域则体现了当代新生的非技术性创新的内涵。可以说在 1998 年集团公司成立之前，关于与油气开采的技术已经有过很多创新，在这个领域中应该说中石油还是有历史库存的。而后两种则是中国石油天然气集团公司的薄弱环节。中石油独特的垄断架构暗示了它其实仍是一个官办的缺少自主性的企业。它的最高负责人是由中央政府任命，而不是从市场中选拔出来，这样的人事安排注定了这个庞大企业在政策制定方面就缺乏必要的民主机制，导致政策质量通常比较低，创新环境存在明显不足，由此就进入一个怪圈：领导的决策能力就直接决定了政策的质量，而政策的质量则又制约企业的创新活动。

在企业文化方面，中石油提出的理念是：“诚信、创新、业绩、和谐、安全”[①]，它集中体现了中国石油天然气集团公司经营管理决策和行为的价值取向，是有机的统一整体。其中诚信是基石，创新是动力，业绩是目标，和谐是保障。在企业文化核心的这五个价值取向中，真正能够在企业内部促进创新的要素寥寥无几，甚至可以说，这种价值取向与创新关系不大。公司所着力打造的是这样的企业文化：集团公司采取多种措施，加强大庆精神、铁人精神、延安精神的宣传教育和传承工作。从这种文化建设上你能够看到哪几个因素可以与创新有关？这就从侧面验证了在中石油内部根本就不存在鼓励创新的企业文化，创新行为与员工的绩效并不是直接相关，而且高度行政化的管理以及缺乏自由度的企业文化，根本无法支撑创新活动。

在中国石油天然气集团公司的基础上，于1999年11月5日在重组的基础上成立了股份有限公司，这部分在国内通常被认为是经过剥离，把优质资产包装起来上市的一个通俗说法而已，中石油股份有限公司通过发行H股与A股，分别在纽约证券交易所、香港联合交易所有限公司、以及上海证券交易所挂牌上市。目前普遍认为，在海外上市的股票被严重低价发售（外资股占11.53%，2010年），导致国有资产流失。也许更为严重的是，公司所得利润中很大一部分是被海外股东分走，导致公司实际净利润很低，这样就影响了公司的创新投入。

中国石油天然气股份有限公司目前的主营业务主要有四块，分别

① 中石油的企业理念，http://www.cnpc.com.cn/cn/gywm/qywh/qyln/。

是：1. 勘探与生产（原油和天然气的勘探、开发、生产和销售）；2. 炼油与化工（原油和石油产品的炼制，基本石油化工产品、衍生化工产品及其他化工产品的生产和销售）；3. 销售（原油和石油产品的运输、储存和销售）；4. 天然气与管道（天然气、原油和成品油的输送及天然气销售）。从中石油的主营业务中不难发现，传统意义上的创新大多发生在勘探、炼油与化工方向上，而新意义上的创新（非技术创新）则发生在与市场有关的方面：如原油市场的开发、与时代发展相适应的企业组织形式的变革等。

在中国石油天然气股份有限公司 2010 年的年度报告中曾提到公司未来发展可能遇到的风险因素主要有以下六个，分别是：1. 行业监管及税费政策风险；2. 油气产品价格波动的风险；3. 汇率风险；4. 市场竞争风险；5. 油气储量不确定的风险；6. 安全隐患与不可抗力风险。这六项风险中，行业监管风险是具有中国特色的一种风险，这也间接表明，中石油是一家国有垄断企业，它并不是完全市场主导的企业，它受到政府的诸多政策的直接影响。其他五项风险是石化行业共有的风险，其中油气储量不确定风险是不可抗拒的，其他四项风险都是公司进行创新的主要领域。对于中石油这样的超级公司来说，它的主要创新领域应该在汇率风险与市场竞争风险，这也是国际上跨国企业核心能力的体现。由于中石油的特殊垄断地位，以及国家对于外国石化企业的准入限制，国内市场可以说基本上没有竞争者，这是国家给予它的垄断特权，它的真正风险是汇率风险，随着中石油业务的国家化程度的提高，汇率风险恰恰是需要创新的主要阵地。遗憾的是，中石油在这方面的表现并不佳。而真正的跨国石油企业，对此是有强大的研究团队的，而且跨国企业是面临真正竞争对手的，从这个意义上说，中石油虽然庞大，但却是一家缺乏创新能力的企业。

结合上述的分析，可以清晰发现，中石油作为一家油气的生产商与销售商，它的创新领域也主要集中在这两个领域内。作为生产商，在生产过程中进行创新是传统范式，在这种创新类型中，主要区别在于主动创新和被动创新。由于中石油的特殊组织结构，人事安排的非预期性，导致创新主体的消极和被动，从而影响创新的热情与主动性。随着国内油气开采的逐年萎缩，中石油的主要经营模式开始向销售商转型，因此，中石油的一个新的创新领域是非技术创新，这里既包括市场创新、组织创新，还包括金融创新等，并且这些领域的重要性将越发突出。

正是由于中石油在新时期业务转型导致了经营格局的变化，而它自身又没有在这方面取得多少实质性的进步，因此，中石油是一个创新能力很弱的垄断企业，一旦垄断特权被消弱，它很有可能迅速走向没落。据最新 2011 年《财富》杂志评选出的全球 500 强企业中，中石油位列第 6 名，营业收入为 240192.4（百万美元），利润 14366.9（百万美元），[①] 粗略算下来，毛利润率为 5.98%。这是一个很有趣的数字，排在中石油前面的第三名埃克森美孚石油公司（Exxon Mobil）的毛利润率是 6.8%，排在第四名的英国石油公司（BP）的毛利润率是 6.75%。而这些企业都是真正的市场经济体制国家中的企业，它要经受来自世界市场的竞争。即便有如此优厚的垄断条件，中石油的利润仍低于世界上的主要公司，其中隐含的信息很耐人寻味。考虑到中国人力资本的普遍廉价，据 2011 年年报显示，中石油老总们的薪酬最高也就 98 万人民币，其他人等的薪酬水平只能更低，这样看来，如果我们的薪酬体系也按世界大公司的标准来执行，那么中石油的利润率将会低得可怜。当然，这里也有特殊原因，中国的企业承担一部分社会养老责任，加大了企业的运行成本，但是这不是根本原因。根本原因在于中国垄断企业缺乏有效的竞争，导致企业的创新动力不足，因而整体创新水平很低，大多是依靠低附加值的生产规模来维持公司的庞大架构，而并非依靠技术的强大。由于石油产品需求的刚性特征，在工业化时代，无论油气多么昂贵，还得依靠它，这就是人们常说的“石油是工业的血液”的原因所在。由于中国经济的快速发展，对于石油的需求快速增长，而且国内

① 全球 500 强企业，http://news.xinhuanet.com/edu/2011-07/09/c_121644101.htm。

新开发的石油资源远远赶不上经济发展的需求，这样的局面也导致了垄断企业产生了不思进取的心态。

在中国油气供给市场上，另一个垄断企业是中国海洋石油公司，中国海洋石油总公司（简称“中国海油”“总公司”或“集团”）是中央特大型国有企业，也是中国最大的海上油气生产商。公司成立于1982年，注册资本949亿元人民币，总部设在北京，现有员工9.875万人。它的经营业务与中石油几乎完全相同，唯一的区别是作业的地域不同。据中海油公司的介绍，它的主营业务领域是：由一家单纯从事油气开采的上游公司，发展成为主业突出、产业链完整的综合型能源集团，形成了上游（油气勘探、开发、生产及销售）、中下游（天然气及发电、化工、炼化、化肥）、专业技术服务（油田服务、海油工程、综合服务）、金融服务以及新能源等产业板块。2010年，公司全年完成油气产量6494万吨油当量，实现营业收入3548亿元人民币，利润总额977亿元人民币，年末总资产达到6172亿元人民币。[①] 仅从产量而言，中海油的生产能力也仅仅相当于中石油的一半，在市场需求严重不足的情况下，根本形不成有效竞争，倒是由于中国政治架构的干预，两者很容易达成共谋，对市场需求进行讹诈。这也是当下中国石油产业创新不足的一个根本原因。如果在这两家石油垄断企业之间进行比较，那么，由于中海油工作领域的特殊性——海洋环境，导致作业难度加大，技术要求很高，这些外在因素使得中海油不得不拿出很多经费从事这方面的研究。据中海油2010年年报提供的数据显示，中海油的科研经费投入还是很高的：2009年投入的科研活动经费为56.05亿元，其中研发经费20.93亿元，占当年的营业收入的1.6%，从这个意义上说，中海油的创新水平比中石化的水平高，开发出一系列具有知识产权的创新产品。比如具有世界先进水平的造价60亿元的“海洋石油981”第六代深水半潜式钻井平台。该平台具有勘探、钻井、完井与修井作业等多种功能，最

① 中国海洋石油总公司，http：//www. cnooc. com. cn/data/html/chinese/channel_ 110. html。

大作业水深3000米，钻井深度可达10000米，拥有DP3动力定位系统，可抵抗200年一遇的台风。从这个案例中我们可以看出，由于作业环境的特殊要求，中海油还是具有一定的创新能力的。如果按照我们对于创新的界定来说：中海油处于一阶创新阶段，而中石油则是处于0.5阶创新阶段，因为其几乎就剩下企业本能与被动改变触发的创新动机了。

下面章节我们要展开分析造成中石油创新能力很弱以及创新水平偏低的原因。

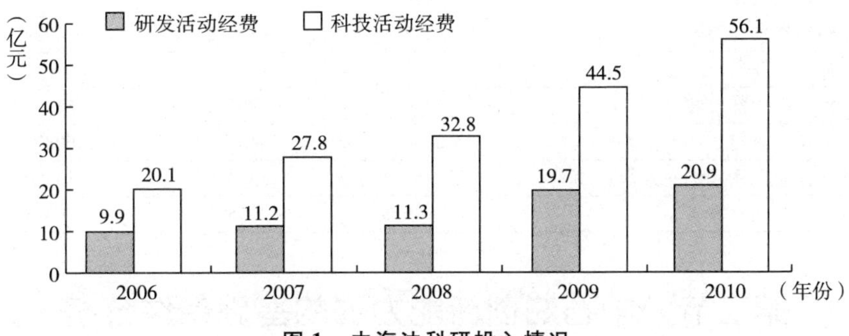

图1　中海油科研投入情况

另外一个不容忽视的原因是，中石油的运营成本以及管理成本远远高于西方主要发达国家，如最近两年接连曝光的天价吊灯、茅台酒事件等，这些暴露出来的信息足以说明中石油就是一个落后的垄断企业，它的创新能力实在有限，一旦垄断条件消失，它就会迅速被超越。

表1　中石油近三年的主要经营状况

	2008年	2009年	2010年
财务摘要			
资产总额（亿元）	18037.4	22216.0	26299.6
营业收入（亿元）	12724.0	12204.9	17208.9
利润总额（亿元）	1342.0	1284.2	1726.6
净利润（亿元）	910.5	872.2	1241.8

续表

	2008 年	2009 年	2010 年
业绩摘要			
国内上游业务			
新增探明石油地质储量（万吨）	64322	62750	65577
新增探明天然气地质储量（亿立方米）	4168.2	4616.0	5701.0
原油产量（万吨）	10825.2	10313.2	10541.4
天然气产量（亿立方米）	617.5	683.2	725.3
国内下游业务			
原油加工量（万吨）	12529.5	12512.2	13529.0
成品油产量（万吨）	7921.5	8044.9	8632.6
乙烯产量（万吨）	267.6	298.9	361.5
加油站数量（座）	17456	17262	17996
成品油销售量（万吨）	8293.1	8874.5	10247.2
国际油气业务			
原油作业产量（万吨）	6220	6962	7582
权益产量（万吨）	3050	3432	3603
天然气作业产量（亿立方米）	67.3	82.0	137.0
权益产量（亿立方米）	46.6	55.1	103.8

第二节　中石油创新能力弱的基础条件分析

我们的总体理论分析框架是把影响创新的社会基础条件分为五类，分别是制度因素、经济因素、人力资源因素、文化因素与舆论因素。在这个分析框架下，我们给各个企业的创新能力进行分类：一阶创新与二阶创新。换言之，很多创新行为都包括在这个范围内，二阶是比较低级创新，而一阶是比较高级的创新，这里主要包括有新思想的涌现以及重大观念的突破。还有很多创新行为是介于二者之间的。

一　制度因素对于中石油创新产生的影响

美国联合经济委员会早在 1985 年就分析了美国创业精神和创新环境。国会得出的结论是以下三个因素在技术创新中起到了最重要的作用：1. 私营部门的研发和政府研究的扩展；2. 增加科学家和工程师的数量；3. 完善的专利法和反托拉斯法。而该委员会给政府提出的建议主要有以下三个：反托拉斯政策、技术政策与税收政策。[①] 抛开别的建议不谈，所有的研究都证明垄断是阻碍创新的最大黑手，任何市场经济国家都在竭尽全力去打破垄断，反托拉斯法就是这个背景下出台的。而中石油面临的最大问题就是垄断，它名义上是国有大型企业，实则是制度保护下的特殊垄断企业，之所以垄断，与维护制度本身有关。在影响创新的诸多因素中，制度因素对创新行为是最敏感的。中石油的特殊背景决定了它的创新只能是在有限条件下的创新，而且由于垄断的保护，它自身也不具有主动创新的积极性。追溯到本源，造成中国石油企业垄断局面的主要原因就是制度设定。按照中国政府的构想，石油以及化工领域主要由四家公司瓜分，分别是：中国石油天然气集团公司，主营业务是石油产业的上游行业，主要指石油天然气的勘探与开发，以及相关的工程技术业务，炼油与化工是第二位的；中国石油化工集团，定位是石油行业的下游产业，主营业务是炼油与化工（中石化的炼油能力世界第二，乙烯产量世界第四），次级业务才是石油天然气的勘探与开采；中国海洋石油总公司，成立于 1982 年，最初定位就是中国最大的海上石油勘探与开采公司，主营业务是海上石油的上游业务，目前也向多元化方向发展，由一家单纯从事油气开采的上游公司，发展成为主业突出、产业链完整的综合型能源集团，形成了上游（油气勘探、开发、生产及销售）、中下游（天然气及发电、化工、炼化、化肥）、专业技术服务（油田服务、海油工程、综合服务）、金融服务以及新能源等产业板块；中国航空油料集团公司（简称“中国航油”），成立于 2002 年 10 月 11 日，是以原中国航空油料总公司为基础组建的国有大型航空运输服务保障企业，是国内最大的集航空油品采购、运输、储存、检测、销售、加注为一体的航油供应商，垄断了国内高端燃油市场。这种市场划分是典型的制度行为，由此也就基本奠定了中国石油市场的经营版图与业务范围，这也是我国石油行业垄断的主导因素。至于垄断对于创新

---

① 〔德〕柏林科学技术研究院：《文化 VS 技术创新》，吴金希等译，知识产权出版社，2006，第 365 页。

活动造成的后果影响，这里就不展开了，后面介绍舆论条件对于创新的影响时还会分析到垄断地位对中石油创新活动的制约问题。

二 人力资源条件对于中石化创新产生的影响

任何创新活动都是要通过具体的人来完成的，一个企业具有多少创新潜力，除了制度、经济、文化等因素的影响外，最主要还是看这个企业有多少具有创新能力的人才。照理说，像中石油这样的超级垄断企业，应该具有强大的人力资源储备，一流的研发机构以及一流的智库。而拥有这些要素的企业应是一个真正有实力，也能够面对危机的创新企业。那么中石油的人力资源储备到底怎样呢？还是让我们看看中石油2010年的年度报告现实的数据（图2）。

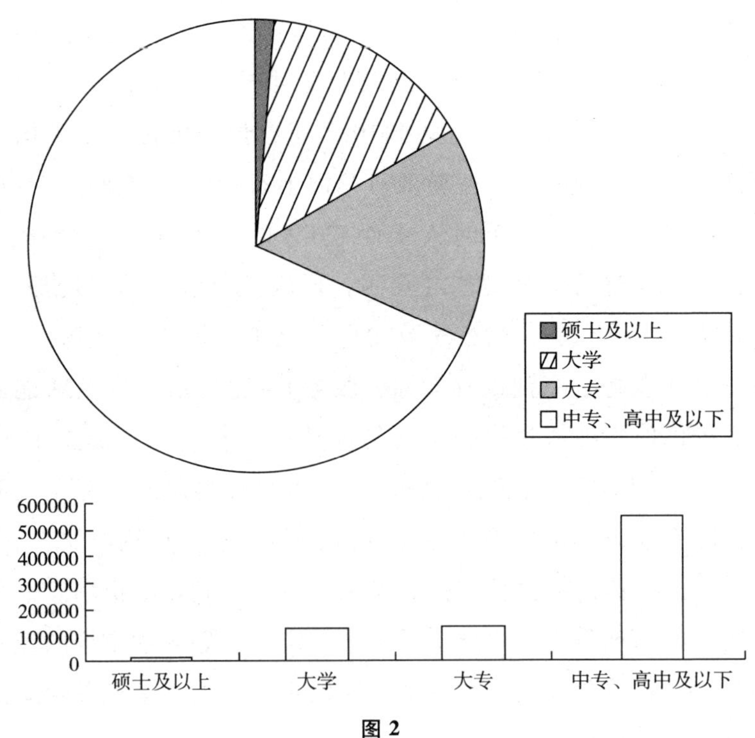

图 2

截至 2010 年 12 月 31 日，中石油拥有职工 552698 人，还有 63557 名离退休人员，我们只看在职人员的学历情况，就可初步判断出中石油用于创新的人力资源储备情况。

从这个图表中可以清晰发现，中石油的人才资源储备水平是很低的（大学以上的人才只占 25%），从这一意义上说，中石油仍然是一个知识含量偏低的行业，这样的人才资源储备，也就注定了它的创新水平只能维持在很低的水平上。作为参照，我们可以看看中石化股份有限公司的人员知识结构构成，中石化股份公司目前有在职员工 373375 名，见图 3。

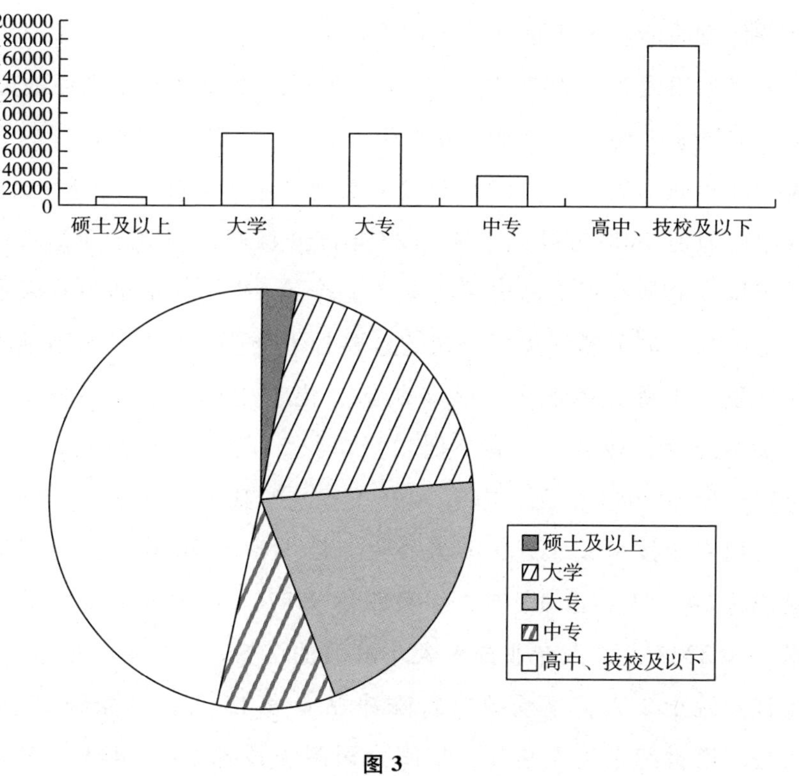

图 3

可以看出，中石化的人力资源储备情况比中石油稍高一点但是有限，与国际同类企业相比明显偏低，大学以上不到四分之一，而国际上通常在50%以上，人才储备有待提高。正如有报道指出：美国《石油情报周刊》最新公布的世界最大50家石油公司综合排名显示，中石油集团总体排名位居第5位，各分指标中排名最前的是员工数目，居第一，但同时净利润、天然气储量和油品销量均排十名之后。[①] 由此可见，人力资源对于公司的业务贡献具有一定的意义。

回到中石油内部，仔细审视一下人力资源的现状还是很有必要的。这些年关于人才的重要性的宣传已经达到了家喻户晓的程度，那么中石油作为一家特大型国有垄断企业，自成立之初，这些年在人才选拔、培养与引进上都做了些什么工作呢？下面通过分析一个中石油的骨干企业：大庆石油公司的人才储备状况，来分析一下中石油企业在人力资源基础条件方面能够给予创新的支撑强度。

大庆油田发现于1959年，1960年开发，49年累计生产原油突破20亿吨，向国家上缴各种资金1.6万亿元，自主创新了居于世界领先水平的大型陆相非均质砂岩油田开发技术系列，主力油田采收率突破50%，实现年产原油5000万吨以上连续27年高产稳产，创造了我国石油工业原油产量、上缴利税、油田采收率“三个第一”。大庆油田有限责任公司，是中国石油天然气集团公司的重要骨干企业，主要从事石油天然气勘探开发、工程技术服务、装备制造、化工生产、生产保障、矿区服务、多种经营等业务，共有下属二级单位52个，资产总额2072亿元，固定资产原值2644亿元、净值1196亿元。[②] 其中，技术人才储备情况是：公司专业技术人才近3万人。大专以上学历24066人，占83.5%；高级职称2437人，占8.5%；中级职称9387人，占32.6%。其中核心技术人才2202人，占专业技术人才总数的7.6%。在核心技术人才中，有工程院院士2人，享受政府特殊津贴专家15人，国家级专家3人，集团公司跨世纪带头人9人，集团公司高级技术专家24人，公司技术

① 中石油列全球石油第五强员工数目指标居第一，http：//www.chinanews.com/ny/news/2010/01-21/2084537.shtml。

② 大庆石油有限责任公司，http：//www.dqyt.net/。

专家93人，公司学术技术带头人163人，厂（分公司）学术技术带头人491人，技术骨干1402人。[①] 大庆石油公司介绍现有员工21万人。我们暂且用公司公布的不是很详细的数字来简单推算一下：公司经营管理人才共有5万余人。大专以上学历33550人，把管理人才与上面提到的技术人才加起来，总数约有8万人，其中大专以上学历人才总量为57616人，占公司员工总数为27%，也就是人才储备占公司员工的比例仅仅是四分之一多一点，印证了上述国际比较中呈现的人力资源还比较薄弱的现状，要知道大庆石油是中石油中表现比较好的子公司，具有很强的代表性。那么我们对这个案例的情况还要再分析一下。

有资料介绍："从1960年大庆油田投入开发到1995年底，累计生产原油13.5亿吨，占全国同期原油总产量的47.2%。1995年大庆石油管理局全局共育职工25.9万人。1999年大庆石油管理局进行重组，主营业务划到大庆油田责任有限公司，新的大庆石油管理局以油气勘探、石油化工、油田建设为主。2005年，管理局有员工11.6万人。"[②] 1999年的石油企业的重组对于企业的业务范围、以及人员配置等产生了严重影响。通过所谓的主辅剥离，把一些业绩好的业务与人才划分到上市公司里，结果就导致其他的企业大伤元气，运营困难，企业创新能力急剧降低，中石油的很多企业在重组中都经历了这种变化。大庆石油管理局遭遇的情况足以代表所有类似的企业处境。

改组后的大庆石油管理局为了扭转创新能力急剧滑坡的状况，采取了"顶层设计"的创新管理办法，它的背景就是企业的人、财、物在重组后都被削弱了，无力支撑原有"遍地开花"的模式，在有限财力和人力资源的情况下采取资源整合的模式，改变以往的"项目单一不配套，应用效果不理想，通过顶层设计成深井钻井完井技术研究，从源头上解决问题。"[③] 顶层设计有其优点，但是也局限了创新的范围，这

① 人才队伍，http：//www.cnpc.com.cn/dq/dqyt/rlzy/rcdwjs/。

② 刘振武等：《中国石油集团公司技术创新案例》，石油工业出版社，2006，第55~56页。

③ 刘振武等：《中国石油集团公司技术创新案例》，石油工业出版社，2006，第58页。

种模式突出了创新的实用性，缺乏前瞻性、长远性，所有的创新行为都是针对当下的生产。这次重组造成的另一个影响就是人才的大量流失，由于留下的企业效益不好，人才纷纷跳槽，从而加剧了企业创新能力变弱的趋势，此时也迫使企业采取薪酬制度改革，以此留住人才。直到海外业务大量开展以后，石油等能源行业在经济快速发展的驱动下凭借垄断地位获得了丰厚利润，有了大量财力，才逐渐加大了人才的引进力度，情况也才开始好转。为了更好地展示这种变化，我们还需要考察一下中石油的人力资源变化轨迹，由此以推测中石油创新能力的历史变化轨迹。

1. 中石油的人力资源演变轨迹

自 1998 年中石油集团与中石化集团进行跨地域的整合和重组，并互相转交资产，形成了中石油偏重于上游，中石化则发力炼油等业务的格局。

作为对以后改革成果的比较，我们先讨论之前几年的人事变化。1992 年，中国石油天然气总公司明确提出将油气田企业改组为三大块，即主管油气勘探开发和销售的油公司，为油气生产服务的各种专业化施工公司，以及从事油气以外多种经营和第三产业的各种实业公司。[①] 这时候的中石油开始感觉到，在过去那种国有企业一片亏损的状态下，必须有所创新，于是结合当时中央的政策和指示，对企业进行了改组。这是在 1998 年重大改组之前的一次重要的改革，在这样的形势下，开始提出了《石油企业精干主业分离人员的探索》，对分出来的三种公司进行产权划分，分开经营，这时中国石油的人力资源出现了一次大的变动。各个被划分为副业的公司开始进入改革时期。[②]

这次石油、石化企业大重组以后，中石油与原总公司相比，发生了一系列重大变化：一是身份变了，由行业性、行政性总公司变成一个名副其实的石油石化企业，真正以企业身份和企业形象进入市场。二是职

① 《一九九四年路上石油工业的新发展》，《石油企业管理》1995 年第 2 期。

② 杨家旭：《石油企业精干主业分离人员的探索》，《石油企业管理》1995 年第 2 期。

能变了，过去具有的部分政府职能和行业管理职能要上交给政府部门，一些具体的生产经营管理职能要下放给企业。三是经营范围变了，由过去主要从事油气勘探开发业务，转变为上下游、内外贸、产销一体化经营。

成立之初，中石油公司在人力资源管理方面，可以说就是围绕解决过多的冗余劳动力问题展开的，与人才队伍建设没有任何关系，只是希望借此，降低企业成本，明确职责。

正如有人指出：目前各企业普遍存在职工太多，职工队伍素质不高这一现象，优胜劣汰的机制还没有真正建立起来，原因在于只有入口，没有出口。劳动者进入企业，名义上是合同制，实际上等同是计划经济条件下的固定工。这种只进不出的用工机制造成企业冗员过多、人工成本过高、效率效益低，矛盾十分突出。国外一个1000万吨级的炼油厂，用工一般在400到500人，而国内一个500万吨级的炼油厂，职工总数一般在万人以上，劳动生产率相差40倍。法国道达尔公司的一个炼油厂，一次加工能力每年1600万吨，全部职工仅1037人，而且还包括345名研究人员。而国内加工能力每年550万吨的企业，在职职工17000人，另外还有离退休人员4500人，可想而知效益与国外相差多远。因此，不解决人的问题，企业发展就无指望。而解决这一问题的办法就是严把入口，畅通出口。[①]

这个问题的真正解决要到“十一五”期间，一个最有力的举措就是引入绩效考核机制，此时随着开拓海外市场步伐的加快，人才短缺的问题开始呈现出来，此时从制度层面上开始引入竞争机制，只有到了这个时候，公司的人才队伍建设才开始进入快车道，从这个意义上说，自中石油股份公司成立以来，其以企业的形式走向市场，才开始逐渐认识到人才的重要性；也就是最近五年，其人才队伍储备才具备雏形。过去人力资源构成中具有创新能力的人才过少的状况直接限制了中石油的整

① 周红：《建立职工能进能出的用工机制》，《石油企业管理》1999年第5期。

体创新能力。最近几年中石油兴起的把人力资源建设和企业文化的建设联系起来，是一个提高人才资源储备的不错办法。希望能够通过这种办法解决好吸引人才与留住人才的目的，没有充足的人才储备，任何创新的设计都是空谈。

三　经济因素对于中石油创新产生的影响

中石油在2011年最新公布的《财富》杂志上排名第六。2010年的销售收入达到17209亿元人民币，净利润达到1241.8亿元人民币，应该说中石油有足够的能力进行创新。但是我们看看中石油投入科技的经费有多少，即可以知道它对于创新的真实态度。作为同类企业，中石化在2010年度年报中显示：中石化股份公司2010年产值19131.82亿元，研发投入为48.35亿元，仅占营业收入的0.25%。中石油的研发状况还不如中石化，由此可见中国石油企业研发投入的真实状况。而世界著名公司的研发投入一般占到营业收入的2%～5%，中石油远远低于这个比例。下面我们稍微详细地从经济基础条件方面来探讨中石油的创新问题。

众所周知，能源经济是当今各国经济的核心问题，它关系着国家经济发展的全局，甚至国家宏观战略的整体布局。因此世界各国众多领域的专家学者都对此给予高度关注。下面的论述立足于中国能源发展的现状，以及对国家中长期发展规划中涉及的与能源相关领域的一些分析，基于这种背景，探讨我国石油企业进行自主创新的经济基础支撑条件的状况，并从市场环境以及经济安全等角度对中石油进行自主创新的情况进行分析，以期针对中国石油企业在进行自主创新中经济层面遭遇到的问题寻找出一些有针对性的解决措施，进而达到对中国自主创新问题的更加深入的把握。

1. 中国石油企业进行自主创新的经济现状分析

中国石油企业的自主创新经历了多年的积累，如今已初见规模，但是，这种进步显然跟时代发展的步伐还有一些差距，在中国石油企业纷纷走出国门的今天，这种创新的差距已经开始显现出来。为了更好、更快地建设中国石油企业的自主创新体系，非常有必要对中国石油企业自主创新的现状进行深入的分析。在探讨经济基础支撑条件对于创新的重要作用时，首先厘清一些长期存在的错误认识非常有必要。在观念层面存在的问题，由于根深蒂固很难改变，总体来说，这些认识误区正如邓昌华总结的那样，石油企业在自主创新建设方面主要存在以下认识误区：①

（1）思想认识还没有完全到位。

由于石油石化企业属于关系国家经济命脉的重要行业，长期以来一直处于国家高度计划经济体制管理之下，活动范围狭窄，市场竞争意识淡薄，竞争能力差，习惯于寻求国家和行业的保护或谋求行业垄断，不少企业没有遇到过或遭受过倒闭、破产的威胁，缺乏以自主创新求生存、谋发展的压力和动力。客观地说，中国石油企业之所以创新能力弱，主要原因是因为高度垄断从基础上遏制了企业创新的动力与活力。

（2）重引进，轻消化、吸收、再创新现象严重。

改革开放以来，石油石化企业依靠较雄厚的资金优势和国家产业政策的支持，大规模引进国外先进技术和先进装备，推动了产品技术更新换代和产业结构优化升级。但是，由于重引进，轻消化、吸收与再创新的弊端积重难返，造成了一些企业不断重复引进和持续依赖国外技术的结果。虽然我们对一些引进的先进装备也进行了国产化的研制与开发，但是由于消化过程慢、研制周期长且需要承担一定的投资风险，工艺设备配套与项目整体设计难以同步跟上，再加上国外先进技术装备也在不断地更新升级，技术发展日新月异，使得我们的研发工作总是步其后尘，即便是历经千辛万苦后研发成功，却因赶不上技术发展步伐，而使国产化陷入尴尬境地，走进“引进—消化—再引进”的怪圈。

---

① 邓昌华：《如何增强石油石化企业的自主创新能力》，《石油科技论坛》2007 年第 2 期。

（3）研发力量不足——研发机构少，高级科研人员缺乏，人才流失较严重。

据有关资料统计，我国近三万家大中型企业中目前有研发机构的仅占25%左右，其中还包括了一些一般的工艺科室、设计室等。如果按照严格意义上的技术研发机构标准统计，这个比重可能就更低了。有研发活动的企业仅30%左右，其中还包括一些仅有技术革新、技术推广、技术普及、产品研发等活动的企业。2005年，大中型企业的研发经费只占销售额的0.76%，即使是高新技术企业也只占1.05%，技术创新能力不容乐观。我国石油石化企业同样也存在这样的问题。根据国际经验，企业技术研发投入不应低于销售收入的3%，否则将失去市场竞争力。经济发达国家一般都在5%～10%，世界500强企业都超过了10%。韩国三星公司在全球各地有17个研发中心，拥有3万多名研发人员，约占全部员工的1/4左右。石油石化企业目前不仅高级科研人员严重不足，而且人才流失现象也不容忽视。近年来，随着市场经济的发展，石油石化企业工资及福利待遇上的优势正在逐渐减弱，加之进入我国的各跨国石油公司以其各种优厚的待遇与我们争夺各种高级专业人才，吸引和留住人才已成为困扰企业的一大难题。石油石化企业人才流失日趋加剧，在一定程度上削弱了企业的自主创新能力。

（4）国家相关鼓励政策没有完全落实到位。

尽管国家为鼓励企业增加技术创新的投入相继出台了一些具体优惠、鼓励政策，但这些政策在贯彻落实过程中情况却不尽如人意。比如，国家规定企业研发费用可列入管理成本，比上一年超额部分的50%可抵扣所得税，但由于这种抵扣有的要从地方所得税里面扣，一些地方为了完成税收指标任务，不愿意甚至不让抵扣。又如，我国技术装备进口的现行税收政策规定，进口成套设备可以免税，而进口关键原材料、零部件则必须按有关规定纳税，这种有悖于技术装备立足国内原则的税收政策无疑助长了装备的成套引进，不利于企业开展自主创新活动。

对具体的石油企业来讲，中国石油企业取得了一定的成绩。“中石油集团在苏丹探明了3/7区Palohue大油田，累计探明地质储量达30亿桶以上，并在苏丹3/7区北部凹陷发现了Ju-meza、Bongwest、Moleeta和Miyan等含油构造带，并证实了南部凹陷含油气系统，其探井的商业成功率超过80%，每桶油发现成本大大低于国际大石油公司的发现成本，勘探效益和社会效益显著。”①

而且，“近年来，中国石油企业加强了同世界石油生产国和消费国政府、国际能源组织及跨国石油公司的交流与合作，境外油气勘探开发成效明显。在苏丹等地区取得控股、参股和独立勘探开发权益，控制海外份额剩余油可采储量超过4亿吨，建成原油生产能力1300万吨，天然气能力8×10^{14}立方米。同时，积极开拓物探、钻井、测井、录井和管道建设等工程服务市场，带动了技术、装备和材料出口及劳务输出。创新能力有很大增强，但仍不能适应勘探开发发展形势的需要。中国的油气资源特征复杂，勘察难度大，成本高，风险大，某些勘探理论和某些技术难题有待突破，如前第三系碳酸盐岩生烃成藏理论、深层成藏理论、深水勘探技术、山地地震、高原勘探技术、低渗透油藏开发技术等。与国外大石油公司相比，我国石油企业在石油深井、超深井钻井技术、高新技术应用和重大技术装备配套等方面存在明显差距。资源量较大，而勘探难度也越来越大。从1994年全国第2轮油气资源评价结果可知，全国石油资源量为940亿吨、探明程度约22%，天然气资源量为38×10^{14}立方米、探明程度约为5.4%，油气勘探潜力较大；但剩余资源量主要分布在西部地区，远离东部消费市场，而西部地面条件比较差，油气藏深、构造复杂。”②

① 中国石油集团：《中国石油2003年十大科技进展》，http://www.cnpc.com.cn/cn/ywzx/jscx/kjcg/2003%E5%B9%B4%E4%B8%AD%E5%9B%BD%E7%9F%B3%E6%B2%B9%E5%8D%81%E5%A4%A7%E7%A7%91%E6%8A%80%E8%BF%9B%E5%B1%95_.htm。

② 关开澄：《石油企业科技创新的现状、制约因素及对策》，《石油科技论坛》2005年第2期。

2. 中国石油产业创新的外围环境

通常来讲，一个产业绝不能孤立地在社会中获得发展，它离不开所在国家的宏观经济体制。在某种意义上讲，这直接决定着产业组织架构、运作模式、经营理念，严重点说，事关企业未来的命运。这对于能源经济，特别是石油产业更是如此。中国的社会主义市场经济体制对于我国石油产业有着非常重要的影响，这不仅体现在生产资料的资源调用上，也体现在流通、分配等诸多领域。它的运作模式不是完全的市场行为，而是更多地受到政治的影响。

对于这一点，中国学者韩学功认为，中国石油经济体制改革应坚持“五个有利于”。具体讲就是“石油经济体制改革要以我国宪法为依据，有利于坚持以公有制为主体、多种所有制经济共同发展的基本经济制度，即有利于毫不动摇地巩固和发展公有制经济，毫不动摇地鼓励、支持和引导个体、私营等非公有制经济的发展。改革要有利于支撑国家经济发展，保证国家经济安全，实施国家能源和石油发展战略。改革要有利于提高国际竞争力，培育世界级的跨国石油公司。改革要有利于提升自主技术创新的能力。改革要有利于产业结构调整。”① 同样地，在思考关于经济体制创新的方向的问题时，他认为，“中国石油经济体制改革的总体目标是提高中国石油产业的国际竞争力，而这种国际竞争力只有在国际竞争中才能真正获得，因而需要市场化的竞争环境。”② 因此，他认为，中国的经济体制改革必须着力于“抓好石油天然气立法；完善石油产业政策；改革原油、成品油、天然气的价格形成机制；加速建立中国石油监管体系。”③ 这也是国内很多专家共有看法的一个明确表达，但是这里存在遏制创新的先天困境：一方面坚持公有制为主体的垄断经营模式，另一方面又要求石油企业积极开展自主创新。这是很荒谬的说法，有垄断地位，利润不成问题，哪来的创新动力？再者，垄断企

① 韩学功：《中国石油经济体制改革之我见》，《国际石油经济》2006 年第 4 期。

② 韩学功：《中国石油经济体制改革之我见》，《国际石油经济》2006 年第 4 期。

③ 韩学功：《中国石油经济体制改革之我见》，《国际石油经济》2006 年第 4 期。

业的领导者由上级任命，为求稳，也极大程度上遏制了来自上层的创新热情。因此，在垄断主导模式下，奢谈创新无异于一种善意的玩笑。

但是，在经济全球化的大趋势下，石油企业仍然面对着很多问题。其中有很多属于体制问题，也就是说属于体制对企业发展的限制，这主要体现在以下几个方面①：

（1）法律法规不完善、不健全、不配套。

（2）中国石油行业是由国有经济主导的行业，由于经济转型期的体制问题，因而市场化程度不高，从而衍生出一系列制约企业发展的问题。首先，行政性的企业重组分割了资源与市场，很难真正做到政企分开、建立现代企业制度和公平竞争；其次，市场体系不健全，造成某些垄断和价格的失真，影响企业效益和发展。

（3）石油企业大多处于偏僻和落后地区，并且冗员过多，由于社会保障体系不健全，政府解决就业能力有限，对企业轻装上阵、加速发展带来很大的约束。“经济环境因素的未来发展趋势对石油企业技术创新能力的发展呈现出有利态势，进一步稳定了石油企业的科技投入水平，并使其技术创新能力得到提升。”② 对于经济环境的依赖是任何企业都无法规避的一个问题。我国政府对于改善企业所处的经济环境也制定了一些基本的政策，取得了一定的效果。比如，“利率水平关系到石油企业的投资成本。低利率水平将降低石油企业科研投资、技术更新改造投资的资金成本，有利于石油企业扩大技术创新基础设施建设，提高创新能力”③。可以说，国家整体经济的快速发展，为石油企业提供了发展的契机，但是这种契机如何能转变成现实的创新仍有许多深层次的问题没有得到解决。对于垄断企业来说，通过市场需求的变化来倒逼企

① 韩学功：《经济全球化与中国石油企业集团全球化战略的思考》，《石油管理干部学院学报》2004 年第 3 期。

② 陈蕾、张铀：《石油企业技术创新能力发展的经济环境分析》，《科技创业月刊》2008 年第 6 期。

③ 陈蕾、张铀：《石油企业技术创新能力发展的经济环境分析》，《科技创业月刊》2008 年第 6 期。

业创新是一种被动的创新，目前中国的石油企业都处于这种市场倒逼创新状态，因此，打破垄断是促使石油企业进行创新的当务之急。

3. 用于自主创新资金投入的现状

在中国石油企业的发展中，创新始终是极为重要的一环。这其中有很多值得推广的成功经验，同时也有不少资金为了形式上的创新而“打了水漂”。这其中一个不容忽视的问题就是，中国的石油企业一直把企业经济效益的增长放在第一位，单纯地追求经济总量上的突破。宁愿将资金投入企业经营规模的扩大上，甚至是投资与集团主要经营项目没有多大关系的却利润颇丰的其他产业，比如建筑房地产、金融期货等行业，也不愿意将大笔的资金“浪费”在风险大、回报不明确的“自主创新领域”。加之个别地方政府的“唯 GDP 马首是瞻”的片面政策导向，某些石油企业更不愿意涉足自主创新领域了。但问题也没有十分令人悲观，一些大型的国有石油企业，由于中央重视其企业的生产方式转变以及业务领域里的结构调整，及其在行业内的创新示范效应，这些企业被迫将一部分精力转向自主创新领域，而且取得了一定的成绩。根据已有的研究成果，对石油企业用于自主创新领域的投入和产出作了一些简单的评述，期望能够从中发现一些具有普遍性的问题。

（1）石油企业资金一般使用情况。

首先我们将对石油企业资金管理的现状进行一个整体上的把握，然后再对石油企业用于创新方面的资金使用情况作进一步的分析。

对于石油企业的资金管理的现状，胡瑜认为存在以下几方面的问题：①

①长期以来，由于受到传统财务管理理念的制约，各石油企业对于资金的筹集、运用、分配始终缺乏其必要的科学性、合理性，并没有将资金时间价值理念充分引入至资金管理之中。例如，某些企业的决策层一味追求产量产值的扩大和提高，而对于所投资项目的可行性并未进行

---

① 胡瑜：《对当前石油企业加强资金管理的现实思考》，《中国商界》2010 年第 11 期。

理性分析，从而导致了许多不经论证的项目在完工后由于成本、效益、技术等各方面的因素，已经无法适应现实的市场需要，因此被迫放弃或低价转让，由此造成了巨大的资金浪费。这种长官意志造成的资金浪费非常严重。

②内部控制制度作为企业实施资金管控的一种重要手段，其在石油企业资金管理中的重要作用是不言而喻的。但是，目前在石油企业的日常会计工作中，时常会出现一些诸如授权审批不严格，岗位职责分工较模糊的现象，如某些企业为了减员增效，常常出现出纳与记账、记账与审核等岗位兼容的现象，从而极大的增加了财务舞弊事件的发生概率，为本单位的资金安全增添了不稳定性因素。此外，某些单位还不同程度上存在虚开发票、套取现金的现象。

③目前，许多石油企业在长、短期资金的分配使用上存在较严重的比例失衡现象，其对于长期项目的资金投入较多，由此导致企业短期内流动资金不足，周转不力，进而有可能陷入严重的财务困境之中。从实际来看，大多数石油企业在项目投资过程中依然沿袭着粗放战略，热衷于中远期投资，而对于内部流动资金的管理也存在机构比例失衡、资金搭配不合理、资金沉淀与资金匮乏并存等问题，从而大大增加了企业的财务风险，增大了企业经营失败的概率。

④就目前而言，虽然石油企业普遍存在长期投资偏好，但对于如何合理地筹融资以及资金如何运作或管理方面它们却并未形成有效的策略，许多企业资金的流动性较差，而同时沉淀资金却又较多，因此形成了资金周转不力、较为分散且闲置浪费严重的不利局面。由于管理意识的落后，这些企业对于流动资金的运作普遍缺乏深层次的控制和分析，既没有及时制定营运资金的相关持有政策，也没有制定相应的考核目标，其投资管理较为混乱，资金运营效率低下。盲目投资现象是当下的一个主要弊端。

对于这一点也有学者认为，“在资金管理上非常重要的环节就是实行财务预算制度和资金调度与信贷制度，除了投资预算，还有营运资产预算和费用预算。预算是财监中心进行财务调度的基础和根据，也是财务管理的尺度。财务部门有权对各项预算的执行进行监控。资金调度与信贷制度是财监中心通过所设的内部结算中心来监控各下属企业的财务状况并统一调度资金，调剂余缺。下属企业需要贷款，内部能解决的则向结算中心贷款，还贷利率同银行利率，或给予一定的优惠；若内部无法解决，需由总部担保向外借贷，从而使信贷与信贷规模得到控制。”①

（2）石油企业对于自主创新的资金投入。

任何创新活动都不是天上掉馅饼，它的实施与运行是需要投入的，换言之，创新活动不是免费的。因此，一个企业的创新水平如何，通过考察它的创新投入即可进行粗略判断。为了使创新能够具有持续性与活力，就要进一步加大企业用于 R&D 的相关资金支持力度。对于这一点，有学者认为，“石油企业要提高自己的市场竞争力，同样也需要技术创新。为此，就需加大 R&D 经费投入，为企业技术创新提供必要的资金支持。R&D 经费占销售收入的比重是衡量企业技术创新潜力的重要指标。国外企业之所以不惜巨资投入进行 R&D 活动，原因在于技术创新活动的产出可包括两个方面：一是有形产出。它以物质产品和利润的方式得以体现；二是无形效益产出。它具体表现为内含于物质产品和人力资源中的知识和技术增量。这种知识和技术增量的重要性在于它是提高技术创新能力、积累技术创新资源的基础。这种知识和技术增量尽管未必立即转变为有形资产，但却对创新主体此后的发展具有重大的战略价值。所以，我国石油企业要与国外大石油公司相抗衡，不加大 R&D 经费投入是难以进行的。必要的经费投入是企业技术创新的前提条件和基本保证，只有 R&D 经费投入得到保障，才能使我国石油企业积累起一定的技术创新能力。”②

---

① 汪丽清：《围绕资本运营效益　实现石油企业管理创新》，《国际石油经济》1996 年第 2 期。

② 赵玺玉、吴经龙：《提升我国石油企业技术创新能力的研究》，《石油大学学报》（社会科学版）2003 年第 1 期。

我们知道，要有高的回报就必须有高的投入，在这一方面中石油一直走在同行业企业中的最前列。有媒体报道，"'十一五'期间，中石油的科技投入超过600亿元，年均增长20%以上，科技投入强度（科技投入占销售收入之比）超过1%。'十二五'期间，这一投入标准将提高到1.2%，预计五年期间科技投入将超过1000亿元。在973、863等国家重点项目的投入上，中石油计划在2008年至2020年期间的投资额约为400亿元人民币。为了确保地区公司持续加强对于科技创新的投入，中石油在地区公司一把手的考核指标中不但列入了专利申请数量的指标，还把对于研发课题的投入列入其中"①。

由于中国具体的国情和经济制度，能源类的央企一直在自主创新投入方面处于领先地位。有权威媒体指出，"中央企业承担着全国几乎全部的原油、天然气和乙烯生产，生产的高附加值钢材约占全国60%，发电量约占全国50%。中央企业承建青藏铁路、三峡工程、西电东送、西气东输、南水北调等重大工程，这些充分印证了中央能源企业对中国经济社会发展的支撑作用"②。同时其透露，"'十一五'时期，中央企业科技研发和自主创新能力显著增强。2006~2009年中央企业科技投入经费年均增幅达到28.5%，科技投入占营业收入比例达2.1%。33家中央企业被命名为国家级创新型企业，46.2%的国家重点实验室建在中央企业。2005年以来的国家科技进步特等奖和国家技术发明一等奖全部由中央企业获得。世界上时速最快的动车组、首个特高压示范工程、首个煤直接液化示范工程都是由中央企业研制建设的。仅2010年就有多项能源技术获国家科学技术奖励，如"三峡输电系统工程"获得国家科学技术进步奖一等奖，"大庆油田高含水后期4000万吨以上持续稳产高效勘探开发技术"获得国家科学技术进步特等奖。

近年来，中央企业科技投入水平逐年提高。2009年，中央企业科

① http：//finance. sina. com. cn/leadership/mroll/20110613/22499983845. shtml.

② http：//www. chinaero. com. cn/zxdt/ttxw/03/93470. shtml.

技活动经费总额达到2633亿元，2006～2009年年均增长28.5%，远高于同期销售收入和利润增幅，科技投入占销售收入比重达到2.1%，比2006年增加了0.6个百分点。“十一五”期间，中石油、国家电网、中石化等七家企业科技投入超过上百亿元。不仅能源中央企业不断提高科技投入，神华集团、中石油、中石化等企业还加强和完善集团中央研究院，集中力量开展战略性、前瞻性、基础性技术研究。神华集团投资25亿元建设低碳清洁能源研究所；西电集团整合原三个行业研究所，成立了西安高压电器研究院；中石油推进了40个企业重点实验室、试验基地的建设。①

尽管有着这样的成绩，但是问题也不少。有权威评论人士指出，“制约中国石油开采技术研发的因素很多。首先是科研资金投入相对不足。按照国际一般标准，研发经费占产品销售额5%的企业才具有一定竞争力，而这项投入占销售额2%的企业仅能维持生存。中国石油工业企业在技术研发的资金投入不到销售收入的1%，而国外大型石油公司的科研投入近十年来稳定在五亿～八亿美元，科研投入占销售收入的比例一般是2%～3%。国外石油技术服务公司的科技投入在收入中的比例更高。20年来，斯伦贝谢每年的科研投入占当年营业总收入的5.5%～7%，因此，该公司一直保持着石油勘探与开采技术领先。近几年，中国石油开采技术资金投入的总量虽然呈上升趋势，但是科技投入在整个销售收入中的比重却不断下降，因此，整体的科研投入强度是逐年下降的。若按人均计算科研经费，与国外大型石油公司的差距就更大，中国石油工业多年来的科研经费人均不足5000元，直接影响到中国石油开采技术的创新与发展”②。

首先，中国石油企业研发投入不足已经是一个老问题，造成这种状况的原因除了上面提到的原因外，它还直接涉及体制的制约，由于政绩工程的影响，没有任何一个领导有耐心和勇气进行创新活动，由于创新

① 参见 http：//www. chinaero. com. cn/zxdt/ttxw/03/93470. shtml。

② http：//www. 21cbh. com/HTML/2008-12-6/HTML_ 07ICDNSQMVHX_ 2. html.

本身的高度不确定性，一旦失败，投入将无法体现出政绩的要求，直接影响当事者的政治前途，因此，领导者没有意愿进行这种冒险。其次，领导者还不得不进行创新，因为国家政策对于企业的创新活动有税收减免的优惠措施，假借创新之名，可以获得高新技术企业的称号，然后达到避税的目的，至于是否创新企业并不真的在意。最后，中国石油企业的税收太重，使得企业没有能力拿出太多的钱进行创新，结果就导致了具有中国特色的石油企业创新的循环逻辑的怪圈。

四　舆论因素对于中石油创新产生的影响

媒体舆论具有监督、引导与信息沟通的作用，也是公众积极参与公共事务的有力平台。公众参与能够有效发现企业自身存在的问题，帮助企业进行有针对性的改革。对于中石油这样的大型国有垄断企业来说，形成有效的监督与信息反馈渠道一直是一个非常困难的问题，而舆论恰恰是开放时代成本最低、效率最高的信息沟通渠道。舆论与创新的关系在我国的创新研究中，一直没有得到有效的清理，基于此，我们认为舆论在创新过程中主要有以下三方面的作用：首先，舆论反映了公众对于企业的一种态度与诉求，这就为企业的创新活动提供了一种明确的指向；其次，舆论能够有效地推动企业的创新活动，这种外力推动对于创新的影响极大，所谓市场拉动型创新是要通过舆论来表征的；最后，舆论能够对企业的创新行为给出一种判断，推动企业改革，对于中石油这样的国有大型垄断企业来说，这几乎是企业改革的一种有力推手。基于这种共识，我们回到日常生活中，看看舆论都是从哪些方面完成上述三项使命的。近年来，中石油等垄断企业经常成为媒体关注的焦点，下面我们看看舆论的关注点的变化与创新的关系。由此凸显舆论对企业活动的强大推动作用。

中石油逐渐地进入人们视野的主要问题，涉及近年来的一系列的环境、安全等事件，舆论对之的持续关注，使企业存在的问题随之也逐渐地暴露出来。下面我们大致可以将中石油的问题归为以下几类：

1. 舆论对经济问题的关注

(1) 中石油所面临的一些财务风险

①资金安全风险。中石油成立之初就确定了财务管理“一个全面，三个集中”（一个全面是指全面预算管理，三个集中是指资金集中管理、会计集中核算、债务集中管理）的管理运行模式。但是，由于中国石油天然气集团公司是一家巨型垄断企业，它依然存在资金管理方面的风险。中国石油企业在资金的安全方面的风险主要表现在资金回笼的风险、资金保管的风险、资金支付的风险和资金运作的风险等方面。

a. 资金回笼风险。中国石油在全国有近两万个加油站，它的布局以及资金回收期等都关系到资金回笼问题。

b. 资金保管风险。

c. 资金支付风险。

d. 资金运作风险。

这里需要注意的是资金运作的金融市场风险。为了使存量资金保值增值，公司会利用富余闲置资金在资本市场上操作，就会产生因证券品种选择不当、时机不当及金融市场自身的风险等。

②资金流动风险。流动性风险产生两个后果：一是不能支付购买需要，影响公司的正常经营，如果出现流动性风险，就可能失去许多潜在的盈利机会，甚至带来损失；二是不能支付到期债务，并且流动性风险具有联动效应，一旦流动性风险进一步加剧，极易导致债权人都要求还款还贷，融资变得不可能，最终导致公司破产。因此，如何有效管理流动性风险是中国石油财务风险管理的核心内容之一。

③信用风险。资金、债务集中管理和会计集中核算以来，中国石油特别注重应收账款的管理，但中国石油欠款年末时点低，年中各月时点高，目前的清欠工作像消防队救火，公司仍面临高额欠款带来的坏账风险。

④存货占用风险。存货占用资金风险是指企业拥有存货时因价格变

动、产品过时、自然损耗等原因而令存货价值减少的可能性。结合中国石油业务特点，可以看出存货主要表现为原油、成品油、化工产品等。大量的存货占用公司大量的货币资金，自然损耗也大，存在很大风险。[①]

上述这些业务看似都是行业内部的管理问题，但是正是这些细节决定了中石油在管理上存在的诸多不完善环节。而这些问题往往由于惯性成为一个公司管理的死角。而引入舆论的监督，恰恰为改进提供了来自外部的推力。由于中国舆论的管制，以及中石油很多非机密业务的不公开，导致舆论监督的力量被削弱，这些因素也影响了企业的改革进程。通常媒体舆论能够监督到的信息往往是很宏观的问题。如《新京报》（2011-5-19）发表了记者钟晶晶的报道《中石油称天然气价低致亏损千亿利润来源遭质疑?》，1 月 12 日，在中石油 2011 年工作会议上，中石油董事长蒋洁敏对外披露，2010 年中石油实现营业收入 1.73 万亿元，税费 3182 亿元，利润 1676 亿元。炼油亏、进口天然气亏，中石油的千亿利润来自哪里?

2011 年一季报显示，中石油业务分为四大板块：勘探与生产、炼油与化工业务、成品油销售、天然气。交银证券的分析师贺炜表示，中石油是上下游一体化的石油企业，国际油价上涨对中石油总体是利好的，因为中石油的上游板块很大，国际油价越高，其盈利越高。一季报显示，中石油成品油销售板块获利颇丰，一季度实现经营利润 76.84 亿元，同比增 155.3%。与此同时，一季度中石油的勘探与生产板块利润 458.65 亿元，同比增 38.8%。就连中石油连连喊亏的天然气板块，一季度仍实现 68.85 亿元盈利，增速达 14.5%。中石油称进口中亚天然气进口存在亏损，但实际上国内产量占 80%，因此一季度天然气板块整体并不亏。四大业务板块中，唯有炼油亏损。在炼油和化工业务板块，炼油业务亏损了 61.32 亿元，但化工业务实现利润

① 薛英、黎明：《中石油财务风险管理若干问题思考》，《消费导刊》2010 年第 3 期。

24.4 亿元，整个板块亏损 36.92 亿元。[①] 这是舆论对于垄断企业说法的公开质疑，同时也透露出公众对于以中石油为代表的垄断企业的利润来源合法性的严重不满。同时这份质疑中也暗指了中石油这样的企业的社会责任缺失问题。

2. 舆论对于中石油体制问题的质疑

（1）国际化。

国际化是企业更好、更快发展的必经之路。中石油作为国内石油企业的龙头企业理应顺势完成“走出去”实现国际一体化的组织策略。实现内外结合“吸取百家之蜜，酿一家之精”的发展原则。“油价起伏，油荒频频，中国应更深度参与国际石油贸易，并构建多层次石油金融体系，理顺价格形成机制，以确保石油供给安全。作为世界第二大经济体，中国面临的能源供应压力与日俱增。受限于国内原油产量，中国的原油对外依存度已经过半，且连续多年成为最大原油进口国。为弥补巨大需求缺口，在传统石油安全惯性思维下，中国不断加大寻找和开发海外油源的力度。由此，一系列挑战次第出现：原油商品金融属性日益增强，国际原油价格的期货化程度不断加深，及早构建以本土原油期货市场为核心的多层次石油金融体系，以平抑价格波动，促进贸易安全，进而实现价格发现功能。参与国际原油价格制定，是迫在眉睫的命题。”[②] 从这则报道中，可以明显发现舆论开始对现有的石油企业的管理体制提出批评，指出如果不改变当前的石油企业的体制问题，未来它将无力支撑快速发展的中国对于能源的需求。通过舆论的影响，引起了公众对于中石油这样的国有垄断企业的体制改革的呼声，从而有利地形成了一种从外部倒逼企业体制改革的舆论氛围。这种外部力量对于打破中国石油行业的垄断，回归竞争机制具有重要的推动作用。试想，如果没有舆论的强烈质疑，中石油这样的垄断企业何来创新的动力？其凭借

① http：//zhidao. baidu. com/question/270169402. html.

② “买下石油安全：中国应深度参与国际石油贸易”，http：//finance. sina. com. cn/chanjing/sdbd/20110620/180710018929. shtml。

垄断地位就可以维持生存。

3. 舆论对于企业文化的影响

（1）企业的社会责任。

任何企业都有自己的企业文化，企业文化塑造着公司的形象，以及形成特定的处理事情的模式，并塑造企业员工的思维方式。一个没有良好企业文化的企业是很难有重大技术创新的，也无法形成真正的非技术性创新。由于文化外延的巨大，我们只从企业的社会责任谈起，从中我们可以发现舆论对于企业文化的影响。

据报道，国家环境保护部在其官方网站上透露，2005 年松花江重大水污染事件发生五年来，国家已为松花江流域水污染防治累计投入治污资金 78.4 亿元。此消息令舆论哗然：造成如此严重污染事故的中石油是亚洲最赚钱的公司，而治污资金数目如此之大，却为何要由国家和纳税人买单？对此，中石油新闻办负责人李占彬 6 月 3 日向媒体回应道："中石油一直积极配合国家治理松花江的污染，后续也投入了一定资金，但是公司目前没有具体数字，环保总局那边应该有统计。"李占彬所说的积极配合资金投入，据公开报道的数据，其实只有两笔：一是事故发生后，中石油向吉林省政府捐助 500 万元，支援松花江污染防控工作；二是向当时的环保总局缴纳了 100 万元罚款。我们再看看国际上同类事件如何处理，从中不难发现差距：2010 年 4 月 20 日，英国石油公司租借的钻井平台"深水地平线"在墨西哥湾发生爆炸并引发漏油后，尼日利亚给它开出了 15 亿美元罚单，美国政府则成功迫使其出资 200 亿美元筹建赔偿基金，用于支付相关赔偿。[①] 这则来自网络上的舆论直接批评了中国的管理体制与国有垄断企业的无赖嘴脸。中石油的行为已经让公众失去了对其的认同，当一个企业失去市场的认同，后果是很严重的。现在只是由于它的特殊垄断地位，市场别无选择，一旦中国市场彻底开放，人们有所选择，这样不负责任的行为是不能接受的，这

① http：//club. china. com/data/thread/1011/2727/02/40/4_ 1. html.

样的企业也很快会被市场抛弃。同时，这则舆论也对国家的管理体制提出严重的质疑，有理由相信，这样的舆论对于企业是有强烈的监督作用的，它对于未来企业文化的形成也有所助益。正如这则舆论所指出的：我们的法律也没有禁止受害者抱团起诉财大气粗的公司法人，更没有禁止有关方面譬如环保部门代表公众向污染制造者提起诉讼。从法理上说，这些都是无须法律明确的（当然明确了更好）。

（2）舆论对于企业安全生产问题的关注。

①生产与污染。

与中石油对环境污染密切相关的就是安全性问题。如今，从食品安全到生产安全，从建筑安全到环境安全，一系列的安全问题成为了舆论关注的热点。中石油在生产的过程中出现的诸多环境污染问题无疑触及到了当前敏感的环境问题。先污染再治理的教条已经不能苟且于世，取得效益的前提就是要保证环境不受污染，而中石油在最近几次的事故中的推卸与狡辩不得不让生产与污染的问题再次被提到了重要的位置之上。由于我国长期奉行的新闻管制与突发事件的封锁，导致安全问题成为被遮蔽的死角，而舆论恰恰用自己的方式维护着公众的安全，并督促企业为此承担相关责任以及进行必要的改革，如果没有了舆论的监督，企业就可以逃避问责，并肆意污染，违背安全准则，同时，形成一种企业习气，从而导致生产安全问题就成为一个空中楼阁。

2010 年 7 月 16 日晚 18 时许，大连市新港附近中石油的一条输油管道发生爆炸起火。至少已造成附近海域 50 平方公里的海面污染，此次事故造成的不仅是资源浪费，海洋污染，同时也造成周边土壤污染，空气污染，并严重影响到海洋生物的生长。大连石油泄漏事故后，8 月 2 日，在清污工作收尾时，中石油大连分公司召开了“7・16”火灾事故抢险救援表彰大会，向公司主要负责人及下属 9 个单位和 197 人授予先进集体和先进个人的称号。但是，关于损害评估及污染赔偿事宜却一直无人提及。如果没有舆论的持续跟进，这场灾难简直会办成一场闹剧。可惜的是，由于我国舆论的严格监管，舆论的功能无法完全发挥出来。

近年来，中石油对环境造成的污染已经不能单纯地用偶然事件与突发事件来进行解释。中石油的环境污染问题也是国内一些企业的缩影，在追求暴利利益的同时要肩负起自己的社会责任与应尽的企业义务，“又好又快的发展”其前提就是在好的基础上完成快的革新。

②质量安全问题。

舆论的另一项主要功能就是可以全方位地披露产品质量问题，由于舆论的不易控制性，以及传播快、范围广的特点，使之可以全方位地揭露产品的质量，从而有力地推动企业重视产品质量——正是由于担心舆论的曝光，迫使企业对产品质量进行严格检测，并促使其相关领域的创新。

综上所述，通过对舆论视角下中石油的一些具体案例的分析，我们可以发现，舆论对于企业的管理、经济、文化、安全等方面进行全方位的监督，从而有力地推动了企业的创新进程。由此不难看出，一个舆论环境不好的地方，企业的创新能力也得不到提高，相反舆论环境开放、自由的地方，企业的创新能力也随着提高，从这个意义上说，重视企业创新中的舆论基础支撑条件对于中国的企业来说，就显得尤为重要。

结合上述两个基础条件的分析，我们可以确证：中石油的自主创新的社会基础条件存在严重问题：制度层面，由于垄断，不利于自主创新；经济层面，投入有限无法满足创新的需要；人力资源层面，创新人才储备与存量严重不足；文化层面，观念落后，缺少与公众的共同价值认同；舆论层面，由于舆论控制，企业与舆论的结合面很不完善。总之，中石油的创新能力有限，既有技术层面的创新不足，更有非技术层面的创新不足，因此中石油这类企业的创新空间很大。

五　中石油的技术创新现状与存在的问题

根据技术对象的不同，我们把创新分为两类：技术性创新与非技术性创新。再按照各自的发展程度分为一阶创新与二阶创新。这正是本研究的总体分类。技术创新是任何企业开拓市场时必须具备的技术支撑条件，否则无法进入市场；而成功开拓市场则不但需要技术创新还需要非技术创新，只有两者之间达成某种平衡，企业开拓市场才能成功。基于这种理解，我们通过一个具体案例来仔细考察一下中石油的技术创新的现状与存在的问题。

对于石油企业来说，勘探开发历来是其首要的业务，这也是这个行业的主要上游领域。中国石油天然气勘探开发公司（以下简称CNODC）就是这样的一个企业，它是中国石油的全资子公司，我们来简单看一下它的现状。中国石油海外勘探开发公司是中国石油负责海外石油天然气勘探开发、炼油化工、管道运营业务归口管理的专业公司。中国石油海外勘探开发公司在中亚——俄罗斯、中东、非洲、美洲和亚太五个海外油气合作区，建成了集勘探开发、管道运输、炼油化工与销售上中下游一体化的完整石油产业链。公司从一个国际石油市场默默无闻的跟进者，快速成长为世界大中型油气项目开发作业者，成为国际知名石油公司信赖的优选合作伙伴。[①] 它的人员构成是这样的：现有中外籍员工三万八千多人，其中中方主体员工超过两千人。中方员工中，本科及以上学历者占员工总数88%，副高级以上职称占员工总数52%，具有两个及以上不同合同模式项目工作经验的人员约千余人。高质量、高素质的海外人才队伍，为海外油气业务实现规模有效可持续发展提供了坚实的人才保障。[②] 由此可见，该公司的人才储备还是不错的。这些年它的主要技术优势领域如下：逐步积累形成了以地质勘探、油气田开发和新项目评价三大核心业务为主体的十大优势技术：

（1）被动裂谷盆地油气地质理论及勘探技术

（2）低勘探程度盆地快速评价与勘探技术

（3）含盐盆地油气成藏规律及勘探技术

---

① 中国石油天然气勘探开发公司，http：//cnodc. cnpc. com. cn/cnodc/gsgk/gsjj/。

② 人才队伍，http：//cnodc. cnpc. com. cn/cnodc/rlzy/rcdw/。

（4）复杂碳酸盐岩油气田开发技术

（5）块状底水油田高效开发技术

（6）高凝油油田开发关键技术

（7）超重油油藏开发机理及关键技术

（8）海外新项目评价技术

（9）油田污水无公害化生物降解与灌溉技术

（10）长距离油气混输工艺技术

该公司的成立是由于1993年开发秘鲁的项目需要开始组建的。但1993年CNODC刚开始走出去的时候，技术支持体系是比较弱的，海外投资项目从先期评价到后续跟踪主要依靠中国石油勘探开发研究院（以下简称RIPED）和中国石油下属的多个油田研究院共同完成。1992年2月，中国石油高层领导决定，由CNODC和RIPED两个大型企业联合成立CNODC海外研究中心，统一负责所有海外投资项目的技术支持和跟踪研究工作。[①] 该中心成立之初，仅有从RIPED的多个专业研究所抽调的20多名技术骨干，技术力量很弱，无力解决海外油气勘探开发工作。随后进行改革。中石油与两个共建单位提出如下整改意见：第一，明确界定前后方的工作范围和目标；第二，强调前后方要加强沟通，保证后方研究要面向前线生产，及时解决生产中的问题。[②] 通过这样的整改，目标明确了，有效沟通的机制建立起来。在对海外四十多个项目的开发中，逐步形成了一项理论和十一项特色技术。一项理论是：被动裂谷盆地的油气成藏机理和成藏模式。在这一理论指导下先后发现了苏丹1/2/4区和苏丹3/7区两个大型油田群，形成了中石海外油气生产的重要基地。中心的十一项技术分别是：低勘探程度区快速发现大油田的预测；大油田的快速勘探评价；一体化、可视化油藏评价；碳酸盐

① 刘振武、孙星云等：《中国石油集团公司技术创新案例》，石油工业出版社，2006，第80~81页。

② 刘振武、孙星云等：《中国石油集团公司技术创新案例》，石油工业出版社，2006，第82页。

岩储层综合预测；精细油藏描述；水平井开发及配套技术；测井地质综合评价；低阻油层识别；稠油油藏携砂冷采；低渗碳酸盐岩储层压裂酸化配套技术；异常高压碳酸盐岩储层钻井完井技术等。[①] 可以说正是因为海外石油勘探的特殊地质条件，逼迫中石油海外勘探开发研究中心为了适应这种状况，进行了卓有成效的技术创新工作，基本上满足了海外市场的需求，但是我们要看到，这些创新都是基于生产前线的需求而做出的，基本上很少关注中长期的问题。一旦中石油走向国际市场面临更多的国际竞争的话，那么这些单维度的创新就无法支撑企业在国际市场中的竞争活动。

其实，随着中石油海外市场的扩大，现有的技术创新力量也已显得不足。早在 2001 年 4 月，中石油的高层安排 CNODC 与东方地球物理勘探有限责任公司（BGP）合作创建了物探地质分中心；2003 年 2 月，CNODC 与 RIPED 廊坊分院合作创建了工程技术分中心，两个分中心直接归海外研究中心统一管理。其中，东方公司前身就是石油工业部的地球物理勘探局，主要为油气田勘探开发提供地震数据的采集、处理和解释服务。2002 年的改制中吸纳了新疆石油管理局、长庆石油物探局、大港油田集团有限责任公司，青海石油管理局、华北石油管理局、吐哈石油勘探开发指挥部六家单位，共同成立东方公司，于 2002 年 12 月 6 日挂牌。公司注册资本为 51 亿元，地址在河北省涿州市。公司共有合同化员工 21173 人，其中，在站博士后 6 名，拥有博士 51 名、硕士 756 名。直接从事生产科研工程的技术人员 4496 人。公司拥有雄厚的人才优势，形成了以 1 名中国工程院院士、8 名集团公司专家、59 名公司专家、165 名科技带头人为骨干的科技人才队伍。拥有完善的科研体系，形成国内最大的物探技术研究中心、地震数据处理中心和地质研究中心，并先后挂牌国家人事部博士后科研工作站、CNPC 物探技术研发中

① 刘振武、孙星云等：《中国石油集团公司技术创新案例》，石油工业出版社，2006，第 82 ~ 83 页。

心和石油大学硕士研究生工作站。[①] 一则2005年的资料显示，东方公司有中国工程院院士1名，享受政府津贴专家12人，教授级高工31人，高级职称897人，研究生学历318人，本科学历3523人，建立了以50名技术专家，156名科技带头人为龙头，共1200人的科研队伍。东方公司拥有亚洲最大的地震资料处理中心和软件开发中心。[②] 由此可知，东方公司还是有很强的技术创新能力的。众所周知，地震勘探与地震数据资料的采集和处理是油气田勘探开发的基础性工作，换言之，通过对地震波的分析，帮助在各类复杂地形下找到油气田。东方公司目前最成功的技术创新项目就是具有自主知识产权的地震数据处理解释一体化软件 GeoEast V1.0。之所以开发这套软件是因为，随着中石油海外业务的开展，与西方形成了真正的竞争。以往中石油用于找油气的软件主要靠向两家国外企业购买，分别是美国西方地球物理公司（WGC，行业内全球最大公司，它提供涉及全球范围的油藏成像、监测与开发服务）的 OMEGA 软件以及升级版，以及法国地球物理公司（CGG，在应用地球物理勘探领域成绩显著，该公司成立于1931年）。2002年以后，美国公司宣布不再向东方公司出售 OMEGA 软件以及相关服务，法国公司则对其出口软件提出了额外的附加条件：1. 软件价格不能商量；2. 软件只能在中国本土使用；3. 软件不能处理东方公司的海外业务；4. 在使用软件过程中，要随时接受 CGG 公司的资料处理来源核查。[③] 在这种情况下，东方公司与中石油都认识到了，必须开发出具有自主知识产权的软件，否则将时时刻刻受制于人。于是在2003年中石油高层基于迫切需要作出了一个重大的决定，投资1.4亿元，立项研发 GeoEast 地震数据处理与解释一体化软件。该项目由刘超颖任项目长，统一协调指挥，GeoEast 项目的研发是一个开放的过程，整个工作既包括自己研究

① 公司简介，http：//www.cnpc.com.cn/bgp/gsjs/gsjj/。

② 刘振武、孙星云等：《中国石油集团公司技术创新案例》，石油工业出版社，2006，第11页。

③ 刘振武、孙星云等：《中国石油集团公司技术创新案例》，石油工业出版社，2006，第9页。

团队的力量，还吸收了具有某项特殊优势的海外研发团队，研发高潮期共签订了17项外协合同。[①] 为了各环节的工作能够衔接起来，GeoEast的研发确立了“1-4-3-3-1”模式，即1个主控，4个子系统，3个应用系统，3个软件平台，1个通信机制，据此对项目进行系统管理。也正是这样分工，才保证了2004年12月31日完成了GeoEast V1.0系统的设计，实现了数据采集、数据处理和数据解释一体化的新阶段，初步满足了中石油针对海外市场的勘探开发工作。这项中石油有史以来最大的创新项目，用了两年时间，动用了三百多人的研发队伍，终于在2005年1月1日正式推出了GeoRast V1.0版本，虽然这个版本还存在很多不理想的地方，但毕竟是自己研发的软件，也可以用来找油气了。从2005年到如今，这套软件也一直在升级中，并取得了不少成果，如2010年12月24日在中国石油天然气集团公司物探测井新产品发布会上，集团公司领导如此评价东方物探自主研发的GeoEast-Lightning叠前深度偏移软件系统（戴南浔博士组织开发研制）：此软件系统不仅填补了国内空白，而且计算速度领先于国际同类型商业软件，突破了国外公司的封锁，提升了找油找气能力。[②] 也正是因为这项创新，东方公司成为世界上陆上地震数据采集第一位，在世界物探公司排名中升至第四位（前三位是美国的西方地球物理公司、挪威地学服务公司和法国地球物理公司）。

从创新的基础条件来说：从上述案例中可以初步知道，中石油创新的有利条件是经济基础条件、人力基础条件，制度基础条件总是被动适应市场，文化基础条件与舆论基础条件对于创新的作用还没有完全显现出来。那么从这个案例中，也可以总结出中石油当下创新存在的一些问题。

---

① 刘振武、孙星云等：《中国石油集团公司技术创新案例》，石油工业出版社，2006，第158页。

② 东方物探GeoEast-Lightning叠前深度偏移软件系统研发纪实，http：//news.cnpc.com.cn/system/2011/01/11/001319299.shtml。

以中石油为代表的垄断国有大企业在创新过程中，普遍存在缺少创新计划的纵深感。即我们的创新主要是针对解决目前遇到的生产难题，而很少考虑到中长期创新的必要性，创新总是沿着一条被市场追赶的被动的道路前进，缺少前瞻性。往往不事到临头，也不舍得投资与创新，由于制度架构的硬性安排，企业领导者都是上级任命的政府官员，他们收益最大化的体现恰恰是政治前途，而不是企业的未来，由于创新本身存在诸多不确定性，因此，他们对于创新没有一种非常主动的热情。正如著名化工专家闵恩泽院士在总结国外石化事业的发展时说：1. 他们（国外石化企业）十分重视发明，认为这是在世界市场竞争中取胜的主要因素。因此加大对创新的投入，认为那是对未来的投资。2. 对于科研的部署一般分为三个层次，也就是要维持近、中远期产业效果的平衡。第一个层次是“支持现有的业务”，占投入的 80%；第二个层次是“开发下一代技术”，争取在市场中占有领先地位；第三个层次为前瞻性、战略性、长远性的研究，目的就是开辟新的业务领域。[①] 这种认识上的误区已经是中国国有大型垄断企业的通病，这是制度架构带来的先天缺陷。其实对于中国大型垄断企业来说，技术创新还不是最薄弱的环节，毕竟这份工作还有无数科技人员在有限的制度空间内去完成，而糟糕的是，在非技术性创新方面显得薄弱，而且存在的问题更难以处理。下面介绍一个最新的案例，可以初步说明这个问题。

中石油集团 8 月 19 日称，因 2010 年年底至今持续的中东和北非政治动荡一直没有平息，直接导致旗下长城钻探工程公司在利比亚和尼日尔等六个较大的海外项目合同中止。至此，尽管近几年中石油等三大公司海外开拓和海外收购行动都颇为频繁，但盈利情况却不容乐观。据了解，5 月份中海油遭到印尼国家石油公司的无端挤压并最终决定撤销参与安哥拉项目的竞购后，中石油也于 6 月份因受到合作方的强势限制而放弃了与加拿大能源公司合资在加拿大西部峻岭油区开发页岩气的计

① 闵恩泽：《石油化工——从案例探寻自主创新之路》，化学工业出版社，2009，第 106 页。

划。中投顾问能源行业研究员周修杰告诉记者，海外投资经验不足、决策失误导致三大石油公司在海外投资项目上频频失手，亏损严重。加上三大石油公司的海外投资项目缺乏相关的法律和法规约束、权责不分等乱象，进一步加剧了海外投资的低效率。据统计，中石油这六个终止的项目预计全年影响收入 12 亿元，损失已超过 2009 年的国际金融危机。[①] 从这个案例中我们可以粗略看到，中石油在非技术性创新方面存在的问题更为严重，下面我们来探讨这个问题。

第三节　非技术性创新的尝试：中石油海外业务分析

中石油作为中国著名的垄断性石油与天然气生产商与经销商。近年来，由于国内石油需求的持续高涨，国内原油产量已经无法满足自身的需求，因此，走出去向国际市场要油就是当下中国解决石油短缺的唯一出路。自 21 世纪伊始，中国的两大垄断性石油企业就开始纷纷走出国门。照道理来说这种转型是正确的。否则就会出现国内石油紧张的局面。据最新资料显示：目前我国石油供给的对外依存度已经达到 52%，这是非常严峻的现实。为了解决这个问题，开拓海外业务就是中石油面临的主要非技术性创新，甚至可以说，对于中石油的战略布局来讲，海外市场已经是整个集团公司业务量的半壁江山，从这个意义上说，开拓海外市场的重要性已经超过作为生产商所进行的单纯技术创新。但是，要想开拓国际市场，必须以自身具有的传统的技术支撑作为先决条件，否则如何能够开拓国际市场。在分析中石油开拓国际市场之前，需要就中石油在石油天然气生产领域所取得的一些标志性技术创新成就作一简单介绍，以此来发现中石油在创新领域存在的问题。这点经常被人忽略，如此庞大的国际化企业如果没有一批过硬的技术创新成就如何能够

① 中石油六个海外项目中止损失 12 亿，海外扩张屡败屡战，http：//money. 163. com/11/0822/05/7C1OGHQQ002524SO. html#fr=index。

走向国际市场?

中国石油天然气集团公司，在常规和非常规油气资源勘探开发、石油化工、工程技术服务及石油装备制造领域取得了多项重大进展与突破，为主营业务发展提供了有力的技术支撑和保障。

（1）油气勘探领域，创新丰富了岩性地层油气藏地质理论与勘探技术，实现了岩性地层油气藏的大规模勘探。以敞流型湖盆砂质碎屑流成因模式、大面积低渗透油气成藏机制为核心的地质理论，以及高精度层序地层学工业制图、叠前地震储层预测等配套技术，推动了鄂尔多斯华庆、四川须家河组、北疆石炭系火山岩等大型岩性地层油气藏的快速勘探。

（2）油气田开发领域，进一步完善老油田控水挖潜技术和化学驱三次采油技术，有力保障了大庆油田的持续稳产。针对低渗透油气藏有效开发的水平井压裂现场实验进展顺利，超稠油蒸汽辅助重力泄油（SAGD）及火烧油层技术研究与现场实验取得突破性进展。CO2 驱油及埋存技术攻关效果显著，将成为公司低渗透油田开发的主体接替技术。

（3）非常规油气勘探开发领域，进一步完善煤层气成藏理论，形成了二维地震 AVO 预测、多分支水平井钻完井、大规模水力加砂压裂、高产层位优选与排采工艺等关键技术，实现了沁水盆地煤层气的规模化开发。

（4）石油化工领域，劣质重油加工、清洁油品生产、大型乙烯、高附加值化工产品研发等取得重大进展，催化裂化系列催化剂和成套工艺技术整体达到国际先进水平，乙烯裂解炉及产物预测系统取得阶段性重大进展。

（5）工程技术和石油装备制造领域，研发成功具有自主知识产权的适用于陆上和海上地震资料处理的逆时偏移软件系统，开发出新一代一体化网络测井解释软件平台。研制成功适用于天然气长输管道的高压大口径全焊接球阀，攻克连续管制造核心技术，建成了世界第三条连续管生产线。

（6）围绕基础研究、技术攻关和技术应用需要，稳步推进低渗透油气藏勘探开发、管道输送安全、液化天然气、重油轻质化等领域重点实验室和试验基地建设。2010年，提高石油采收率国家重点实验室全面建成，煤层气开发利用国家工程技术中心初步建成，国家能源页岩气研发（实验）中心、天然气长输管道技术装备研发（实验）中心正式成立。同时，在美国休斯顿设立了技术研发中心，吸收更多国际人才参与基础研究和关键技术研究，进一步提升公司的科技研发和创新能力。

2010年，申请专利2178件，其中发明专利841件；获得授权专利1701件，其中发明专利300件。10项科研成果获得国家奖励，其中，国家科技进步奖9项、国家自然科学奖1项。“大庆油田高含水后期4000万吨以上持续稳产高效勘探开发技术”获得2010年度国家科技进步特等奖，“西气东输工程技术及应用”获得国家科技进步一等奖，“中国天然气成因及鉴别”获得国家自然科学二等奖，“提高轻质油品收率的两段提升管催化裂化新技术”等7项成果获得国家科技进步二等奖（上述信息来自中石油公司的科技创新介绍[①]）。

从这里我们不难看出，经过半个多世纪的生产实践，中石油已经积累了一批技术创新成果，也正是靠着这些宝贵的油气勘探、开采以及炼油化工方面的成果，中石油才有资格走向国际，可以说，中石油集团公司在开拓国际市场上，缺乏的主要不是技术方面的创新，而是非技术方面的创新，这种缺陷才是阻止它无法成为真正有国际影响力石油公司的原因，下面把中石油的一些主要业绩简单介绍一下。

据中石油股份有限公司2010年报数据显示：2010年国内累计生产原油2.02亿吨，同比增长6.9%，全年原油净进口量为2.36亿吨，同比增长18.6%。[②] 从这组数据中，我们可以清晰地发现，进口原油的数量已经超过国内生产的原油数量，换言之，有超过50%的原油是要靠进口来弥补需求缺口的。对此，只要看看成品油的消费情况就可以有初步了解：2010年国内成品油表观消费量为2.30亿吨，全年成品油产量

① 参见 http：//www.cnpc.com.cn/cn/ywzx/jscx/yfgl/。

② 参见中国石油天然气股份有限公司2010年报。

为 2.37 亿吨，其中汽油、柴油分别增长 6.4% 和 11.7%。从这组数据中可以看出，我国成品油的产销目前基本平衡。值得一提的是，2010 年第四季度，平均日消费量达到 66 万吨，这是很可怕的事情，而且这种趋势还在加强。根据国际经验，一个国家的安全原油储备量应该是 90 天，而我国的原油储备量仅为 30 天。如果按照 2010 年第四季度的日消费量来计算，我们需要储备一个非常巨大的原油储备，即接近 6000 万吨。从这个数据可知，国内原油的产量已经不能满足国内快速发展的需要，而且这种趋势还在加强。在天然气市场，2010 年国内生产天然气为 951 亿立方米，同比增长 13.1%，国内天然气表观消费量首次突破千亿立方米，达到 1073 亿立方米，同比增长 20.9%。这里的天然气缺口大多来自中亚进口，随着天然气使用规模的增长，这个缺口还将扩大，从总体上看，中国是一个石油天然气比较稀缺的国家，人均量就更是稀少了，随着中国经济的快速发展，这个缺口会越来越大。因此，积极开拓国外市场，也是保证国内能源需求的必要举措。下面把世界石油储量、大油田以及生产量的情况简单列表（见表 2），作为后面分析的基础。

表 2　2006 年石油探明储量前 12 位国家

排序	国　家	探明储量（亿吨）	占世界百分比（%）	储采比
1	沙特阿拉伯	363	22.0	66.7
2	伊　朗	189	11.4	86.7
3	伊拉克	155	9.5	大于 100
4	科威特	140	8.4	大于 100
5	阿联酋	130	8.1	90.2
6	委内瑞拉	115	6.6	77.6
7	俄罗斯	109	6.6	22.3
8	利比亚	54	3.3	61.9
9	尼日利亚	49	3.0	40.3
10	美　国	37	2.5	11.9
11	加拿大	24	1.4	14.9
12	中　国	22	1.3	12.1

2008 年世界前 20 位大油田的情况：见下表 3。

表 3　油田列表

国　家	油田名称	产量（桶/天）
沙特阿拉伯	Ghawar	5, 000, 000
科威特	Burgan	1, 200, 000
阿塞拜疆	Azeri-Chirag-Guneshli	850, 000
墨西哥	Ku-Maloob-Zaap	800, 000
阿布扎比	lower zakum	750, 000
俄罗斯	Samotlor	750, 000
墨西哥	Cantarell	660, 000
俄罗斯	Priobskoye	650, 000
伊　朗	Bangestan	600, 000
沙特阿拉伯	Shaybah	500, 000
阿布扎比	Bu Hasa	500, 000
卡塔尔	Al Shaheen	480, 000
哈萨克斯坦	Tengiz	450, 000
俄罗斯	Fedorovo-Surgutskoye	400, 000
阿尔及利亚	Hassi Messaoud	380, 000
沙特阿拉伯	Abqaiq	375, 000
委内瑞拉	El Furrial	370, 000
巴西	Marlim	350, 000
委内瑞拉	Junin	320, 000
阿布扎比	Bab	320, 000

资料来源：剑桥能源研究协会 2009 年 8 月 18 日。

2008 年世界前 20 位产油国的情况，见表 4：①

① http：//center. cnpc. com. cn/bk/system/2009/09/25/001259431. shtml.

表 4　2008 年世界前 20 位产油国排名列表

国　家	产量（百万桶/天）	国　家	产量（百万桶/天）
俄罗斯	9.76	沙特阿拉伯	9.22
美　国	5.17	伊　朗	3.90
中　国	3.80	阿联酋-阿布扎比	2.85
墨西哥	2.81	加拿大	2.68
科威特	2.55	委内瑞拉	2.39
伊拉克	2.30	挪　威	2.27
尼日利亚	2.11	安哥拉	1.89
巴　西	1.82	哈萨克斯坦	1.42
英　国	1.40	阿尔及利亚	1.40
利比亚	1.30	印度尼西亚	0.98

来源：剑桥能源研究协会 2009 年 8 月 18 日。

按照中石油集团公司的介绍：中国石油集团海外业务走过十多年的发展历程，经过近十年的快速发展，已在海外形成非洲、中亚-俄罗斯、南美、中东和亚太五个油气合作区，实现了海外油气投资、国际工程技术服务和国际贸易一体化发展。下面把与中石油业务关系紧密的一些国家列出来。

目前中石油股份有限公司开拓的海外市场主要有以下国家，见下表 5：

表 5

阿尔及利亚（2003 年进入）	阿塞拜疆（2002 年进入）
加拿大（1993 年进入）	乍得（2003 年进入）
厄瓜多尔（2003 年进入）	赤道几内亚（2006 年进入）
印度尼西亚（2002 年进入）	伊朗（2004 年进入）
伊拉克（1997 年进入）	哈萨克斯坦（1997 年进入）
利比亚（2005 年进入）	毛里塔尼亚（2004 年进入）
蒙古（2005 年进入）	缅甸（2001 年进入）
尼日尔（2003 年进入）	尼日利亚（2006 年进入）
阿曼（2002 年进入）	秘鲁（1994 年进入）

续表

俄罗斯（2003 年进入）	苏丹（1996 年进入）
叙利亚（2002 年进入）	泰国（1993 年进入）
突尼斯（2004 年进入）	土库曼斯坦（2002 年进入）
乌兹别克斯坦（2006 年进入）	委内瑞拉（1998 年进入）

上述国家开展油气合作的过程发映出中石油的整体创新能力。除传统的技术创新领域不谈（各种地质条件下的油田建设工程、以及各种质量的油气的开采），从非技术创新角度来说，一个成功的国际石油合作，应该包括如下几个环节：油田价值的正确评估；合理的工程合同的签订；对当地文化的分析与了解；价格战略，跨国公司运作的模式等。其实，我们在这方面教训很多。比如，收购的二手油田，储油量不足，或者采油成本过高导致的不经济现象等，这里既有技术原因造成的误判，也有谈判技巧以及对市场的判断等非技术性创新问题。这些方面，我们与国际上著名的跨国公司的治理模式还有很大的技术差距。如文化创新方面。如何使自己的企业文化与当地的文化和谐相处，快速得到当地民众与政府的认同？如果没有文化方面的创新，很有可能造成企业的运营成本与阻力都非常巨大，甚至亏本。如果算起经济账，我们的很多海外工程几乎都是亏损的，原因也在于此。个别的项目，即便没有亏本，也与当地文化形成一种矛盾。很多非洲项目就遭遇了这些困境。

作为中石油的另一项主要业务就是：炼油与石化。炼化业务是提高公司竞争力的重要领域。中国石油炼油能力目前居世界第 9 位，占国内原油加工总量的 34%。乙烯生产能力居世界第 11 位，占国内乙烯总产能的 29%。总而言之，在国内市场上，中石油的炼油与化工产能占国内的三成。这个领域涉及两类创新，即技术性创新与非技术性创新。据中石油 2010 年年报显示，2010 年，中石油营业收入 1.72 万亿元，利润总额为 1727 亿元，上缴税费 2904 亿元，全年国内生产原油 1.05 亿吨，天然气 725 亿立方米。海外原油作业量为 7582 万吨，其中权益产量为 3603 万吨，天然气作业产量 137 亿立方米，其中权益产量为 103.8 亿立方米。为了更清晰地显示中石油在我国四大石油生厂商中的地位，我们可以把中石化拿出来与它进行对比，两家垄断企业规模相仿，组织结构类似，并且据《财富》杂志 2011 年全球 500 强企业最新排名显示，中石化排名第五，中石油排名第六，两者具有可比性。中石化 2010 年的营业收入为 1.969 万亿元，利润总额为 1698 亿元，2010 年的原油产量 6096 万吨，其中海外权益油 1840 万吨，天然气 125 亿立方米；在科技创新方面，中石化在 2010 年有 12 项成果获得国家科技进步奖和技术发明奖，其中一项获得国家科技进步一等奖，全年申报专利 843 项，① 可以说，中石化在各项指标上与中石油很类似；在海外市场方面，中石化在 35 个国家执行 448 个石油工程技术服务合同，合同额 94.8 亿美元，完成 26.36 亿美元，现有海外队伍 382 支，海外员工 18764 人，其中中方员工 6315 人；境外炼化工程技术服务方面，2010 年中石化承揽了沙特、伊朗等 19 个项目，合同总额 62 亿美元，海外项目作业人员 9065 人，其中国外聘用与当地人为 6679 人。与中石油不同之处在于，中石化的另一主营业务是炼油与化工方面的，下面把中石化的炼油与化工的总体产能介绍一下，见表 6。②

表 6　中石化连续三年的炼油与化工数据

	2008 年	2009 年	2010 年
原油加工量（万吨）	12529.5	12512.2	13529.0
炼油配套负荷率（%）	95.6	90.6	93.2
成品油产量（万吨）	7921.5	8044.9	8632.6
汽　油	2545.6	2581.5	2676.3
煤　油	360.1	364.3	365.8
柴　油	5015.9	5099.1	5590.5
润滑油产量（万吨）	176.8	140.1	160.7
乙烯产量（万吨）	267.6	298.9	361.5

① 中国石油化工集团 2010 年年度报告。

② http：//www.cnpc.com.cn/cn/ywzx/lyhg/.

续表

	2008 年	2009 年	2010 年
合成树脂产量（万吨）	439.6	475.7	565.2
合成纤维产量（万吨）	14.1	14.2	12.0
合成橡胶产量（万吨）	40.7	48.0	61.9
尿素产量（万吨）	382.4	397.3	376.4
合成氨产量（万吨）	259.7	270.9	261.2

表 7　中石油 2010 年炼油与化工数据

	单位	2010 年	2009 年	同比增减（%）
原油加工量	百万桶	903.9	828.6	9.1
汽煤柴油产量	千吨	79448	73195	8.5
其中：汽油	千吨	23308	22114	5.4
煤油	千吨	2395	2253	6.3
柴油	千吨	53745	48828	10.1
原油加工负荷率	%	91.3	87.7	3.6
轻油收率	%	76.6	75.5	1.1
石油产品综合商品收率	%	93.5	93.1	0.4
乙　烯	千吨	3615	2989	20.9
合成树脂	千吨	5550	4480	23.9
合成纤维原料及聚合物	千吨	1985	1471	34.9
合成橡胶	千吨	619	420	47.4
尿　素	千吨	3764	3973	-5.3

数据来自中国石油天然气股份公司 2010 年年报。

综上所述，中国的两大石油企业都面临着同样的情况，在自身业务领域都具有比较强的技术创新能力，但是，两大企业的人均产值以及国际影响力方面又与自身的规模不匹配，造成这种状况的原因就是非技术创新能力薄弱，而现有的社会基础条件严重制约了非技术性创新的发展。为了更好地反映中石油的非技术性创新能力薄弱的问题，我们选取一个具体案例来进行分析。

客观地说，开拓海外市场对于中国企业来说，是一项全新的经营活动，毕竟改革开放也才仅仅三十年的时间。头二十年里我们只是初步完成了经济体制的转型，因此，这段期间很少有国企走出国门的事情发生。中国企业开始走出国门只是近十年的事情。根据中石油网站主页介绍：中国石油集团海外业务，经过近十年的快速发展，已在海外形成非洲、中亚-俄罗斯、南美、中东和亚太五个油气合作区，实现了海外油气投资、国际工程技术服务和国际贸易一体化发展。① 截至2010年底与中石油有合作关系的有共计26个亚、非、拉国家。前几年影响最大的海外业务是中石油在苏丹的石油业务。现在把这个案例简单介绍一下：中石油是1996年进入苏丹市场，目前在苏丹开展油气投资、油气田工程技术服务业务。主要的业务区是：公司在苏丹拥有1/2/4区块、3/7区块、6区块、15区块四个上游投资项目，投资建设了喀土穆炼油厂、喀土穆石油化工厂、石化贸易三个下游项目，以及1/2/4区块、3/7区块和6区块的原油外输管道。我们下面主要介绍新近的一个案例，即3/7区块的投标过程。3/7区块位于苏丹东部的Melut盆地，面积7.24万平方公里。2000年11月，公司中标3/7区块石油勘探开发项目。目前，公司拥有3/7区块41%的权益，合作伙伴为马来西亚国家石油公司（40%）、苏丹国家石油公司（8%）、中国石油化工集团公司（6%）和阿联酋国家石油公司（5%）。②

在苏丹一条长1380公里的石油管道项目招标中，由于缺少必要的非技术创新模式（这里主要是指组织创新与信息沟通渠道），中国石油天然气集团公司（中石油）在与中国石油化工集团公司（中石化）的竞争中败下阵来。几个招标回合下来，中石化国际石油工程公司在中石油苦心经营了十年的地盘上上演了一回“夺宝奇兵”，以总报价低于中石油管道局6000多万美元参与竞标，拿走了这个项目的部分承包权。③ 中石油在苏丹石油工程市场已经苦心经营了十年。前期为树立企业的良

① http：//www.cnpc.com.cn/cn/ywzx/gjyw/.

② http：//www.cnpc.com.cn/cn/ywzx/gjyw/Sudan/.

③ 中石化、中石油海外上演“夺宝奇兵”，http：//bi.icxo.com/read.jsp？newsid=37729。

好形象，扩大中石油在当地的知名度，仅1999年至2003年，中石油就投资1000万美元，为当地援建医院、学校、饮水设施等，累计受益人数已超过100万。今年5月，中石油又决定向苏丹政府捐赠1000万美元，用于建造马拉维大桥。客观地说，这次招标，中石油是完败，彻底成为甲方的陪衬与玩偶。下面把完败过程简单分析一下，从中不难发现中国企业在开拓海外市场时面临的共同困境。

招标的苏丹3/7区管道项目的最大业主正是中石油，占股41%。另外的股份分配为：马来西亚石油公司40%、苏丹国家石油公司8%、中石化6%、阿尔萨尼投资公司5%。中石化并不是单打独斗，马来西亚矿业公司（MMC）和一家美国在当地注册的公司，以及阿曼建设公司（TOCO）是中石化的同盟。3/7区管道项目的招标采取价低中标方式。结果，入围的五家竞标者中，中石油报价2.54亿美元，印度公司报价2.7亿美元，俄罗斯公司报价2.77亿美元，马来西亚/印度联合体报价3亿美元，而马来西亚/中石化联合体报价只有1.9亿美元。中石油被自己的同胞打了个措手不及，被迫急忙调整报价。但苏丹业主仍咬住不放，穷追不舍，用中石化的价格来压中石油，逼其暴露所能承受的价格底线，在此情况下进行了第二轮报价。同时，苏丹政府代表和业主招标委员会不顾第一大股东中石油的意见，将B1标段授予中石化，将A标段给了第一次报价2.77亿美元的一家俄罗斯公司，将B2标段给了第一次报价3亿美元的一家马来西亚和印度的联合体。中石油高不成低不就，什么也没捞着。后经中石油以第一大股东身份与苏丹业主代表协商，把A标段又分为2段，将其中的240公里给了中石油管道局。知情人士透露，苏丹方面之所以这样阻止中石油中标，是因为有意引进其他公司，改变中石油在市场上一家经营的局面。中石油在苏丹做了十年工程，为苏丹政府和人民作了很多贡献，无论是从业绩还是从经验上讲，商会都觉得苏丹3/7区的工程让中石油做会更好一些。而且从理论上讲，中石油价格合理，中石化价格偏低。现在的问题是，苏丹政府对中石油既崇敬又担心，害怕中石油垄断整个行业，这是新时期出现的新情况。在苏丹甲方想制约乙方的情况下，中石油的应对策略是什么？如何反制甲方恰恰是非技术性创新的内容。遗憾的是，大多中国走出国门的企业都没有这方面的准备，仍然沿用国内落伍的价格战策略，通过压低标的价格以此来获得中标，有时甚至达到低于成本的情况，让很多国际上的成熟公司不可理解：其实，一个项目的利润空间有多大，一个有经验的成熟公司是可以通过工程预算作到初步判断的，中国国有企业的套路分三步，是在国内养成的陋习：首先，不计代价地压低标底，把竞争对手赶走；其次，希望通过设计变更再找回一些利润；然后，一旦无法修改设计增加预算，就采取贿赂以及停工要挟。在一个法制健全的市场经济国家，这种做法注定是行不通的，而且是搬起石头砸自己的脚。如2011 年 6 月 17 日曝光的中国铁路工程总公司以超低价中标的波兰 A2 高速公路项目，“中方中标 4. 47 亿美元（约合 13 亿兹罗提）的报价，还不到波兰国道和高速公路总局预估的 28 亿兹罗提价格的一半。法新社也报道说中国公司称修建每公里高速公路的成本是 660 万欧元，比其出价最高的竞争对手低了 200%。……若按期完成工程，两标段预计总投入资金 78606. 96 万美元，预计收回合同款 39172. 17 万美元，最终资金永久性缺口 39434. 73 万美元。”[①] 这个案例清晰显示了我国大多数企业在海外工程市场上的主要策略，这个案例的最终结果只能是仓皇撤离，否则越干越赔。苏丹油田的案例与这个案例如出一辙。中石化联盟的报价比中石油还低 6000 万美元，而中石油的报价是其他报价中最低的，那么即便中标，中石化在这个项目上有无利润？如果没有利润干这个工程还有意义吗？现在中国企业在招标环节已经成为世界企业的公害。所以，我们看到中国企业的海外业务不少，但是盈利很少甚至亏本，原因正在于此。如何改变这种被动局面？恰恰是开展非技术性创新的目的所在。

结合中石油的上述案例，我们可以发现以中石油为代表的大型国有

① “中国公司在波兰工程被迫中止：‘超低价’中标致巨亏”，http：//news. ifeng. com/mainland/detail_ 2011_ 06/17/7067454_ 0. shtml。

垄断企业，在工程技术领域已经具备了比较扎实的创新活动，但是，这些创新只是解决某一个具体问题的技术性创新，对于一个国际化的企业来说，它所面对的任务不仅仅是一个工程问题，更是一个社会合作与交往问题，而这些问题涉及的内容更为复杂，它是一项社会工程，对于社会工程，企业还需要非技术性创新，如果没有这方面的创新，不论企业规模多大，它骨子里仍是一个地方企业，不具备开拓国际市场的能力。因此，可以总结出一些非技术性创新的主要类型：

1. 组织创新。

组织是实现企业目标的载体，如果组织模式不能很好地提供这种功能，那么，它将阻碍企业目标的实现，为此，必须进行组织创新，使组织的结构与企业目标相匹配。上述案例中，在苏丹项目中，中石化的冒然进入就成为搅局者，这种搅局的最终得益方是苏丹石油公司，而中石油与中石化都输掉了。更有甚者，中石化超低价中标的项目，由于造价过低，甚至可能出现经营亏本现象，那么得到这项目还有意义吗？这是典型的损人不利己的行为。造成这种状况的原因就是组织形式的落后。中国国有垄断企业的组织形式仍然是集权制的企业，它本身是市场与政治的混合物。而这种混合物在组织理念上是矛盾的：如果按照市场规则，组织变迁的方式应该是沿着收益最大化的方向；而如果按照政治规则，则要求政治收益最大化（影响力最大化），那么企业将会出现赔本赚吆喝现象。组织创新的内容应该包括：组织理念、组织形式、组织的独立性与自由度，以及信息沟通与协调机制。在上述案例中，中国石油协会在协调两家企业方面就处于失灵状态。再有，组织创新的另一个主要目的就是让企业成为创新的主体，时刻跟踪市场的信息，而不是政治的诉求。目前开拓海外市场的中国企业在组织理念上仍存在浓厚的政治意识，这是非常糟糕的事情。比如中石油在苏丹经营了十余年，也为当地作出了超出自身能力的贡献，希望通过这种政治性的努力，在市场竞争中处于有利态势。而结果证明，这是一厢情愿的事情。按照非技术性创新的理念，组织创新的目的就是在市场博弈中处于有利地位。这种认识误区已经成为中国企业的一种通病。比如中石化在《社会责任》中就明确指出："诚信规范、合作共赢；回报当地，为繁荣当地经济作贡献。"这是中石化始终坚持的国际合作理念。我们在国际化发展的同时，始终致力于同所在国建立长期稳定的合作共赢关系，尊重当地文化，始终关注当地的民生和社会进步，不断追求业务发展与环境保护、社会进步的和谐统一，高度重视并支持当地的社会公益事业，努力为当地经济、社会发展作出贡献，受到当地政府和群众的充分肯定。[①] 实践证明，这种社会责任的设定是一种非常幼稚的一厢情愿。如果是一家私营企业，严格按照市场规律运行，它会明知亏本也去中标这个工程吗？显然不可能，那么我们的企业为什么热衷于这种愚蠢的选项呢？显然是组织理念与市场经济社会还不匹配。

2. 市场创新。

这是一个成熟企业必须花费大力气来完成的一种综合性非技术性创新。它大体包括如下内容：对于新兴市场的透彻把握、对当地文化的了解与应对，对当地法律、法规的熟悉，对于当地社会稳定性的分析、对于国际市场汇率风险的掌控，以及应对各种突发事件的应急准备，这些都是市场创新需要解决的问题，没有这些内容的支持，单凭工程技术能力是无法在国际市场上站稳的。日前报道，由于利比亚三月以来发生的内乱，我国在利比亚的石油投资基本上可以肯定会出现巨大亏损。对于这样的突发事件，我们的企业根本没有像样的应急预案，导致国家层面的外交斡旋都无的放矢。从这个意义上说，市场创新也是全球化时代非技术性创新的主要内容。对于一个企业来说，要能实现这两种主要的非技术性创新，它的依据仍然是创新的五大基础支撑条件：制度基础支撑条件、经济基础支撑条件、人力基础支撑条件、文化基础支撑条件与舆论基础支撑条件。没有这些基础支撑条件的准备，非技术性创新基本不可能实现。

---

① http：//www.sinopecgroup.com/shzr/Pages/hwshzr.aspx.

综上所述，中石油等大型垄断国有企业，目前最缺乏的恰恰是非技术性创新。其次才是技术性创新。需要补充的是，虽然我们在纯技术性创新方面已经取得了一些成果，但是还没有达到世界范围内全面领先，在这种背景下，就要求我们的国有大型企业继续加大技术性创新的力度，同时加快非技术性创新的步伐，使两种创新同步发展，只有这样才能真正参与国际竞争。人们对一个企业的尊重，不是因为所谓的服务当地的小恩小惠，而是靠理念与优质的服务而塑造出的一种全新的企业形象。

参 考 文 献

陆洋、韩顺平：《科技服务业系统功能研究》，《技术经济与管理研究》2009 年第 2 期。

李金算、林大坚：《发展科技中介服务促进海峡西岸科技创新》，《福建论坛》（人文社会科学版）2007 年第 2 期。

徐明：《发挥开发银行作用 服务自主创新战略》，《学习时报》2007 年 7 月 11 日。

徐冠华：《发展具有中国特色的风险投资和资本市场》，《中国科技投资》2006 年第 5 期。

尚福林：《科技与资本结合：以资本市场促进科技创新发展》，《高科技与产业化》2006 年第 5 期。

成思危：《推进风险投资事业发展，实现建设创新型国家宏伟目标》，《中国科技产业》2006 年第 5 期。

张育军：《大力发展多层次资本市场服务自主创新国家战略》，《中国金融》2006 年第 6 期。

蒋少华：《鼓励企业自主创新的金融政策研究》，《特区经济》2006 年第 4 期。

崔毫：《建设有利于自主创新的科技风险投资组织》，《自然辩证法研究》2006 年第 7 期。

陈东征：《加快发展中小企业板，支持自主创新国家战略》，《深交所》2005 年第 12 期。

闫永琴：《对人力资本内涵的再认识》，《经济问题》2004 年第 9 期。

黄建国、苏竣：《中国风险投资的组织形式及其效率分析》，《工业技术经济》2004 年第 10 期。

李红霞：《创新型人力资本及其管理激励》，《西南交通大学学报》（社会科学版），2002 年第 11 期。

陶俊洁：《解读创业板：前景广阔》，新华网，2009 年 3 月 31，http：//tech. qq. com/a/20090331/000383. htm。

吴贵生、刘建新：《对自主创新的理解　创新与创业管理》（第二辑，自主创新专辑），清华大学出版社，2006。

王前：《技术现代化的文化之约》，东北大学出版社，2002。

〔德〕罗哲海：《轴心时代的儒家伦理》，程咏明、瞿海瑜译，大象出版社，2009。

乐爱国：《中国传统文化与科技》，广西师范大学出版社，2006。

王前、金福：《中国技术思想史论》，科学出版社，2004。

夏保华：《技术创新哲学研究》，中国社会科学出版社，2004。

〔德〕柏林科学技术研究院：《文化 VS 技术创新——德美日创新经济的文化比较与策略建议》，吴金希等译，知识产权出版社，2006。

王前等：《中国科技伦理史纲》，人民出版社，2006。

约翰·齐曼主编：《技术创新进化论》，孙喜杰、曾国屏译，上海科技教育出版社，2002。

王前：《中西文化比较概论》，中国人民大学出版社，2005。

〔美〕戴布拉·艾米顿：《创新高速公路——构筑知识创新与知识共享平台》，知识产权出版社，2005。

周道生、赵敬明、刘彦辰：《现代企业技术创新》，中山大学出版社，2007。

李侠：《技术进步、犬儒主义与启蒙的幻象》，《洛阳师范学院学报》2010 年第 4 期。该文被《新华文摘》2010 年第 20 期第 119 ~ 121

页，全文转载。

李侠：《创新能力与社会基础条件测评》，《科学与管理》2012年第3期，第10～15页，该文被人大复印资料C31《创新政策与管理》2012年第12期全文转载。

李侠、张正严：《制度、创新与产业转移的实现》，《高科技与产业化》2012年第8期。

李侠：《为什么中国企业创新能力不强》，《高科技与产业化》2013年第6期。

李侠：《中国自主创新基础条件诊断》，《科学时报》2010/4/30科学评论A3版。

李侠：《与其高呼创新，不如打破制度垄断》，《科技日报》2010/3/26评论版。

李侠：《韦伯命题与中国创新文化重构》，《科学时报》2010/5/28科学评论A3版。

李侠：《从索洛余值看自主创新的路径选择》，《科技日报》2010/10/8第8版科技话题。

后　记

呈现在读者眼前的这份报告，是由在“清华大学野村综研中国研究中心”资助的两个课题支持下完成的两个专题报告的基础上构成的，即“关于自主创新的社会基础条件研究”与“基于社会基础条件框架下的中国企业创新案例研究”，考虑到当下中国企业的现状，我们在报告整合时果断地舍去了三个案例，这样做的好处有二：其一，便于更集中而不是分散模型的力量；其二，节省篇幅。一个报告太长了，读者的阅读兴趣或效果会随之降低。这就是我们在文字的取舍与整合时所采取的主要原则。

回顾报告的调研与写作过程，也有颇多值得怀念的往事。这份报告从最初构想框架、组织力量到数次开会研讨、再到分工协作，断断续续历时两年多的时间（2010～2011），这期间，整个团队的所有成员在各自繁忙的工作安排中，分配出时间，投入资料的收集、整理与写作中，我们一起分享了这段旅程的艰辛与快乐，此刻终于告一段落，让那些友谊和快乐在每个人的心中传递。

这份报告提出了一个核心命题：自主创新是一项昂贵与稀缺的经济行为，它的实现是需要条件的，如果缺乏这些必要的社会基础条件，创新行为是不具有现实操作性的。这些条件就是本报告中提到的社会基础条件的“五要素”模型（制度、经济、人力、文化、舆论社会基础支撑条件）。这其中有很多有趣的想法，也有很多不成熟的推论，甚至不排除存在某些错误之处。本报告的很多章节由多位同仁执笔，虽然进行过多次的风格统一化处理，但细微处还会留有一些个人风格的痕迹。另外，收集资料的过程是漫长的、零碎的，写作中我们尽量记录下当时所有引用过的文献，如有个别遗漏，也实在是后期整合与校对中再也无法找到的原因。在此，也一并感谢那些曾给我们思想以启迪的朋友们。

当一件产品即将拥有自己的生命的时候，我们所能做的只是送行，在惦记中祝福它。连续数日的校对，已是疲惫。此刻，我们只是希望：一个社会的进步是需要通过多种不同的声音来共同推进的，竞争永远是进步的动力之源。本报告选取了一个不同的独立视角，我们发出了我们自己的声音。

最后，还要诚挚地感谢野村综研中国研究中心的大力支持，如果没有该中心的支持，这项研究是很难做出来的，两年来与中心的研究人员合作非常愉快！也希望未来有更多的机构热情地加入支持研究中国当代社会的行列中过来。同时，也感谢本研究团队的所有参与人员，这是一次很美好的合作，愿我们的友谊地久天长。

苏格拉底曾告诫：永远走一条向上的道路！让我们以此共勉！

2013 年 9 月 15 日

图书在版编目（CIP）数据

自主创新的社会基础条件研究 / 李侠等著. -- 北京：社会科学文献出版社，2016.6
（清华野村文库）
ISBN 978-7-5097-6595-1

Ⅰ. ①自… Ⅱ. ①李… Ⅲ. ①企业创新-研究-中国 Ⅳ. ①F279.23

中国版本图书馆 CIP 数据核字（2014）第 228774 号

· 清华野村文库 ·
自主创新的社会基础条件研究

著　　者 / 李　侠　刘　兵　等

出 版 人 / 谢寿光
项目统筹 / 宋月华　许　力
责任编辑 / 范　迎

出　　版 / 社会科学文献出版社 · 人文分社（010）59367215
地址：北京市北三环中路甲 29 号院华龙大厦　邮编：100029
网址：www.ssap.com.cn
发　　行 / 市场营销中心（010）59367081　59367018
印　　装 / 北京季蜂印刷有限公司

规　　格 / 开　本：787mm×1092mm　1/16
印　张：17.25　字　数：249 千字
版　　次 / 2016 年 6 月第 1 版　2016 年 6 月第 1 次印刷
书　　号 / ISBN 978-7-5097-6595-1
定　　价 / 89.00 元

本书如有印装质量问题，请与读者服务中心（010-59367028）联系